未來趨勢學習 84

# 怎麼說，孩子會聽 vs. 如何聽，孩子願意說

## 協助親子改善溝通、創造良好互動的六堂課

How To Talk So Kids Will Listen & Listen So Kids Will Talk

安戴爾・法伯（Adele Faber）
依蓮・馬茲麗許（Elaine Mazlish）
陳莉淋◎譯

高寶書版集團

目錄｜CONTENTS

# 寫給讀者的一封信

親愛的讀者們：

我們從來沒有想過，有一天我們會寫出這本「如何溝通」的書給各位爸媽。每位爸媽以及孩子之間的關係，都是非常個人、私密的議題，我們原本認為，如此親近的關係之間的溝通，是不應該被提供任何指導的。

在我們的第一本書《自由的父母，自由的孩子》（*Liberated Parents, Liberated Children*）當中，試著不要指導或嘮叨地勸告讀者，而是使用說故事的方法來讓讀者明白與了解。多年來，我們和兒童心理學家海姆．吉諾特（Haim Ginott）博士共同舉辦的工作坊，對我們的生活產生了極大的影響。我們確信透過說故事的方式，讀者們可以從中了解我們的新技巧，是如何改變了我們對待自己本身和我們的孩子，讀者們也能吸取這些技巧的精神，並得到啟發，進而引申出他們自己的策略。

某種程度上來說，確實是可以達到改善的目的，許多爸媽驕傲地寫信告訴我們，他們只憑藉閱讀我們的經驗，就能在家中實現書裡所說的目標。但也有一些來函提出希望我們出版第二本書，一本包含了「課程」、「練習題」、「經驗法則」或「可撕下的提醒頁」的書，這種書可以幫助他們「一步一步」地慢慢學習新技巧。

我們曾認真思考過這個提議，但我們最初的考量阻止了我們，因此我們把這個想法拋到了腦後。此外，我們也實在太專注於演講和工作坊，以及準備我們的巡迴研討會。

接下來的幾年，我們巡迴了全美，舉辦了給家長、老師、校長、醫護人員、青少年和幼教人員的工作坊。不管我們到哪裡，人們都與我們分享他們使用這些新的溝通方法的個人經驗，也分享他們的懷疑、沮喪、和熱情。

我們很感激他們的開放態度，也讓我們從中學習了許多經驗。我們的檔案夾裡由於他們熱情的分享，而充滿了令人興奮的新題材。

同時，信件仍然源源不絕地湧入信箱，不只來自美國各地，甚至來自法國、加拿大、以色列、紐西蘭、菲律賓和印度。來自印度新德里的安娜哈・甘普里（Anagha Ganpule）女士寫到：

「我有許多疑問需要尋求您的協助與建議，請務必告知我是否有什麼樣的方法，可以更深入研究這些問題。我幾乎快絕望了，舊式的方法完全不適用，而我也不知道有哪些新方法可用。懇求您協助我度過這個難關。」

這是其中一封信的內容。我們因此又重新開始思考，是否該寫一本工具書教各位讀者「如何做」。當我們越是談論這個想法，我們就越覺得這個想法是可行的。

為什麼不乾脆出一本書教大家「怎麼去做」，且附上練習題，讓家長可以自己學習那些他們渴望了解的技巧呢？

為什麼不出一本書給爸媽們一個機會，能用自己的步調與自身或朋友，一同練習學到的技巧？

為什麼不出一本有上百則實用的對話練習範例，讓爸媽用他們的個人風格去各自適應這種新語言？而且還能利用漫畫來展現新的技巧，讓那些苦惱的爸媽們藉由瀏覽圖片，自己快速地上一課。

我們讓這本書更加個人化。裡面會談論我們的個人經驗，回答那些時常被發問的問題，以及包含了過去六年來，工作坊裡的家長們所分享的故事與新的想法。最重要的是，我們永遠著眼於更大的目標——持續尋找新方法，來確保爸媽和孩童各自的尊嚴和人性。

突然之間，我們最初的擔心（出一本工具書教大家「怎麼去做」）消失了。每一種藝術或科學都有各自的工具書，所以為什麼不出一本書給渴望學習的爸媽們，告訴他們「怎麼說，孩子會聽；如何聽，孩子願意說」？

一旦我們下定了決心，我們便寫得飛快。我們希望可以在新德里的甘普里女士的孩子長大成人之前完成。

安戴爾・法伯
依蓮・馬茲麗許

# 如何閱讀及使用這本書

以「指導讀者如何讀一本書」來表達，似乎有點冒昧（尤其我們知道有些人習慣從一本書的中間開始讀或甚至倒著讀）。但既然我們是這本書的作者，我們希望向各位說明如何正確使用這本書。若你只是很想快速瀏覽或翻閱書中的插圖，還是請從第一堂課開始閱讀吧。請確實一步一步的跟著書中練習，抵抗想要快速翻閱找出小撇步的誘惑。如果有合適的朋友一起進行練習，這是最好不過的了，我們期盼你們可以充分討論和辯論彼此的答案。

同時，也希望你們可以把答案直接寫在書上，這樣一來這本書就可以變成你的個人紀錄。不管字跡是整齊乾淨或凌亂難讀，或改變心意劃掉重寫，都請你寫下答案。

請緩慢仔細地閱讀這本書。我們花了超過十年的時間才學會書中的那些方法，但我們也不建議讀者花費過長的時間來閱讀這本書；如果你認為這本書中的方法是有用的，你或許會想立刻實踐並做些改變，相較於一次全改，一次改變一點點是比較容易做到的。當你讀完了一個章節，在繼續下一個章節之前，先把書闔上擺在旁邊，並且給自己一個星期的時間去完成書中的練習題。（你可能正在想，「我什麼都可以做，就是不想要做練習題！」然而，經驗告訴我們：把書中技巧轉為實際行動的練習並記錄結果，可以將那些技巧植入你的腦中。）

最後，你可能會想，為什麼這本由兩個人撰寫的書，某些內容卻是由單人角度來說故事。

這是用來解決需要不斷辨別是誰正在述說本身經驗的麻煩。我們認為讀者似乎比較容易理解「我」，而不是「我，安戴爾．法伯……或我，依蓮．馬茲麗許……」如同我們這本書中強調的信念與價值，我們提倡一致與和諧。我們都已經見證過，這些溝通方法在我們自己的家庭和其它上千個家庭中，確實能發揮作用，因此現在，我們很榮幸可以與你分享這本書。

第一堂課

# 幫助孩子處理他們的感覺

當有個人能了解我內在的傷痛，且給我機會去表達出困擾我的事情，我開始感覺心情舒暢多了、困惑減少了，且更有能力去調整自己的感覺和遇到的問題。

同樣的，若能夠用心傾聽並給予同理心的回應，孩子也可以幫助自己解決問題。

# 第一部分

在我有自己的孩子前，我是一百分的父母，我是一位專家，也對每個人都會有關於如何教養孩子的問題感到困惑，直到我自己有了三個孩子。

與真實的孩子生活在一起，會讓人變得謙虛。每天早上，我都會激勵自己：「今天會有所不同！」，而每天早上和前一天的情況，也真的都不一樣：「妳給她比較多！」、「這個是粉紅色的杯子，我要藍色的！」、「這碗燕麥看起來好噁心」、「他打我」、「我從來沒有碰過他」、「我不要回房間，妳沒權力管我！」

最後，他們使我感到精疲力竭，促使我做了一件我從來沒想過會去做的事——參加一個父母團體。這個團體是在一個兒童諮詢中心舉行，帶領者是一個年輕的心理學家，海姆．吉諾特（Haim Ginott）博士。

這個主題為「孩子的感覺」的團體很有趣也很特別。兩小時後，我的腦袋經歷了一場腦力激盪，充滿了許多新的想法，跟著我一起回家的還有一本寫滿未消化資訊的筆記本：

- 孩子的感覺和他們表現出的行為是直接相關的。
- 當孩子感覺「對」的時候，他們也會做出正確的行為。

‧我們如何幫助孩子，讓他們感覺「對」？
‧藉由接受他們的感覺！
‧問題：爸媽通常沒有接受孩子的感覺，例如會說出：「你不是真的有這種感覺」、「你這樣說只是因為你累了」、「沒有理由需要這麼生氣」等等的話。
‧當感覺持續被否定，會讓孩子困惑並被激怒，同時也會讓孩子認為，不了解他們的感覺就是不信任他們。

這一次的課程使我思考：「可能其他爸媽有做到這幾點，而我沒有。」之後我開始認真傾聽自己回應孩子的話。以下是我家裡一天當中的簡單對話。

孩子：「媽咪，我好累。」
我：「你才睡過午覺，不可能還會累。」
孩子：「但是我好累。」（更大聲地說）
我：「你不是累，只是有點想睡覺而已。我們來換衣服吧。」
孩子：「不要，我好累！」（嚎啕大哭）
孩子：「媽咪，這裡好熱。」
我：「現在很冷，毛衣要穿著。」

孩子：「我很熱。」

我：「我說『毛衣要穿著！』」

孩子：「不要，我好熱！」

孩子：「這個電視節目好無聊。」

我：「不會啊，這個節目非常有趣。」

孩子：「這個節目很笨。」

我：「它很有教育意義。」

孩子：「它很討厭又很無聊！」

我：「不准說這種話！」

你看出發生什麼事了嗎？不只是我們所有的對話最終都變成爭吵，我也一直不斷告訴我的孩子不要相信他們自己的感覺，相反的，我的感覺才是對的。

一旦我察覺到自己做了什麼，我決定要改變，但是，我不確定該如何行動。最後，對我幫助最大的方法就是，我開始用孩子的角度去思考。我自問：「如果我是個覺得累、熱或無聊的孩子？如果我想要讓生命中重要的大人能了解我的感覺？」

接下來幾個星期，我試著去想我的孩子可能體驗到的感覺，當我這麼做，似乎就可以自然地回應孩子。我不僅僅是使用了一種技巧，我回應的話也都是發自於內心：「喔！所以即使你剛剛睡了午覺，還是覺得累。」或者「我覺得冷，但是你在這裡卻覺得熱。」或者「我看得出來你不是很在乎這個節目。」畢竟，我們是兩個獨立的個體，可以有兩組不同的感覺。我們之間沒有所謂的對與錯，我們都各別感覺到自己的感覺。

有段時間，這個新技巧幫助很大，我和孩子間爭吵的次數明顯減少。但是有一天，我的女兒在我面前說：「我討厭外婆」，聽到我的母親被這樣評論，使我沒有一絲猶豫就嚴厲地回應她：「這真的是一句很可怕的話，妳知道妳不是真心的。我不希望從妳的嘴巴再聽到這句話一次。」

這次的小摩擦讓我對自己更了解一些。我可以接受孩子大部分的感覺，但是他們表達的感覺中，只要讓我感到生氣或焦慮，我就會本能地使用舊有的方式去做回應。

我後來才知道，我當時的反應並不是那麼不尋常。接下來的內容中，你會看到一些孩子敘述出來的感覺範例，而這些範例通常會讓爸媽們不由自主地出現否定的回應。現在，請在閱讀完每個敘述後，寫下你認為爸媽會說出來否定孩子感覺的語句。

## 練習

1. 孩子：我不喜歡這個新的寶寶。

   爸媽：（否定孩子的感覺）____________________

2. 孩子：我的生日派對很爛。（在你盡全力讓這天盡可能地完美之後）

爸媽：（否定孩子的感覺）＿＿＿＿＿＿

3. 孩子：我再也不要戴這個愚蠢的牙齒維持器了，很痛！我才不管牙醫師怎麼說！

爸媽：（否定孩子的感覺）＿＿＿＿＿＿

4. 孩子：我討厭新教練！只因為我遲到一分鐘，他就把我踢出隊伍。

爸媽：（否定孩子的感覺）＿＿＿＿＿＿

是否發現自己寫下的句子如下：

「不是這樣的，我知道在你心裡，你是愛這個寶寶的。」

「你在說什麼？你今天的派對很棒，有冰淇淋、生日蛋糕、氣球。既然這樣，這會是你的最後一個生日派對！」

「戴維持器沒有那麼痛，我們在你的牙齒上花了那麼多錢，不管你喜不喜歡，都必須戴著！」

「你沒有氣教練的理由，這是你的錯，你應該要準時才對。」

不知道為什麼，這類的話語很容易就脫口而出。但是當孩子們聽到時，他們會有什麼感覺呢？為了讓大家了解自己的感受不被接受時的感覺，請做做看下面的練習：

想像你正在上班，老闆要求你幫他做一件額外的工作，他希望你在今天下班前可以把這份工作完成。你本來打算馬上開始進行，但是因為一連串的突發事件，使你完全忘記老闆的交代。今天一切都這麼忙亂，你忙到幾乎沒有時間去吃午餐。

當你和同事準備下班時，老闆來詢問那件應該已經完成的工作，你馬上解釋你今天是如何的忙碌，但是他打斷你，大聲且生氣地說：「我對你的理由不感興趣！你想我為什麼花錢雇用你，難道是請你來公司坐一整天嗎？」你張開嘴巴想要解釋，他卻說：「不用說了。」接著離開，走入電梯。

你的同事們假裝沒有聽到老闆對你的訓話。你收拾好東西，離開公司。回家的路上，你遇到一位朋友。因為你仍然覺得很心煩，於是把剛剛下班時所發生的事情敘述給朋友聽。

你的朋友試著用八種不同的方式來「幫助」你。當你閱讀以下朋友所給的回應後，將自己的直覺反應寫下來。（你的反應沒有所謂的對與錯，不管你的感覺是什麼都可以。）

**1. 否定你的感覺**

「沒有理由要這麼心煩，這樣的感覺很不明智。你大概是太累了，所以把整件事講得太誇張。事情一定沒有你講得這麼糟。好了，笑一下……你笑的時候看起來那麼棒。」

你的反應：________________

2. **富有哲理的回應**

「你聽我說，生活就是這樣。事情不可能都照我們希望的方式進行，你必須學習怎麼去從容應付。這個世界上，沒有什麼是完美的。」

你的反應：

3. **建議者**

「你知道我認為你應該怎麼做嗎？明天早上直接到你老闆的辦公室，然後對他說：『昨天是我不對』，然後坐回位子並完成你今天忘記的那件工作。不要被其他不斷出現的緊急小事干擾。如果你夠聰明且希望保住你的工作，你必須確保不再發生類似事情。」

你的反應：

4. **提問者**

「到底是什麼緊急事情會讓你忘了老闆特別託付給你的工作？」

「你難道不知道若你沒有立刻進行那件工作他會生氣嗎？」

「以前有發生過這種情況嗎？」

「當他離開辦公室時，你為什麼不追上去並試著解釋呢？」

你的反應：

### 5. 為另一方辯護

「我可以理解你老闆的反應，他可能處於極大的壓力。你很幸運了，他沒有發更大的脾氣。」

你的反應：

### 6. 同情

「喔！你真可憐，實在是太糟糕了，我真同情你。」

你的反應：

### 7. 業餘心理師

「你是否想過你會如此心煩，是因為老闆對你來說就像是父親般的人物？童年時期，你可能很擔心惹你父親不高興，而且當老闆責備你時，那喚起了你曾被拒絕的回憶，難道不是這樣嗎？」

你的反應：

### 8. 具同理心的回應（試圖把這些感覺轉換成另一種感受）

「天啊，聽起來是個難受的經驗，在其他人面前被這樣責備，尤其是在承受了一天的壓力之後，你一定很難接受。」

你的反應：

你剛剛已經體會了當聽到一般人經常使用的說話方式後，自己會產生哪些反應。現在，我要與大家分享我個人的反應，當我感到心煩或難過時，我最不希望聽到的就是建議、人生觀、心理分析或他人的觀點，這類的回應只會讓我感覺更糟。他人的同情，讓我覺得自己更可憐；他人的提問使我產生防禦心態；而最令我生氣的，是聽到有人說我的感受是不合理的。針對這些回應，我最常產生的反應是「算了……繼續說下去也沒意義。」

但是，當有個人用心傾聽；當有個人了解我內在的傷痛，且給我機會去表達出困擾我的事情，我開始感覺心情舒暢多了、困惑減少了，且更有能力去調整自己的感覺和遇到的問題。

我可能會對自己說：「我的老闆通常是很公正的……我應該馬上進行那份報告……但我無法忘記他今天做了什麼……嗯，我明天會一早就進辦公室，並在早上寫完那份報告……不過當我把報告交給老闆時，我會讓他知道我昨天不舒服的感受……同時我也會讓他知道，從現在開始，若他對我有任何不滿，能私底下告訴我，我會非常感激。」

這個過程和我們孩子經歷到的沒有太大不同。若有人用心傾聽並給予同理心的回應，他們也可以幫助自己解決問題。

但是，具同理心的語言不是我們天生具備的，它不是我們的「母語」。大部分人的成長過程中，感覺都是被否定的。要能流利地使用接納孩子感受的語言，我們必須學習和練習使用它的方式。接下來，將提供一些幫助孩子處理感覺的方法。

## 幫助處理感覺的技巧

1. 全神貫注並認真傾聽。
2. 使用一個字表示接收到他們的感覺，如：「喔」、「嗯」、「這樣啊！」等等。
3. 為孩子的感覺定義。
4. 利用想像的方式完成孩子的願望。

接下來的幾則漫畫裡，你會看到利用上述方法和利用常見方式來回應孩子難過感覺的對照和差異。

讀到這裡你已經學到了四種可能的方式去幫助難過的孩子，但是比起使用什麼話語來跟孩子溝通，更重要的是我們的態度。如果我們的態度是不具同情的，那麼就會讓孩子感覺大人在欺騙或操控他。只有當我們融合了具有同理心的真實感情，我們所說的話才能和孩子的心相通。

你從圖片裡所看到的四種技巧，最困難的可能是傾聽孩子的情感宣洩，並「為孩子的感覺定義」。這需要練習，以及必須專注分析孩子說了什麼，才能辨識孩子的可能感覺為何。我們替孩子說出他內在的真實感覺是很重要的，一旦他們知道自己經驗到的感覺是什麼，他們就可以開始幫助自己。

## 常見方式：不認真傾聽

與人溝通時，若對方只給予口語回應，是會令人感到沮喪的。

## 新方法：全神貫注，認真傾聽

將你的煩惱告訴一個認真傾聽的父母是一件容易許多的事。有時候，孩子只是需要父母靜靜的支持。

## 常見方式：一直質問和建議

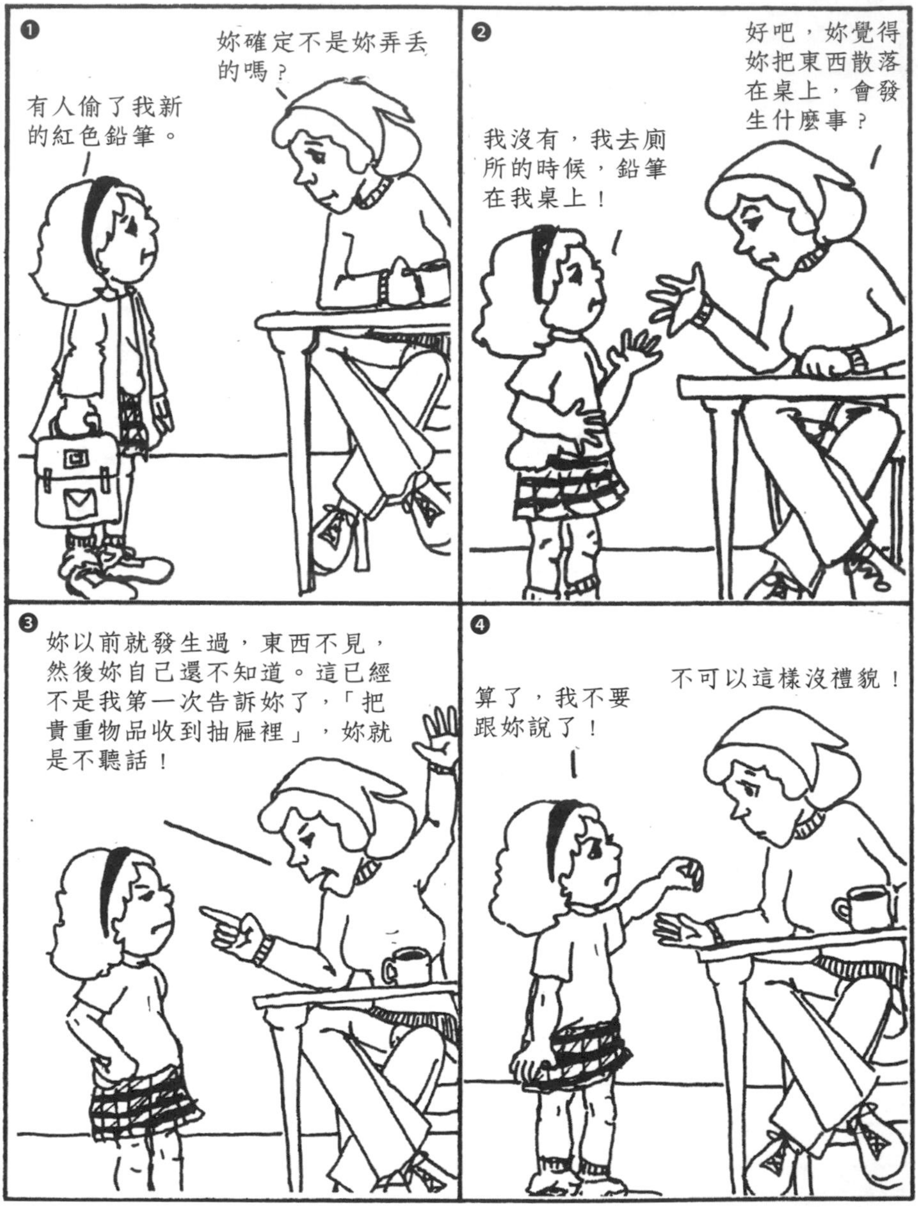


當你用質問、責備或給建議的方式時，孩子很難清楚或有邏輯地思考事情。

## 新方法：使用一個字表示接收到他們的感覺，例如「喔」、「嗯」、「這樣啊！」等等。

回應孩子時，用一個簡單的「喔」、「嗯」或「這樣啊！」做開頭，搭配關懷的態度，會幫助孩子探索自己的想法和感覺，且有可能自己找出解決方法。

## 常見方式：否定孩子的感覺

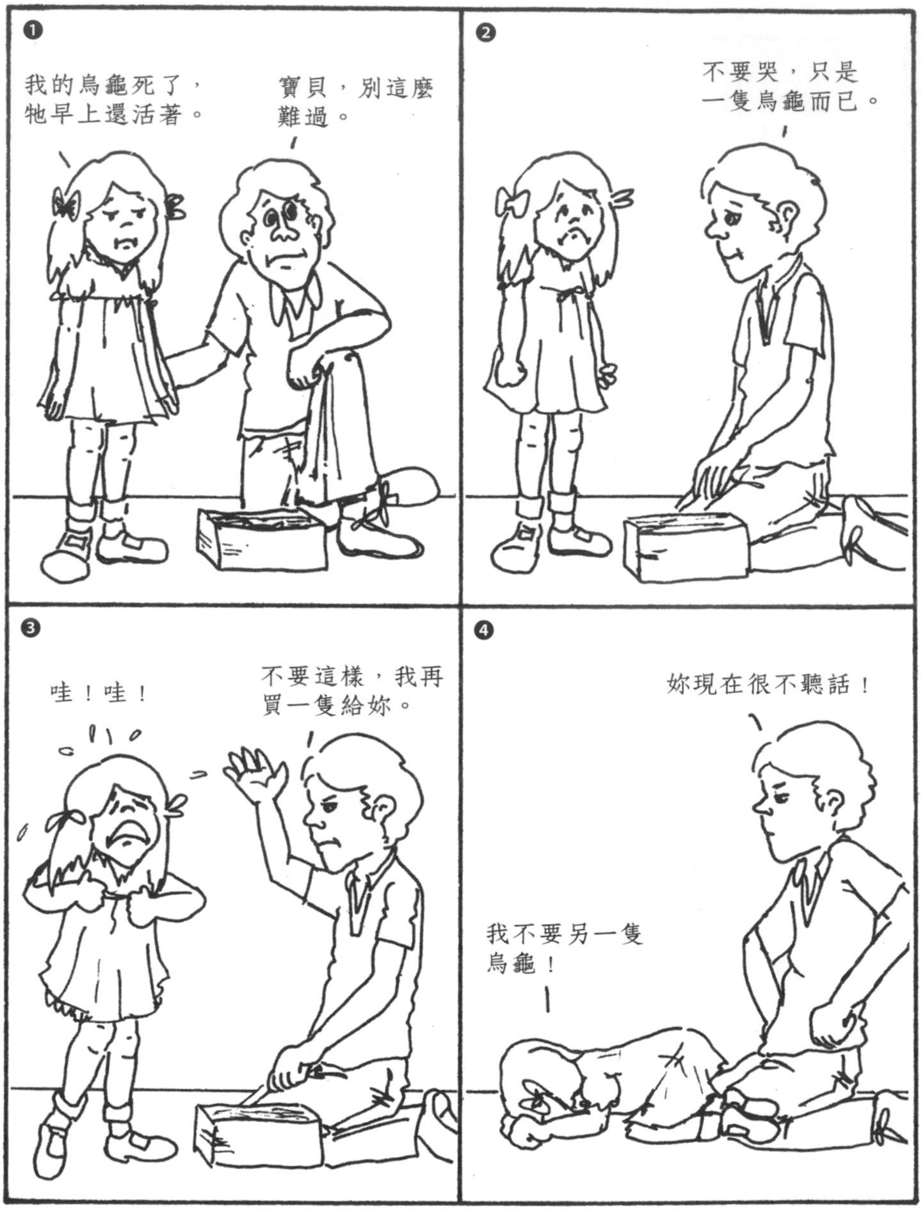


當我們催促孩子把難過的情緒拋開時，不管我們的語氣再怎麼和善，孩子似乎只會更難過。

## 新方法：替孩子說出他的感受

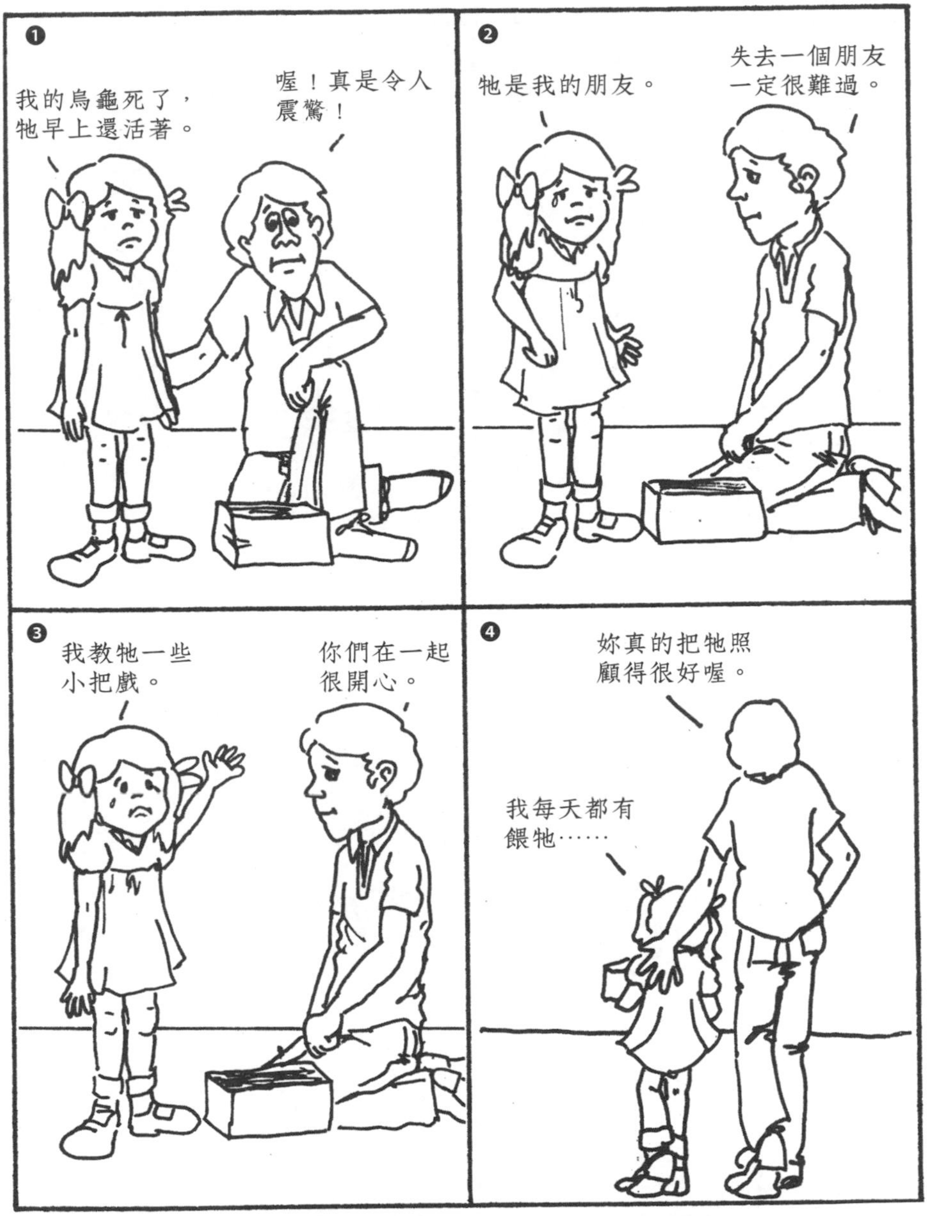


父母通常不會給予這類回應，因為他們害怕幫孩子的感覺定義後，會讓孩子感覺更糟，事實上是相反的，當孩子聽到他目前體會到的感覺被說出來，可以得到很大的安慰，因為有人了解他內在的經驗。

## 常見方式：給予解釋和邏輯性的推理

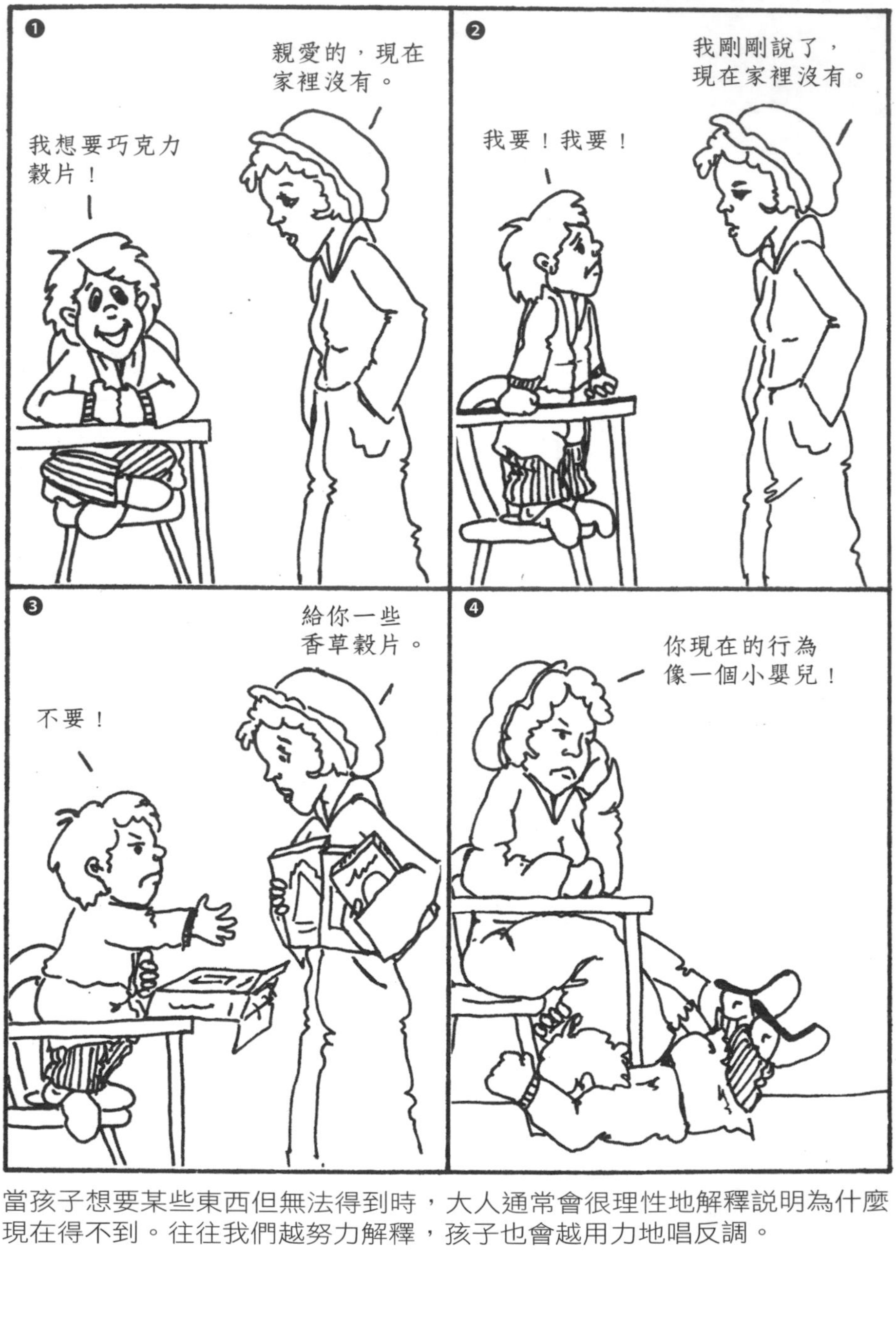


當孩子想要某些東西但無法得到時，大人通常會很理性地解釋說明為什麼現在得不到。往往我們越努力解釋，孩子也會越用力地唱反調。

## 新方法：利用想像來完成孩子的願望

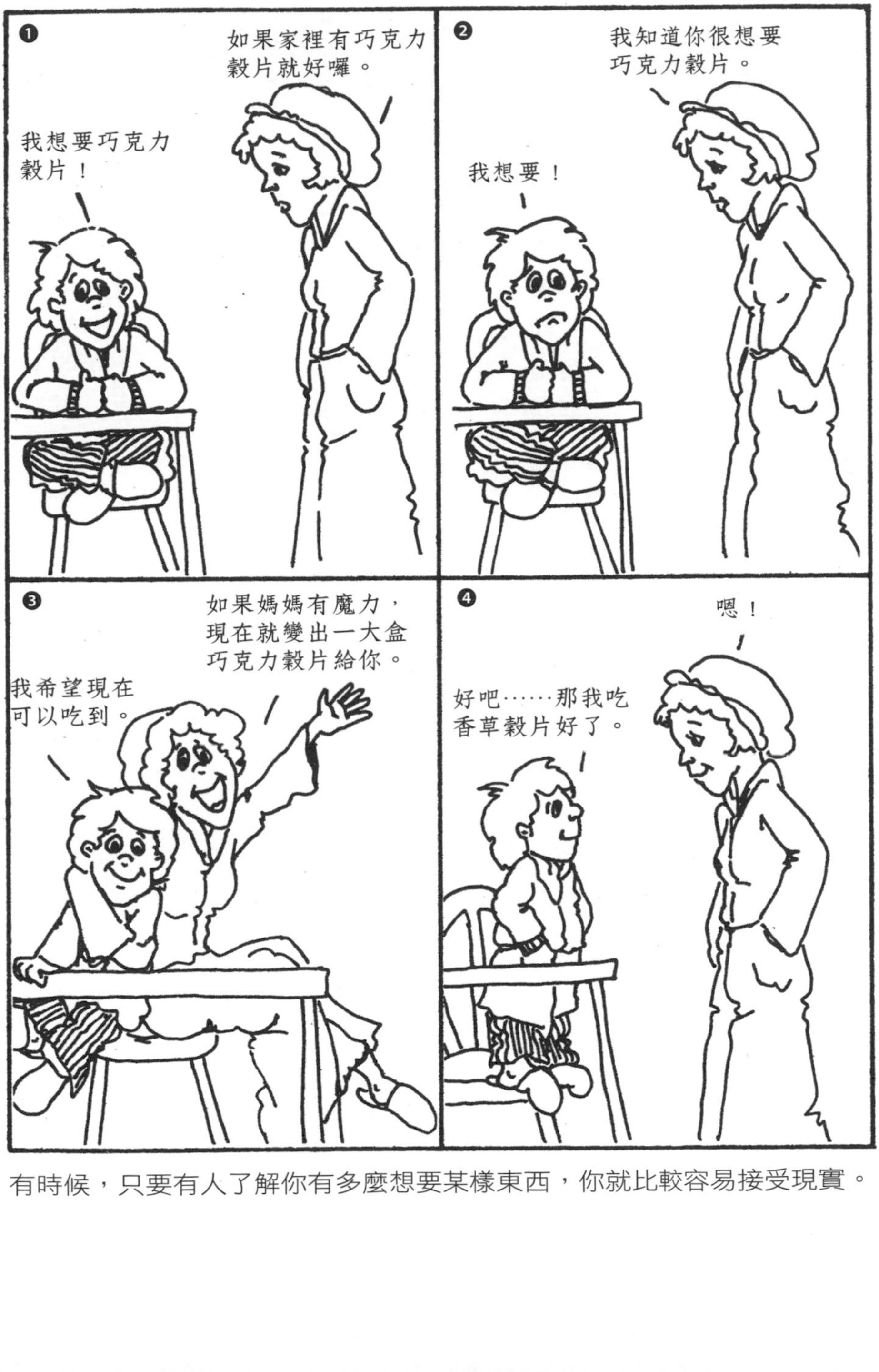


有時候，只要有人了解你有多麼想要某樣東西，你就比較容易接受現實。

**練習**

左頁表格中有六種孩子可能會對爸媽描述的話語，請閱讀每一種狀況後，依照提問填入你的答案：

1. 如何用一個或兩個字來形容孩子可能的感覺？
2. 你可能會怎麼說，來向孩子表達你理解他的感覺？

做完左頁的練習後，你是否注意到了自己必須非常努力思考，才有辦法讓孩子知道你是了解他或她的感覺？對大部分的爸媽來說，要說出類似以下的話，並不是與生俱來的能力：

「孩子，你聽起來在生氣！」

「你一定感覺很失望。」

「嗯。你似乎對該不該去這個派對感到困惑。」

「好朋友要搬家是一件讓人很難過的事情。」

不過，這些話語的確能給孩子帶來安慰，並讓他們開始處理自己的問題。（另外，不用擔心使用超過孩子年齡可以理解的字。最容易學到新字的方式，就是在一段話中聽到新字是如何被使用的。）

你可能會想：「在做這個練習時，我一開始也許可以提供一個初步的回應，讓孩子知道我理解他的感覺。但是接下來的對話該如何做回應呢？我該如何將對話繼續下去？可以給予孩子建議嗎？」

請先延遲給予建議，雖然我明白爸媽們會非常想要給予孩子一個立即的解答；請接著看第30頁的對話範例。

# 理解孩子的感覺

| 孩子說的話 | 用一個詞彙來描述孩子可能會有的感覺 | 將左邊的詞彙放入你要對孩子所說的一句話當中，表示你理解他／她的感覺（別提出質問或給予建議） |
| --- | --- | --- |
| 舉例：<br>「公車司機對我大叫，每個人都笑我。」 | 尷尬 | 那一定讓你覺得很尷尬<br>（或）<br>聽起來那一定讓人很尷尬 |
| 1.「我想揍麥克的鼻子一拳。」 | | |
| 2.「只因為下一點小雨，我的老師就取消了校外教學，她真蠢。」 | | |
| 3.「瑪莉邀請我去她的派對，但是我不知道該不該去……」 | | |
| 4.「我不懂老師為什麼一定要在週末出這麼多的功課！」 | | |
| 5.「今天我們練習投籃，但是我一次都沒有投進。」 | | |
| 6.「珍妮要搬家了，她是我最好的朋友。」 | | |

「媽媽，我累了。」

「那躺下來休息。」

「我肚子餓。」

「那就吃一點東西。」

「我不餓。」

「那就不要吃。」

去克制你想要「事情變得更好」的衝動，與其給予建議，不如繼續接收和思考孩子的感覺。

舉個例子說明，有一位參加我們團體的父親，他說他的小兒子有一天激動地跑回家，一進家門就說了和第一題練習一模一樣的話：「我想揍麥克的鼻子一拳！」

這位父親說，按照以往情況，他們之間的對話會是：

兒子：「我想揍麥克的鼻子一拳！」

父親：「為什麼？發生什麼事了？」

兒子：「他把我的筆記本丟到泥巴裡！」

父親：「你有先對他做什麼嗎？」

兒子：「沒有！」

父親：「你確定？」

兒子：「我發誓，我根本沒有碰他。」

父親：「好吧，麥克是你的朋友。聽我的話，你要忘記整件事情。你知道自己也是會犯錯的。有時候麻煩是你引起的，但是卻責怪其他人，就像你對你哥哥做的一樣。」

兒子：「我沒有，是他先來惹我的……算了，我不想跟你說了。」

不過，這位父親才剛參加過「如何幫助孩子處理他們的感覺」工作坊，所以他們的真實對話如下：

兒子：「我想揍麥克的鼻子一拳！」

父親：「孩子，你感覺很生氣！」

兒子：「我想打爆他的胖臉！」

父親：「你真的很氣他！」

兒子：「你知道那個惡霸做了什麼嗎？他在校車上搶走我的筆記本，然後丟到泥巴裡。而且沒有任何理由。」

父親：「嗯！」

兒子：「我猜，他一定認為在美術教室把他醜不啦嘰的黏土作品弄壞的人是我。」

父親：「你認為是這樣。」

兒子：「對，他哭的時候一直看著我。」

父親：「噢。」

兒子：「但是我沒有弄壞它，我沒有！」
父親：「你知道你沒有。」
兒子：「我不是故意的！是因為戴比推我，害我撞到桌子。」
父親：「所以戴比推了你。」
兒子：「是啊，很多東西掉了下來，但是只有麥克做的鳥毀了。我不是故意弄壞的，他的鳥做得很好。」
父親：「你的確不是故意弄壞的。」
兒子：「對，但是他不相信我。」
父親：「如果你告訴他真相，他會不會相信你呢？」
兒子：「我不知道……但是，不管他相不相信我，我會告訴他的。而且我想他應該跟我道歉，因為他把我的筆記本丟進泥巴裡！」

這位父親很震驚，他沒有問任何問題，孩子就告訴他完整的事實；他沒有給予任何建議，孩子就自己想出解決辦法。對於他只需要認真傾聽和接受孩子的感覺，就可以提供孩子這麼大的幫助，讓他難以置信。

書面的練習活動和閱讀範例對話是一回事，要在真實情境下認真傾聽孩子所說的話，又是另外一回事。工作坊團體中的爸媽們認為，要在家裡處理真實情況之前，先和另一人進行角色扮演和練習，會有所幫助。

接下來，你會看到角色扮演的劇本，請試著和一位朋友或配偶一起練習。先決定你們要扮演的角色，然後只說出自己角色的台詞。

## 你選擇扮演孩子

### 狀況一

醫生說你有過敏的情形，所以必須每週打針一次，才不會一直打噴嚏。打針有時很痛，有時候卻不會。今天打針就是感覺到非常痛的狀況。離開診所之後，你希望爸媽知道自己的感覺如何。你的爸媽會用兩種不同方式回應你。

開始的場景是你搓揉自己的手臂並說：「醫生幾乎要用針把我殺了！」

第一種是你的感覺被爸媽否定，但你仍然試著讓他們理解。當彼此間的對話自然結束時，問問自己的感覺如何，並和扮演爸媽的另一人分享你的想法。

### 狀況二

開場的場景相同，你搓揉自己的手臂並說：「醫生幾乎要用針把我殺了！」只是這次你的爸媽用了不一樣的回應方式。當對話自然結束時，問問自己這次感覺如何並與對方分享你的答案。

**當你扮演孩子的角色兩次後，可以和另一人角色互換，讓自己體會身為爸媽的觀點。**

## 你選擇扮演爸媽

### 狀況一

每週你都必須帶孩子去診所打一次過敏針。雖然你知道孩子會害怕，你也知道大部分時候，打針只會痛一下子。今天，離開診所之後，你的孩子非常強烈地抱怨。

扮演孩子的人會開始這個場景。

第一種狀況，藉由否定孩子的感覺去讓他停止抱怨。你可以使用以下的句子（你也能創造其他的句子）：

「別這樣，不可能會這麼痛。」

「明明就沒事，你卻在小題大作。」

「你哥哥打針就從來不會抱怨。」

「你現在的表現就跟小嬰兒一樣。」

「你最好習慣，畢竟，你每週都必須打一次針。」

當對話自然結束的時候，問問自己的感覺如何並和另一人分享你的答案。

扮演孩子的人會再次開始這個場景。

### 狀況二

場景相同，只是這次你會認真傾聽。你的回應會顯示你聆聽和接受了孩子表達出來的感覺，例如：

「聽起來真的是很痛。」

「嗯，真糟糕！」

「如果可以有人發明出不會疼痛的方式來治療過敏，不知該有多好？」

「每週都要來打針不是一件容易的事，我猜全部打完時你一定會很開心。」

當對話自然結束後，問問自己這次感覺如何，並分享你的答案。

**你扮演兩次爸媽的角色後，可以和另一人角色互換，讓自己體會身為孩子的觀點。**

當你扮演一個感覺被爸媽否定的孩子時，有沒有發現自己隨著對話的進行而越來越生氣？而你是否感覺到，一開始的生氣是針對打針，最後卻變成是針對爸媽？

當你扮演一個試圖阻止孩子抱怨的父母時，有沒有發現自己因為孩子的不講理而越來越煩躁？在感覺被否定時，親子間的對話經常都會是這樣的模式，雙方對彼此的敵意會逐漸增加。

相反的，當你扮演一個接受孩子感覺的爸媽時，有沒有發現因為自己這樣的改變，使得彼此間的爭執消失了？你有沒有察覺到自己有能力可以提供孩子實質的幫助？

而當你扮演一個感覺被接受的孩子，有沒有發現自己被尊重？對爸媽的喜愛也提高了？因為有人可以理解你的感覺，打針的疼痛是否反而就容易忍受？是否能夠再次面對下週的打針了呢？

當我們理解孩子的感覺，我們可以給他更好的協助，我們可以接觸到他內心的真實感受。當孩子明白自己真實的感受後，他就可以開始學習調適。

## 作業

這禮拜和孩子的對話，至少有一次是使用接受孩子感覺的方式。在你仍記憶深刻時，寫下雙方的對話內容。

重・點・整・理

### 幫助孩子處理他們的感覺

**孩子需要自己的感覺被接受和尊重**

1. 你可以安靜並專注地傾聽。
2. 你可以使用一個簡單的字，表示自己理解他們的感覺，如：「喔！」、「嗯！」、「這樣啊！」等等。
3. 為孩子的感覺定義，如：聽起來真令人感到挫折！
4. 用想像的方式完成孩子的願望，如：我真希望現在可以馬上讓香蕉變熟給你吃！

＊＊＊

所有感覺都是可以被你接受的，但某些行為仍必須被限制。

如：我明白你很氣你哥哥，好好說，告訴他你想要這個東西，不可以用打人的方式。

# 第二部分

# 問與答、注意事項、爸媽們的故事分享

## 常見問題

### 1. 我是否有必要總是用同理心對待我的孩子？

不需要。我們與孩子的對話內容也包括簡單的交流，若一個孩子說：「媽，今天下課後我要去大衛家，」爸媽回應：「所以你已經決定下午要去朋友家，」這似乎是沒有必要的。一句簡單的「謝謝你跟我說。」就足夠了。發揮同理心的時機是當孩子希望你理解他的感覺的時候。回應孩子正面的感覺通常不會有什麼問題，當孩子興高采烈地說：「我今天數學考了九十七分！」爸媽用熱情的口吻回應：「九十七分！你一定很開心！」這樣並不困難。

面對孩子的負面情緒，才需要利用我們學到的技巧去引導，我們也必須克制以往常用忽略、否定和說教等方式的衝動。一個父親說，幫助他變得更能察覺孩子情緒上的需要，是「當他開始把孩子難過和不開心的感覺視為身體上的受傷」。有時候，想像成切傷或撕裂傷的傷口，能讓他具體了解兒子內心受傷的感覺，以及需要協助和大人認真的看待，就如同他的膝蓋受傷時一樣。

## 2. 為什麼不能直接問孩子：「為什麼你會這麼覺得？」

有些孩子可以告訴你他們為什麼害怕、生氣或不開心，然而問「為什麼」只會增加他們的問題。除了要面對原本的問題外，現在還必須分析原因並且說出一個合理的解釋。孩子經常不知道自己為什麼會有那樣的感覺，有些時候則是不願意說出原因，因為他們會害怕以大人的眼光來看，他們的理由不夠充分，例如「你因為這個原因而哭？」。

對一個不開心的孩子來說，聽到「我知道有事情讓你傷心」，會比聽到「怎麼了？」或「你為什麼有這種感覺？」來得更有幫助。和一個接受自己感覺的大人談話，比跟一個要求你解釋的大人談話要容易許多。

## 3. 我們必須讓孩子知道我們同意他們的感覺嗎？

孩子不需要自己的感覺獲得同意，他們需要的是被理解。一句「你說的沒錯！」可能在聽到的瞬間讓人得到滿足，但也會同時阻止孩子自己思考事情。舉例來說：

孩子：「老師說她要取消我們班的表演，她好壞！」

爸媽：「在經過所有彩排以後？我同意，她這麼做，真的很不好！」

對話結束。

接著，請注意當一個孩子的感覺被接受時，對他而言，就比較容易產生有建設性的思考：

孩子：「老師說她要取消我們班的表演，她好壞！」
爸媽：「你一定感覺非常失望，你一直很期待。」
孩子：「對啊！只是因為一些同學在彩排時沒有認真練習就這樣，都是他們的錯！」
（爸媽安靜地聆聽）
孩子：「她很生氣，因為也沒有人記住自己表演什麼部分。」
爸媽：「噢，原來如此！」
孩子：「她說如果我們的表現有進步，她可能會再給我們一次機會……我最好再好好地背一遍。今天晚上你可以陪我一起唸台詞嗎？」

**結論**：不論什麼年紀，當一個人在不開心的時候，他需要的不是同意或不同意；他需要的是有個人理解自己正在經驗的感覺。

## 4. 如果讓孩子知道我了解他的感覺是如此重要，為什麼不能只說一句「我明白你的感受」呢？

不能只說一句「我明白你的感受」，是因為有些孩子根本就不相信你。他們會回說：「不，你不明白。」但如果你將重點明確指出來，譬如對孩子說：「第一天上學可能會令你感到害怕，因為有那麼多的新事物要熟悉和習慣。」那麼孩子會覺得你真的了解。

## 5. 假設我試著去定義孩子的感覺，但我卻推測錯誤，該怎麼辦？

不用擔心，不會造成任何傷害。你的孩子會很快地引導你說出他們的感覺。

孩子：「爸爸，我們的考試延到下星期。」
父親：「你一定感到鬆了一口氣。」
孩子：「沒有，我很生氣！因為我下星期必須再複習一次相同的科目。」
父親：「我明白了，你原本希望可以速戰速決。」
孩子：「對！」

我們不可能總是猜對其他人的感覺，我們可以做的就只是試圖去了解孩子的感覺。當然，我們不會每次都成功，但是孩子會感激我們所做的嘗試和努力。

## 6. 我知道孩子的感覺需要被接受，但當我聽到孩子說「你很爛」或「我恨你」時，要有所回應是很困難的。

如果「我恨你」這句話會使你心煩，你需要讓孩子知道「我不喜歡我聽到的這句話，如果你因為某些事情很生氣，可以用其他方式告訴我，這樣或許我可以給你一點協助。」

**7. 有沒有其他有別於「讓孩子知道我理解他的感覺」的方法，能夠幫助不開心的孩子呢？我的兒子很難忍受任何些許的小挫折，當我表現出理解他的感覺並說「這一定讓你感到很挫折！」，有時似乎有點幫助，但通常當他處在那樣的情緒裡，他根本不會聽到我在說什麼。**

工作坊裡的爸媽發現，當他們的孩子非常不開心和心煩意亂時，有時候一個肢體上的活動可以釋放他們難過的感覺。我們聽過很多例子，像是讓生氣的孩子捶打枕頭、在不用的紙箱上鑿孔、搗揉黏土、像獅子一般大吼、以及射玩具飛鏢之後，他們就會感到平靜許多。而最能讓爸媽安心、最能滿足孩子需要的活動，就是讓他們把感覺畫出來。接下來的範例是接連發生在一個星期之內：

我才剛自工作坊下課回家，就看到我三歲大的兒子正躺在地上大發脾氣。我先生一臉不悅地站在一旁看著他。他說：「好吧，兒童專家，我們來看看妳怎麼處理這種情況。」我知道在這種情況下，我必須挺身而出。我看向約書亞，他雙腿仍不斷踢來踢去，同時還一邊尖叫。我從電話旁邊拿了一枝筆和便條本，然後蹲在他身邊，將筆和紙遞給他，說：「這個給你，告訴我你有多麼生氣。畫一張圖來告訴我你的感覺。」

約書亞馬上從地上爬起來，開始畫了很多個生氣圈圈，然後他拿給我看並說：「我現在就是這麼生氣！」

我回他：「你真的很生氣！」並撕下另一張便條紙，然後跟他說：「再多畫一些。」

他猛烈地在紙上亂塗鴉，我再一次回他：「天啊，你真的好生氣！」之後，我們又再重複一次這個活動。當我遞給他第四張紙時，他已經平靜許多了，他看著紙好長一段時間，然後他說：「現在，我要給妳看我開心的感覺，」接著，他在紙上畫了一個笑笑臉。這真是令人不敢相信，兩分鐘之內，他就從暴怒轉變為露出微笑，只因為我讓他表達出他的感覺。之後，我的先生告訴我：「一定要繼續參加那個父母團體。」

在下一次的團體聚會時，另一位母親分享她使用同樣方法的經驗：

當我上週聽到約書亞的例子，我第一個想法是「多麼希望我也可以在陶德身上使用這個方法」。陶德也是三歲，但是他有腦性麻痺。其他孩子天生就可以做到的事情，對他而言都是非常有紀念意義的挑戰，例如：站著不跌倒和維持頭部的姿勢。他已經有長足的進展，但是挫折忍受度仍然很低。每一次，當他試著做某些事情卻還是失敗，他會尖叫好幾個小時，這時候我沒有任何方法可以幫助他，更糟糕的是，他會踢我和試著要咬我。我猜他是覺得他遇到的這些困難是我造成的，而我應該要有能力可以幫助他。多數時候，他都會對我生氣。

上星期在回家途中，我思考「有沒有可能在陶德的情緒整個爆發前，就先緩解他的情緒？」某天下午，他正在玩一組新拼圖，那個拼圖很簡單，只有幾片而已。但是，他找不到最後一片的位置，幾次嘗試後，他的臉上開始出現生氣的表情，我心裡想：「老天，他又要生氣了！」我跑到他身邊喊：「忍住！……不要動！……不要離開！……我去拿一些東西過來！」他看來有點震驚。我跑到他的書架那裡，找出一枝紫色蠟筆和一張圖畫紙。我坐到他身邊然後說：「陶德，你現在是不是這麼生氣？」接著，我畫了一些閃電形狀的線條。

「對！」陶德說，然後他從我手中拿走蠟筆，畫了許多雜亂的斜線，然後他一次又一次地用力戳紙，直到紙上充滿小洞。我把紙放在燈光下看，然後說：「你好生氣……你一定氣炸了！」他把紙從我手上拿走，哭了一會兒，然後生氣地把圖畫紙撕成一堆紙屑。之後，他看向我然後說：「媽媽，我愛妳。」這是他第一次跟我說這句話。

這次以後，我再試了一次這個方法，但並不是每次都有效，我想我必須找出其他肢體活動來做為陶德發洩情緒的出口，例如：拳擊袋或其他類似物品。不過我開始明白，當他使用適當的方式發洩情緒時，我在那裡看著他、陪著他，讓他知道即使是最生氣的感覺，也都可以被我們理解和接受，這才是最重要的關鍵。

## 8. 若我接受孩子所有的感覺，會不會讓他以為他所有的行為都是可以被我接受的？我不想要成為一個縱容孩子的爸媽。

我們太過擔心會縱容孩子，但是我們之後會慢慢明白，這個方式只是允許孩子表現出所有感覺。例如：「我看到你很開心地用叉子在奶油裡面雕刻紋路。」這不代表你允許孩子表現出不合適的行為，當你把奶油移開時，也可以讓你的小小藝術家了解「奶油不是拿來玩的，如果你想要雕塑作品，應該使用自己的黏土。」

我們發現當爸媽可以接受孩子的感覺後，孩子也更能接受爸媽對自己所設定的一些行為規範。

**9. 當孩子遇到困難時就給予建議，這個做法的缺點是什麼？**

當我們提供孩子建議或是立即的解決方法時，我們同時剝奪了孩子經歷處理自己問題的機會。那有沒有適合給予建議的時機呢？當然有。

關於何時以及如何給予建議的詳細討論，請參閱202頁至204頁的「關於提供建議」。

**10. 若事後發現自己不小心給了孩子一個沒有幫助的回應，可以有什麼補救措施嗎？昨天我女兒從學校回家時，她非常生氣。她告訴我關於有些孩子在操場上捉弄她的事情。我很累且心裡想著其他事情，所以我忽視她還叫她不要再哭了，說被捉弄又不是世界末日。她看起來非常難過地走回房間。我知道我讓她感覺更糟糕，但我現在可以做些什麼呢？**

每當你自責「我真希望我沒有說過那句話，為什麼我不先想想才說……」，你就已經得到了重來的機會。和孩子每天一起生活，總是會有其他機會，可能在幾小時、幾天或幾週後，你就有機會告訴孩子：「我一直在想妳之前告訴我，關於妳在操場上被其他孩子捉弄的事情，我現在明白那時候妳一定非常難過。」

無論爸媽的愛來得早或晚，孩子永遠都會感激爸媽的支持。

## 注意事項

**1. 孩子通常不喜歡自己的話被完全相同地重述一遍。**

例如：

孩子：「我再也不喜歡大衛了。」

爸媽：「你再也不喜歡大衛了。」

孩子（覺得有點厭煩）：「這是我剛剛才說的。」

孩子會較喜歡非鸚鵡式的回應，例如：

「大衛做了什麼事，讓你不高興嗎？」或「聽起來你真的被他惹惱了。」

**2. 有些孩子當他們不開心時，偏好沉默。所以對這類型的孩子而言，爸媽的陪伴就足夠讓他們得到安慰。**

一位母親告訴我們，當她走入客廳時，看到她十歲的女兒躺在沙發上，臉上還有淚痕。這個媽媽坐到女兒身邊，環抱住她，輕聲地說：「發生了一些事？」接下來五分鐘，她就只是安靜地坐在女兒身旁。最後，女兒嘆了一口氣並說：「媽媽，謝謝妳，我感覺好多了。」這位媽媽從頭到尾並不知道發生了什麼事，她只知道她的安慰一定有所幫助，因為一小時後，她聽到女兒在自己的房間裡哼歌。

**3. 有些孩子表達強烈的情緒反應後，爸媽卻冷靜且「適當」地回應他們，這樣反而會激怒他們。**

工作坊中的一個孩子告訴我們，有一天她最要好的朋友將她的祕密洩漏出去，所以她非常生氣地回家將這件事告訴媽媽，媽媽就事論事地說：「妳很生氣。」這女孩立刻怒氣沖沖又帶著諷刺語氣地回嘴：「當然是啊！」

我們問她，那她希望媽媽當時說些什麼，她想了一下然後回答：「不是她說了什麼，而是她說話的態度和語氣。她說那句話時，似乎是在描述一個陌生人的感覺。我想我是希望她能表現出她是支持我的、是與我站在同一陣線上。如果她說出類似『天啊，辛蒂，妳一定很氣她！』那麼我就會感覺到她清楚我的感受。」

**4. 若爸媽表達出的情緒比孩子更激動，那樣也是沒有幫助的。**

青少年（抱怨）：「史蒂夫讓我在轉角等了半個小時，然後他編了一些我一聽就知道是謊話的理由。」

母親：「真是太過分了！他怎麼可以這麼做呢？他既不體貼又不負責任，你一定覺得不想再見到他了吧！」

對孩子來說，可能從來沒想過要這樣批評自己的朋友，他需要的只是從媽媽那裡得到認同的回應，以及摸摸頭的安撫方式，來紓解朋友的行為所導致的不愉快，並不需要額外承受並調適媽媽的強烈情緒。

## 5.孩子不喜歡聽到他們批評自己的話，從爸媽的口中說出來。

當一個孩子告訴你「他很笨」、「很醜」或「很胖」，你回應說：「噢，所以你覺得你很笨」或「你真的覺得你很醜」，這是沒有任何幫助的。當孩子批評他自己時，爸媽不要跟著一起附和；接受他的難過而不是複述他批評自己的話。

例如：

孩子：「老師說大概只需要十五分鐘就能完成數學作業，我卻花了一個小時，我一定是很笨。」

爸媽：「完成一件工作的時間比你預計的要久，的確很令人沮喪。」

例如：

孩子：「我笑的時候看起來好糟糕，只看得到我的牙套。我好醜！」

爸媽：「你看起來並不是像你說的那樣喔！對我而言，不管你有沒有戴牙套，都是漂亮的。」

希望這些「注意事項」不會嚇到大家。現在你可能已經很清楚，處理感覺是一門藝術而不是一門科學。此外，我們相信（根據多年的觀察）所有爸媽經過多次的嘗試和錯誤之後，都可以掌握這門藝術。經過一段時間的練習，你就會明白哪些方法可以幫助你的孩子，哪些則不行。不斷實踐之後，你也很快能發現什麼方式會惹惱孩子、什麼方式能安撫孩子；什麼方式會製造距離、什麼方式能使彼此更親密；什麼方式會傷害孩子、什麼方式能治癒孩子。任何事物都無法取代你親身的感受和發現。

## 爸媽們的故事

每一次的工作坊，我們都授予相同的基本原則，但是爸媽們活用這些原則所演變出的策略，以及應用處理的情境，總是讓我們感到驚訝。下面的每個故事都是爸媽們的親身經驗，但孩子不以本名出現。你會發現，爸媽所說的每一句話不會都是「範例式」的回應，然而是秉持著基本原則，也就是認真傾聽和願意接受的態度。

分享故事的前兩位家長發現，當他們停止給予建議，他們的孩子真的開始發展出自己解決問題的能力，這點令他們感到不可置信。第一位媽媽在一開始就說：「注意喔！我根本沒說什麼話。」

八歲的尼克，放學回到家就說：「我想揍傑佛瑞一頓。」

我：「你真的很氣傑佛瑞！」

尼克：「對！每次我們踢足球，只要球一傳到我這邊，他就會說：『尼克，把球給我，我比你厲害。』誰聽到這句話不會生氣？」

我：「是啊。」

尼克：「但是傑佛瑞不是真的這麼讓人討厭。一年級的時候，他總是對人很好，但是自從克里斯在二年級轉來我們班之後，我覺得傑佛瑞從他那裡學到了自誇的習慣。」

我：「喔，原來是這樣啊。」

尼克：「我來打給傑佛瑞，約他一起去公園玩好了。」

* * *

我的小一兒子，他不好鬥也不喜歡與人爭吵。由於他看來是如此脆弱，所以我對他有點過於保護。星期一，他回家後告訴我，他班上有個塊頭比他大很多的男孩叫跟班來告訴他，明天會把他痛打一頓。我的瞬間反應相當歇斯底里：明天不讓他去上學、用整個晚上教他防身術，只要能讓他遠離疼痛和恐懼，任何方法都行。

但是，我決定要認真傾聽和只回應「嗯」，而不是馬上把我的擔憂表現出來。然後，道格拉斯開始滔滔不絕地講話。他說：「是啊，所以我已經想好了三種策略來自我防禦。第一，我會試著跟他講理，叫他不要打人，我會跟他說明打架是不應該的，因為這是不文明的行為。如果講理的沒有用，我會戴上我的眼鏡，但是（他停住並想了一下）如果他是惡霸，那戴上眼鏡並不會阻止他。我想他一定是個惡霸，我從來沒和他說過話，但是現在他卻要來打我。那如果這些方法都沒效的話，我會叫肯尼去攻擊他，肯尼這麼強壯，我想那個惡霸光看到就會害怕了。」

我很震驚，然後說：「噢，」他接著說：「沒事的……一切都會沒事的……我有計畫。」然後他就放鬆地走出房間。我的兒子令我印象深刻，我從來不知道他可以如此勇敢，如此有想法去處理自己的問題。所有這些結果都因為我只有傾聽，讓他自己思考而我沒有干預。

但我不是就放著什麼事都沒做，那天下午，我打給道格拉斯的老師並告訴她這件事情（我沒有讓道格拉斯知道）。老師很高興我把這件事告訴她，因為我們不應該將孩子受到的威脅置之不理。

隔天，我忍住不問他學校發生了什麼事，他自己告訴了我：「媽咪，你知道嗎，那個惡霸今天都沒有接近我喔！」

一些家長分享，他們非常驚訝於只要一句接受孩子感覺的話語，就能對孩子有如此大的平靜作用。以前的「冷靜一點！」或「不要再說了！」似乎只會更加惹惱孩子。但是使用幾個表達認同的字，通常就可以安撫最強烈的情緒，並戲劇化地轉變孩子的感覺。第一個例子來自一位父親：

我女兒荷莉，從廚房走進來。

「葛老師今天在體育課對我大吼。」

「喔？」

「她用高八度的聲音罵我。」

「她真的生氣了。」

「她大吼：『排球不是這樣打的，妳要這樣打！』我怎麼會知道？她又沒教過我們怎麼打排球。」

「妳因為她對你大吼而生氣。」

「她讓我非常憤怒。」

「莫名其妙就被大吼，這的確讓人感到挫折。」

「她沒有權利這麼做！」

「妳覺得她不該吼妳。」

「我超生氣，我想踩到她身上……我想在一個代表她的娃娃身上釘釘子，讓她痛苦！」

「抓著她的姆指把她掛起來！」

「把她丟到油鍋裡！」

「把她三百六十度旋轉！」

說到這裡，荷莉笑了，我也笑了。她開始大笑，我也是。然後她強調老師大吼的方式很愚蠢，之後她說：「我現在確定知道要怎麼打排球才能令她滿意了。」

通常我可能會說：「妳可能做錯了某件事，老師才會吼妳。下一次，當老師糾正妳的時候認真聽，妳才會知道該怎麼做。」她可能就會甩上門，然後怒氣沖沖地回到她的房間，埋怨自己為什麼有一個不體貼的白癡父親和一個莫名其妙的老師。

* * *

地點：我家廚房。

我才剛把小寶寶哄睡，伊凡正從幼兒園回到家，非常興奮，因為他想去查德家玩。

伊凡：「嗨，媽咪，我們現在就去查德家吧！」

媽媽：「妮娜在睡覺，我們等一下再去。」

伊凡（開始有點生氣）：「我現在就想去，妳說過我回來就可以去。」

媽媽：「那如果我只陪你牽著腳踏車走過去呢？」

伊凡：「不要，我要妳在那裡陪著我！（開始歇斯底里地大哭）我現在就想去！」（他把從學校帶回來的圖畫揉爛，然後塞進垃圾桶中。）

媽媽（我的警示燈亮了）：「你一定是氣壞了！你生氣到把圖畫丟掉，一定是非常生氣。你本來這麼期待要和查德一起玩，但是妮娜卻在睡覺，這種情況真的讓人非常沮喪。」

伊凡：「對啊，我真的好想去查德家玩。（停止哭泣）媽咪，我可以看電視嗎？」

媽媽：「當然囉。」

＊　＊　＊

情況：爸爸正準備出門釣魚，四歲的丹妮爾想要跟他一起去。

爸爸：「好吧，寶貝，妳可以一起去，但是記得喔，我們要站在外面好長好長一段時間，而且今天早上外面很冷。」

丹妮爾（臉上充滿困惑，她的回答也顯得猶豫）：「我改變心意了……我想待在家裡。」

爸爸離開兩分鐘後，丹妮爾開始哭泣。

丹妮爾：「爸爸丟下我了，他知道我想一起去的！」

媽媽（忙於其他事，沒辦法處理）：「丹妮爾，是妳決定要待在家裡的。妳的哭聲很吵，我不想聽到，如果妳要哭就回房間去哭。」

她跑回房間嚎啕大哭，數分鐘後，媽媽決定要來試一下新方法。

媽媽（走到丹妮爾的房間，坐在她的床上）：「妳真的很想跟爸爸一起去，對不對呢？」

丹妮爾停止哭泣並點了點頭。

媽媽：「當爸爸提到外面好冷的時候，妳很猶豫，沒辦法立刻下決定。」

孩子的臉出現輕鬆的表情，再次點頭，已經停止哭泣。

媽媽：「妳覺得妳沒有足夠的時間去做決定。」

丹妮爾：「對啊，沒有。」

這時候，我擁抱了她一下。她跳下床然後到外面去玩了。

這些技巧也可以幫助孩子知道，他們可以同時擁有兩種不同的感覺。

小嬰兒出生後，我總是跟保羅說他愛他的弟弟，保羅會搖著頭說：「沒有！我沒有！」過去這一個月來，我對他說：「保羅，看起來你的心裡似乎對弟弟有兩種感覺。有時候，你很開心有個弟弟，觀察他還有陪他一起玩都很有趣，但有時候你並不喜歡他，你只希望他可以消失。」保羅喜歡我這麼描述，現在每星期他至少會要求我一次：「媽咪，描述我的兩種感覺給我聽。」

有些家長在孩子情緒沮喪或失望的時候，特別慶幸自己學會了這些技巧。他們了解到，自己不需要去承擔孩子的不高興，並且也不需要負責讓孩子變得高興。一位母親說：「我開始理解以往加諸在自己身上，那種一定要確保我的孩子無時無刻都是開心的壓力是沒有必要的。我第一次察覺到這種壓力，是在某次我試著想把斷掉的麻花脆餅用膠帶黏起來，以阻止我四歲兒子繼續大哭的時候。我也開始明白我加諸於孩子身上的負擔，大家想想看，我們的孩子不只因為自己遭遇到的問題而不開心，還因為看到我們為了他們的問題而苦惱，所以使得孩子們更加心煩意亂。我媽媽以前就是這樣對待我，所以我記得我會為了自己沒有總是感到開心而有罪惡感。我希望我的孩子能了解他們可以有不順心的感覺，而且他們的媽媽不會因此崩潰。」

我的兒子榮恩，滿身泥巴、垂頭喪氣地回到家裡。

爸爸：「你的褲子上沾滿了泥巴。」

榮恩：「對啊，我的橄欖球比賽打得爛透了。」

爸爸：「這次比賽很困難。」

榮恩：「對，我太弱了，沒辦法打好，甚至是傑瑞也把我撞倒。」

爸爸：「被撞倒的確讓人感到很挫折。」

榮恩：「是啊，我希望我可以強壯一點。」

爸爸：「你希望自己可以跟超人一樣。」

榮恩：「對，這樣我就能把大家撞倒。」

爸爸：「你可以繞過那些攔截你的對手。」

榮恩：「我能找到很多可以閃躲的空間。」

爸爸：「你可以奔跑。」

榮恩：「我也很會傳球。我很擅長短程傳球，但是長程傳球就不行了。」

爸爸：「你可以跑，也能傳球。」

榮恩：「對，我可以表現得更好。」

爸爸：「你覺得你可以表現得更好。」

榮恩：「下一次，我就可以表現得更好。」

爸爸：「你知道自己可以表現得更好。」

一般來說，我會用一些話來鼓舞榮恩，像是：「你是一個好的球員，只是今天表現得不好。不用擔心，下一次就會表現得更好。」他可能會生氣然後回到他的房間。

參與這個團體後，我有驚人的發現，當我們越試圖要孩子把不開心的情緒拋到一旁，他們越會沉浸在那種情緒裡面。當你能越平靜地接受孩子不開心的感覺，孩子就越容易放下這些感覺。我想如果你希望有個快樂幸福的家庭，要準備好接受許多不愉快的表達及對話。

＊　＊　＊

漢斯最近正處於一個很難熬的時期，他遇到一個對他很嚴格的老師，而且他不喜歡那位老師。當他最不開心且最沮喪的時候（通常是當他把學校的壓力帶回家的時候），他會稱自己：「笨蛋」，並且認為沒有人喜歡他，還會說他是班上「最笨」的學生等等諸如此類的話。

有天晚上，我先生坐到他身旁，用世界上最關心的態度和他說話。

法蘭克（溫柔的語氣）：「漢斯，你不是笨蛋。」

漢斯：「我太笨了，我是笨蛋中的笨蛋。」

法蘭克：「不是的，漢斯，你不笨。你是我認識的八歲孩子中最聰明的其中一個。」

漢斯：「我不是，我是笨蛋。」

法蘭克（仍是溫和的語氣）：「你不笨。」

漢斯：「我太笨了。」

這樣的對話不斷地重複，我不想插嘴，但也無法忍受繼續聽下去，所以我離開了房間。法蘭克從頭到尾都一直很溫和、很有耐心地在開導漢斯，但是直到漢斯上床睡覺前，他仍然感覺鬱悶，仍然認為自己是笨蛋。

那天我和漢斯處得並不好。當天下午和傍晚，他不斷地激怒我，我也覺得自己沒有更多心力去幫助他調適感覺。但是看到他躺在床上，絕望地說自己是笨蛋、大家都討厭他的時候，我還是進了他的房間。我甚至不知道還可以跟他說什麼，我只是疲倦地坐在他的床邊，然後一句在工作坊中使用過的句子突然脫口而出，我幾乎是自動地說出：「有這些感覺真的是很難受。」

漢斯停止說自己是笨蛋，並安靜了一分鐘。然後他說：「是啊。」不知道為什麼，這句話讓我有了力量繼續對談下去。我開始隨意地敘述這些年他曾說過和做過的好事，或是特別的事情。

他聽了一陣子，然後開始參與談論一些他還有印象的事，他說：「妳記得找不到車鑰匙那次嗎？妳找了家裡的每個角落，然後我說看看車子裡面，結果鑰匙真的在那裡。」我們大約聊了十分鐘後，我給已經重拾自信的漢斯一個晚安吻。

有些家長很樂於用想像的方式，來滿足孩子想要但在現實中無法得到的東西。對於某些家長來說，說一句「你希望你有……」要比竭盡全力地爭論誰是對的，還有說明為什麼現在不行要容易得多。

大衛（十歲）：「我需要一個新的望遠鏡。」

父親：「一個新的望遠鏡？為什麼？你現在用的就很好用了。」

大衛（激動地回應）：「那是小孩子用的望遠鏡！」

父親：「那個正好適合你的年齡。」

大衛：「才不是！我需要兩百倍的望遠鏡。」

父親（我可以預測我們將會大吵一架，所以我決定要轉換回應的方式）：「你真的想要兩百倍的望遠鏡啊。」

大衛：「對，這樣我就可以看到月球表面的隕石坑。」

父親：「你想要很清楚地觀察它們。」

大衛：「沒錯！」

父親：「你知道我希望什麼嗎？我希望我有錢可以買望遠鏡給你。不只如此喔，因為你對天文學如此有興趣，我希望我有足夠的錢幫你買四百倍的望遠鏡。」

大衛：「六百倍的望遠鏡。」

父親：「八百倍的望遠鏡。」

大衛（興奮地說）：「一千倍的望遠鏡！」

父親：「還有……還有……」

大衛（非常興奮）：「我知道……我知道……如果你可以，你會買給我在加州帕洛馬山天文台（Mount Palomar）的天文望遠鏡！」

當我們同時笑出聲音，我明白是什麼導致了不同的結果。給予孩子想像的關鍵之一就是放任自己盡情地去幻想，即使大衛知道這不可能發生，他還是感激我如此重視他的願望。

＊　＊　＊

我先生和我帶著傑森和他的姊姊雷思莉去國家自然博物館參觀。我們都很享受，孩子們的表現也很好，直到我們要離開時經過了紀念品店。四歲大的傑森為了想要買紀念品而開始無理取鬧。大多數的紀念品都很昂貴，但是最後我們還是幫他買了一組岩石，然後他開始哀求要一隻恐龍娃娃。我試著解釋我們已經額外花了一些錢，而他的父親要他停止哀求，還說他應該要開心，因為我們有買東西給他。傑森開始哭泣，我先生叫他停止，還說他的表現像個小嬰兒。這時候，傑森躺到地上然後哭得更大聲。

每個人都注視著我們，我感覺如此困窘，很希望地上有個洞可以鑽進去。然後，我突然有了個想法，我從包包裡拿出一枝筆和一張紙，開始寫字。傑森問我在做什麼，我回答：「我在寫傑森希望可以得到一隻恐龍。」他接著對我說：「和一個稜鏡，」我寫下「和一個稜鏡」。

然後他做了一件出乎我意料之外的事，他跑向在一旁的姊姊並說：「雷思莉，妳告訴媽咪妳想要什麼，她也會寫下來。」然後妳們知道嗎？這件事情就結束了，他非常平靜地和我們一起回家。

自從那次之後，我就很常使用這個方法。每次當我和傑森在玩具店中，他指出所有他想要的玩具，我就會拿出筆和紙寫下他的願望清單。

這樣似乎就可以滿足他，而我也不需要真的買這些東西給他，除非有其他特別的原因。我猜這種願望清單的方式可以滿足傑森，是因為願望清單不僅表示我知道他想要什麼，也表現出我真的在乎他的願望，所以才會把它們寫下來。

最後一個故事，會使大家更加清楚明白。

我剛經歷過一段人生中最可怕的經驗，我六歲大的女兒蘇珊，之前就有哮吼(croup)的症狀，但是從來沒有這麼嚴重過。看到她無法呼吸且臉色開始發紫，我整個嚇壞了。因為救護車無法立刻前來，所以我只好開車帶著我的兒子布萊恩和那天來拜訪的母親，一起載蘇珊去急診室。

我母親已經完全處於歇斯底里的狀態，她不斷地重複著：「噢！老天！她不能呼吸了！我們來不及送她到急診室！妳對這孩子做了什麼？」

我用更大的音量說：「蘇珊，我知道妳現在呼吸困難。我知道妳現在很恐懼，我們現在已經在去急診室的路上，妳會沒事的。如果妳想，妳可以抓住我的腿。」蘇珊照做，緊抓住我的腿。

抵達醫院後，兩位醫生和幾位護士圍住我們，我的媽媽仍在喪失理智地大聲叫嚷，布萊恩則不斷問我蘇珊會不會像奶奶一樣死掉。我沒有時間回答，因為醫生一直試著要我離開診間，但我知道蘇珊會希望我待在裡面，我從她眼裡看得出來她是多麼害怕。

他們為她注射了一針腎上腺素，我問蘇珊：「是不是會痛？」她點頭，然後他們在她的喉嚨裡放入一根管子。我說：「我知道這根管子會弄痛妳，但是它會幫助妳。」她還是無法平順地呼吸，所以他們把她罩入一個氧氣帳中。我說：「這麼多塑膠製品在妳身上，妳一定覺得很奇怪，但是這些都是為了幫助妳呼吸順暢和好起來。」然後我將手伸入氧氣帳中，握住蘇珊的手並告訴她：「我不會離開妳，我會一直在妳身邊，即便妳睡著，只要妳需要我，我就會一直在這裡。」

她的呼吸變得比較容易，但是她的狀況仍處於危險期，所以接下來的七十二小時，我完全沒有睡覺，感謝老天，她最後恢復健康。

若不是因為這些工作坊的課程，我知道結果將會不同，我一定會非常驚慌失措。然而，藉由我跟她說話的方式，讓她明白我知道她正在經歷的難關，我成功地讓她放鬆下來，使得她完全沒有抗拒需要接受的治療設備和藥物。

我衷心認為，自己幫忙拯救了蘇珊的生命。

第二堂課

# 讓孩子開始合作

我們希望終止話語帶給孩子的精神傷害，並找到方法，讓語言能夠助長孩子的自尊心。

我們希望創造一個情感上的氣氛，使孩子關心自己也關心我們的感受；希望孩子從現階段到青少年時期，直至他們長大成人，一直都以這樣的溝通模式和我們做朋友。

# 第一部分

讀到這裡，想必你的孩子已經提供了無數次機會，讓你去實踐傾聽的技巧。當孩子碰到任何煩心的事，通常都會大聲且清楚地讓我們知道。在我家中，每天和孩子生活在一起就像是在劇場裡一樣。玩具不見了、剪太短的髮型、學校報告繳交的期限、尺寸不合的新牛仔褲、兄弟姊妹間的爭吵，任何這類小小事件，都足以讓我那三個小演員們產生淚水和怒氣，也因此我們從來沒有缺乏過戲劇題材。

唯一不同處是，劇院的表演會有落幕的時刻，然後觀眾可以回家，但是身為爸媽卻沒有這種福利。我們必須處理孩子所有的傷痛、憤怒和挫折，且仍必須保持理性。

我們現在知道舊的方式不管用，所有的解釋和安慰並無法使孩子感到舒服，而且只會使我們筋疲力竭。然而新的方法也有問題：即使我們明白同理的回應可以為孩子帶來更多安慰，但其實，給予適當的回應並不容易。對很多家長來說，這種表達方式是新穎卻陌生的，曾有爸媽告訴我：「起初我覺得自己很笨拙，說出口的話都不像自己，好像我是在演戲一樣。」

「我感覺自己很假，但是我一定做對了某些事，因為我的兒子開始願意跟我說話，而不僅只回應：『對』、『不對』、『我一定要做嗎？』」

「我感覺很自在，但孩子卻似乎覺得窘迫，他們都用狐疑的眼光看著我。」

「我發現我以前從來沒有認真聽過孩子在說什麼，現在我要忍住，聽他們說完才做回應。認真傾聽是一件困難的功課，如果你真的想要給予有用的回應，就必須集中注意力。」

一位父親說：「我試了這個方法，但沒有用。我的女兒悶悶不樂地從主日學校回來，我沒有問：『為什麼心情不好？』而是說：『艾咪，妳似乎在為某件事情生氣。』結果她的淚水奪眶而出，跑回她的房間並甩上房門。」

我對這位父親解釋，即使當時看來沒有用，但其實是有用的。艾咪那天聽到了不同的聲音，知道她自己的感覺是有人關心的，我鼓勵這位父親不要放棄，假以時日，當艾咪明白她可以從父親身上得到被接受的反應時，她就會放心說出令她不開心的原因。

令我最記憶深刻的回饋是來自一位青少年，他知道他媽媽有來參加我的工作坊。有天他從學校回家時，生氣地喃喃自語：「他們不能只因為我沒有穿體育服就不讓我上場，整場比賽我就只能坐在旁邊看，真是太不公平了！」

他媽媽用關心的語氣說：「你一定感到非常生氣。」

他生氣地回嘴說：「噢，妳老是站在他們那邊！」

媽媽握住他的肩膀說：「吉米，你沒有聽到我說的話，我說：『你一定感到非常生氣』。」

他眨了眨眼睛，望著媽媽，然後說：「爸也應該去參加那個課程！」

到目前為止，我們都專注於爸媽如何幫助孩子處理負面情緒，現在我們要開始聚焦於幫助爸媽處理他們自身的一些負面情緒。

身為爸媽難免都會感到挫折，因為每天都必須努力確保孩子表現出的行為，是被我們和社會所接受的，這真的是令人發狂和艱難的任務。部分問題出在雙方需求互相衝突，爸媽的期望是孩子能保持整潔、秩序、禮貌和規律，但孩子完全不在意這些。多少孩子會時間一到就自動去洗澡、說請和謝謝，或自己換內衣褲？甚至應該說，有多少孩子會穿著內衣褲？爸媽花費大量的心力，幫助孩子適應社會規範，但不知道為什麼，我們越是積極，孩子反抗的舉動也就越強烈。

我知道我的孩子多次把我當成「敵人」，因為老是要求他們做不想做的事情，例如：「去洗手……用餐巾紙擦……小聲一點……把外套掛起來……你做功課了沒？……你刷牙了嗎？……你忘記沖馬桶了……去換睡衣……上床……去睡覺。」

當孩子想做某些事情的時候，我也是阻止他們的那個人：「不要用手直接拿東西吃……不要踢桌子……不要亂丟垃圾……不准在沙發上跳……不要拉貓咪尾巴……不准把豆子塞進鼻孔裡！」

孩子們的態度最後變成「我要做我想做的事」；我的態度則是「你要做我說的事」，爭吵因而產生。當爭吵的次數達到一定數量後，就算我是要求孩子去做簡單的事情，我的胃都會有抽筋的感覺。

花幾分鐘想想看，平常一天當中，有哪些事是你會堅持孩子要做，或堅持孩子不能做的，然後在下面的空格中，列出這些內容。

**一天當中，我會要求孩子做的事項**

早上：__________

下午：__________

晚上：__________

**一天當中，我要求孩子不能做的事項**

早上：__________

下午：__________

晚上：__________

不管你的清單是長還是短，你的期望是符合現實還是不切實際，每一個項目都代表你需要花費時間和精神，去挑戰孩子做或不做某些項目的意願。

有任何解決辦法嗎？

我們先看看一些最常被爸媽用來要求孩子配合的方法。當你讀到每一個方法的範例時，假想自己回到聽爸媽說教的孩童時期，當那些字句衝擊著你，你的感覺如何？將你的答案寫下來。另一個方式是請一個朋友大聲地把範例唸出來，然後你閉著眼睛聽。

1. **責備和指責**

「門上又有你的髒手印！為什麼你總是要這麼做？……你到底有什麼問題啊？你有沒有辦法做對一件事情？……我告訴過你多少次，要用門把開門？你的問題就是從來沒把話聽進去。」

如果我是孩子，我感覺＿＿＿＿＿＿

2. **辱罵**

「今天天氣超冷，你竟然只穿一件薄夾克！你還能多笨？天啊，只穿這樣真的是個很蠢的決定。」

「我來幫你修理腳踏車，你自己知道你對機械很不在行。」

「看看你吃成什麼樣子！你好髒。」

「流浪漢才會住在髒亂成這樣的房間，你把自己搞得跟豬沒兩樣。」

如果我是孩子，我感覺＿＿＿＿＿＿

3. **威脅恐嚇**

「你敢再碰檯燈一次，我一定揍你。」

「你現在不把口香糖吐出來的話，我會幫你把嘴巴打開拿出來。」

「我數到三，你衣服還沒有換好，我就要先出門了！」

如果我是孩子，我感覺＿＿＿＿＿＿

## 4. 命令

「我要你現在馬上把房間整理好。」

「幫我把包裹拿進來，快一點！」

「你還沒把垃圾拿出去？現在就去！……你還愣在這裡做什麼？快去！」

如果我是孩子，我感覺

## 5. 說教和道德勸說

「你覺得從我手上把書搶走，這樣做對嗎？看來你不知道禮貌這件事的重要性。你必須了解，如果我們希望別人對我們有禮貌，我們就必須對別人有禮貌。你也不希望被別人從手中搶走東西，對吧？那你也不應該這麼做，你怎麼對別人，別人也會這樣對你。」

如果我是孩子，我感覺

## 6. 警告

「小心，你會燙到自己。」

「小心一點，不然會被車撞到！」

「不要爬上去！你想要摔下來嗎？」

「穿上毛衣，否則你會得重感冒。」

如果我是孩子，我感覺

## 7. 抱怨受折磨

「你們可以不要再尖叫了嗎？你們想要我怎麼樣……讓我生病……還是得心臟病？」

「等你自己有了孩子後，你就會知道被激怒是什麼感覺。」

「你看到這些白頭髮了嗎？就是因為你！我會被你氣到早死。」

如果我是孩子，我感覺＿＿＿＿＿＿

## 8. 比較

「你為什麼不能像哥哥一樣？他總是能提前做完作業。」

「麗莎的餐桌禮儀真棒，你絕對不會看到她用手拿食物吃。」

「為什麼你不能像蓋瑞一樣？他看起來永遠都那麼乾淨整齊，短髮、衣服紮進褲子裡，看到他就覺得開心。」

如果我是孩子，我感覺＿＿＿＿＿＿

## 9. 諷刺

「你明知道明天要考試，還把書留在學校？噢，你還真是天才啊。」

「你確定要這麼穿嗎？圓點搭配格紋？好吧，你今天一定會得到很多讚美。」

「這是你明天要交的功課嗎？好吧，你的老師看得懂這些東西，我不行。」

如果我是孩子，我感覺＿＿＿＿＿＿＿＿＿＿

### 10. 預言

「你是不是騙我關於成績單的事情？你知道你長大後會變成怎樣嗎？再也沒有人會願意相信你。」

「繼續這樣自私下去，你等著看，沒有人還想跟你玩了，你會沒有朋友。」

「你就只會一直抱怨，我從來沒有看過你自己想辦法解決。我可以預見十年後的你還是一樣，被同樣問題困擾然後繼續抱怨。」

如果我是孩子，我感覺＿＿＿＿＿＿＿＿＿＿

你現在已經知道，如果你是孩子，對於這些方式會有什麼反應。你可能也會好奇做過這個練習的其他人有什麼反應。結果證明，不同的孩子對相同的方式會產生不同的反應，以下是在某次工作坊中獲得的答案，提供大家參考。

### 1. 責備和指責

「這扇門比我還重要……」、「我會騙她不是我做的……」、「我是一個討厭鬼……」、「我會退縮……」、「我想罵她……」、「你說我都沒聽進去，那我以後都不聽了」

## 2. 辱罵

「她是對的，我又笨又是機械白癡」、「為什麼要嘗試？」、「我會告訴她，下次我連夾克都不會穿」、「我討厭她」、「哼，她又來了！」

## 3. 威脅恐嚇

「她沒看到的時候，我還是會去碰檯燈」、「我會想哭」、「我會害怕」、「不要管我」

## 4. 命令

「試試看我會不會去做」、「我被嚇壞了」、「我不想動」、「我討厭他的命令」、「不管我做什麼，我都會有麻煩」、「要怎樣才能換掉這討人厭的衣服？」

## 5. 說教和道德勸說

「哼，誰會聽進去？」、「我是笨蛋」、「我一點都沒有存在的價值」、「我想跑得遠遠的」、「無聊、很無聊、非常無聊」

## 6. 警告

「這個世界好可怕和危險」、「我以後要怎麼照顧自己呢？不管我做什麼都會惹上麻煩」

**7. 抱怨受折磨**

「我覺得有罪惡感」、「我好害怕，如果她生病了是我的錯」、「誰在乎你說了什麼」

**8. 比較**

「媽媽都比較愛別的孩子」、「我討厭麗莎」、「我是個失敗者」、「我也討厭蓋瑞」

**9. 諷刺**

「我不喜歡被嘲弄，她好壞」、「我覺得丟臉和困惑」、「為什麼要做？」、「我會報仇」、「不管我做什麼，我都不會贏」、「我感覺非常氣憤，都快燒起來了」

**10. 預言**

「她是對的，我以後做任何事都無法成功」、「我是可以被信任的！我會證明他是錯的」、「這對我沒用啦」、「我放棄」、「我注定是失敗的」

如果大人都會產生這些不舒服的感覺了，那就不難想像，當孩子真的聽到時的感覺如何。有沒有其他不同的方法能讓孩子與我們合作，而不需要傷害他們的自尊，或讓他們遭受這些不舒服的感覺嗎？爸媽有沒有更容易的方法，能讓孩子願意做我們希望他們做的事情呢？

我們要與大家分享五種技巧，這些技巧對我們以及工作坊的家長們都有所幫助。但，不是每種方法都適用於每個孩子，不是每種技巧都適合你的人格特質，也沒有哪一種技巧會時時刻刻都有效。然而這五種技巧，可以創造出尊重的氛圍，因此漸漸引導出孩子的合作精神。

**讓孩子願意合作的五個技巧**

1. 敘述狀況：敘述你所看到的，或是敘述問題。
2. 提供資訊。
3. 用精簡的詞彙表達你希望孩子做的事情。
4. 說出你的感覺。
5. 寫一張字條。

現在你已經學到了五種不會讓孩子有負面感覺、能鼓勵他們合作的技巧。如果你的孩子現在在學校、在睡覺，或是有如奇蹟般的一個人安靜地玩，這就是你最適合做練習題的時候了。

你可以藉由假想的情況來加強你的技巧，當真實情況發生時，你就知道能夠如何應變。

## 練習

情境：你走進你的房間，發現剛洗完澡的孩子把濕毛巾丟在你的床上。

A寫下一個爸媽經常使用、可能導致孩子不願意配合的句子。

B同樣的情境，利用下列技巧，寫下可以用來鼓勵孩子合作的句子。

1. 敘述狀況：

2. 提供資訊：

3. 用精簡的詞彙表達你希望孩子做的事情：

4. 說出你的感覺：

5. 寫一張字條：

# 1-1 敘述狀況

敘述你所看到的，或是敘述問題。

常見的表達方式

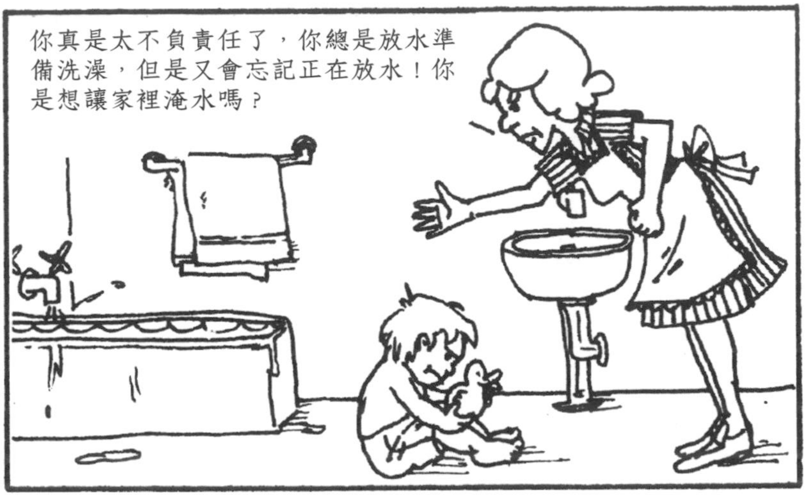


常見的表達方式

當別人指出你的錯誤，就會更不想去做自己應該要做的事情。

改成：敘述狀況

改成：敘述狀況

當別人只是敘述問題給你聽，就比較容易專注於問題上面。

## 1-2 敘述狀況

常見的表達方式

常見的表達方式

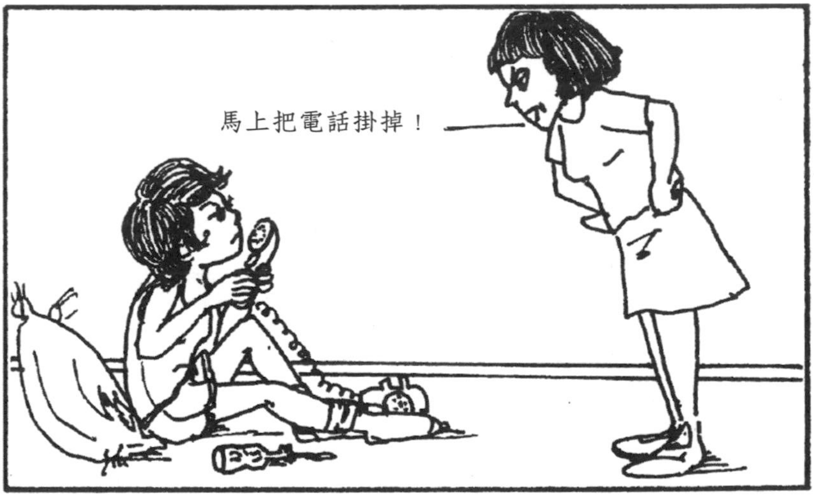

改成：敘述狀況

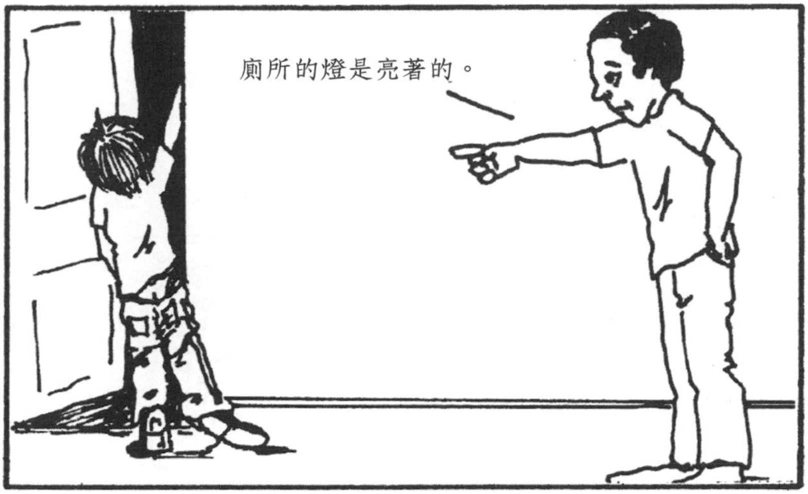


改成：敘述狀況

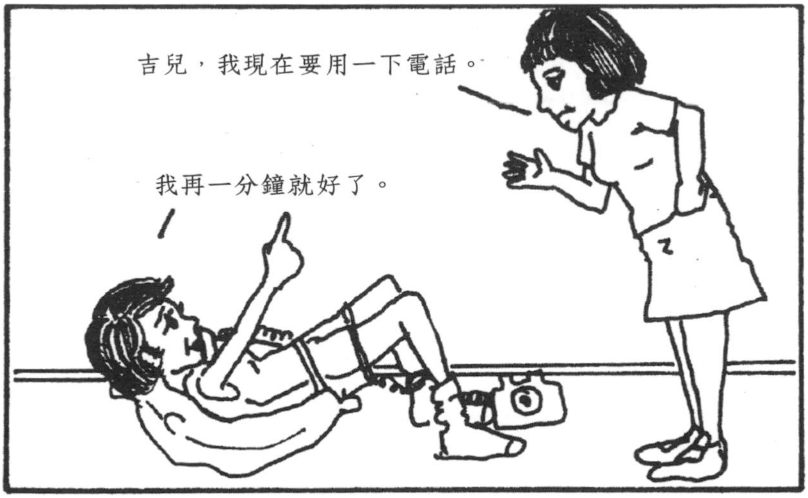

# 2-1 提供資訊

常見的表達方式

常見的表達方式

改成：提供資訊

改成：提供資訊

接受資訊會比接受責備要容易多了。

# 2-2 提供資訊

常見的表達方式

常見的表達方式

改成：提供資訊

牆壁不是用來畫畫的，紙才是。

改成：提供資訊

我現在需要有人幫忙把餐具擺放到餐桌上。

提供資訊給孩子後，孩子通常可以意會自己現在需要做什麼。

## 3-1 用精簡的詞彙表達你希望孩子做的事情

比較看看長篇大論和精簡詞彙的差別與效果。

常見的表達方式

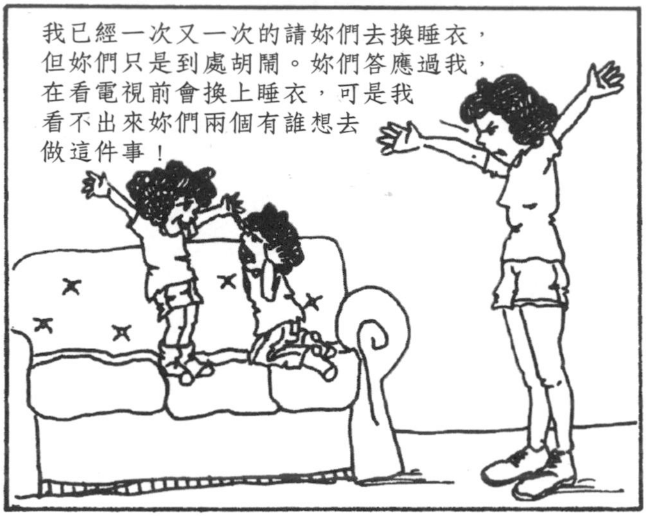


改成：精簡的詞彙

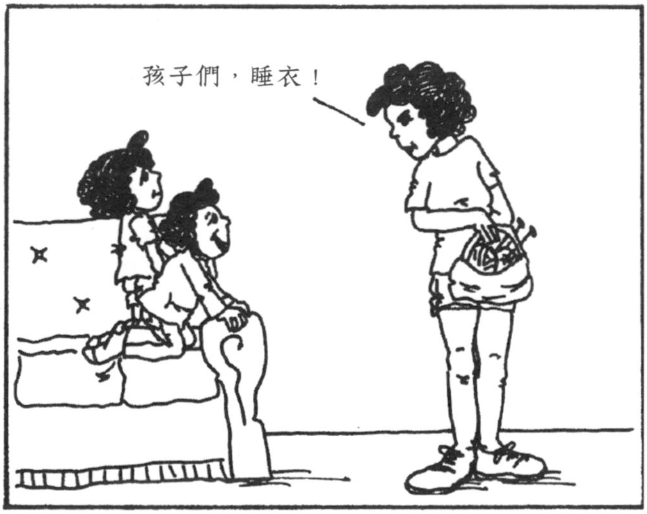


這個例子可以看到「少即是多」。

# 3-2 用精簡的詞彙表達你希望孩子做的事情

常見的表達方式　　　　改成：精簡的詞彙

常見的表達方式　　　　改成：精簡的詞彙

孩子不喜歡聽到說教、訓斥和冗長的解釋，對他們而言，越短的提醒越好。

# 4-1 說出你的感覺

不對孩子的特質或人格下任何評論。

常見的表達方式

常見的表達方式

改成：說出你的感覺

改成：說出你的感覺

孩子有資格知道爸媽真實的感覺，藉由說出你的感覺，我們可以表達自己的內心而不會傷害到孩子。

# 4-2 說出你的感覺

請注意，當爸媽們講述自己的感覺時，使用的字為「我」或「我覺得」。

常見的表達方式

常見的表達方式

改成：說出你的感覺

改成：說出你的感覺

只要不是讓人感覺到被攻擊，要孩子配合一個明確表達出自己在生氣或不耐煩的人是容易的。

## 5-1 寫一張字條

有時候，寫下來的文字比說話有效。下圖的字條是一個父親寫給女兒的留言，他不想再清理女兒留在排水孔的長頭髮。

下圖中是一個媽媽貼在電視上的留言。

## 5-2 寫一張字條

這張被掛在房門上的字條，兩面都寫了字。當疲憊的爸媽想在星期天多睡一個小時，等他們準備讓孩子進來房間的時候，才會把字條翻面。

## 5-3 寫一張字條

這個父親不想再大聲吆喝孩子做事情，所以決定留字條代替說話。

這個媽媽在紙飛機上寫上一些字，然後讓紙飛機飛到兒子和他的朋友那裡。他們兩人都還不會讀字，但是收到紙飛機後，他們跑去問媽媽上面寫了什麼，知道以後，馬上跑去把玩具收拾乾淨。

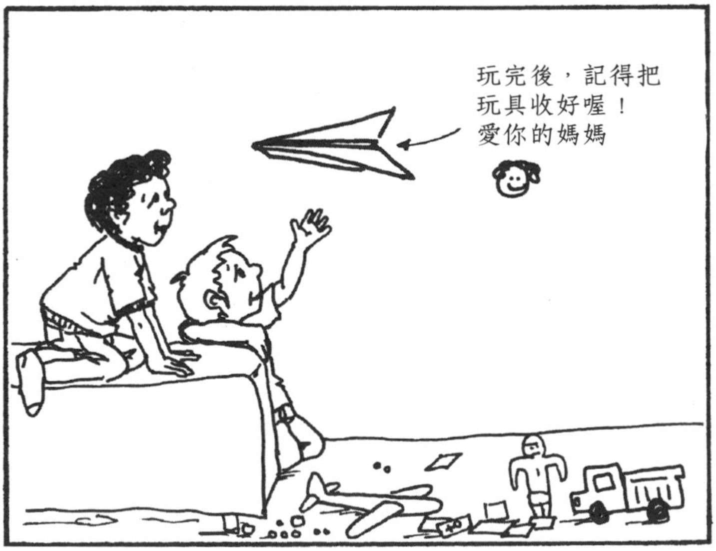

剛剛我們已經練習了將五種不同的技巧，應用在一個相同的情境上面。

接著，選擇其中一個你認為對你的孩子最有效的技巧，來進行下一個練習。

## 練習

情境一：你正在包裝一個包裹，但是找不到剪刀。孩子有自己的剪刀，但總是跟你借去用，且用完後都沒有還給你。

無效的句子：

有效的句子：

使用的技巧為：

情境二：你的孩子老是把他的運動鞋留在廚房的門口。

無效的句子：

有效的句子：

使用的技巧為：

情境三：你的孩子剛剛把濕答答的雨衣掛在衣櫃裡。

無效的句子：

有效的句子：

使用的技巧為：

情境四：你剛剛發現最近你的孩子都沒有刷牙。

無效的句子：

有效的句子：

使用的技巧為：

我還記得自己第一次使用這些技巧的經驗，那時候，我非常期待可以在家中使用這些新方法。某天，我回到家，踢到女兒丟在走廊上的溜冰鞋，我溫柔地對她說：「溜冰鞋應該放在鞋櫃裡。」我覺得我的反應實在太完美了，但她只是茫然地看了我一眼，然後回頭繼續讀她的書，所以我打了她。

那次的經驗，讓我學到兩件事情：

**1. 真誠是很重要的**

當我感覺生氣，卻用溫柔的語氣說話，那只會得到反效果。不只是我沒有誠實地與孩子溝通，更因為假裝得「太溫柔」，所以孩子還是必須承受我爆發出來的情緒。如果我是用怒吼的方式說：「溜冰鞋應該放在鞋櫃裡！」我的女兒可能就會馬上把溜冰鞋收好。

**2. 即使第一次失敗了，不表示我就必須回頭使用舊有的方式。**

我不只擁有一種處理技巧，所以我可以混合使用，而且有必要的話，還可以增加強度。例如濕毛巾的那個情境，我一開始可以溫和地告訴女兒：「毛巾放在床上會使我的床單濕掉。」接著我可以再加上：「濕毛巾應該放在浴室。」如果她還是沉浸在自己的世界中，而我真的希望她可以聽到我說的話，我可以提高音量說：「吉兒，毛巾！」

如果她還是沒有行動，而我的怒氣已經越來越高，我可以再更大聲地說：「吉兒，我不想整個晚上都睡在又冷又濕的床上！」

我也可以節省力氣，只留一張紙條在她隨時閱讀的那本書裡，紙條上寫著：「我不喜歡濕毛巾放在我的床上！」

我甚至可以想像自己氣到極點之後告訴她：「我不喜歡被忽視。我已經把妳的濕毛巾丟回浴室了，現在我感到非常生氣！」

有很多方法可以配合你的情緒，向孩子傳達訊息。

你可能很希望現在就能在家裡真實地應用這些技巧，如果是這樣，請先看一下你在第65頁列出的孩子「必做事項」和「不被允許的事項」。有沒有哪些「必做事項」是可以使用這些新技巧，讓你的孩子更容易與你合作呢？另外，在第一堂課中學到的技巧——如何處理孩子的負面情緒，或許也能幫助你達成期待的目標。

想一想後，寫下這個星期你想要嘗試的技巧。

情境：＿＿＿＿＿＿＿＿＿＿＿＿＿＿＿＿＿＿

可能使用的技巧：＿＿＿＿＿＿＿＿＿＿＿＿＿＿

你可能會想：「假設我的孩子還是不配合，那接下來該怎麼辦？」在下一堂課中，我們會學習更進階的技巧，促使孩子與我們合作。我們會討論如何解決問題以及處罰的替代方法。接下來的作業會幫助你加深今天學習的印象。同時，我也希望這一堂課所提供的內容，可以讓你之後的每一天都過得更容易一些。

## 作業

1. 這星期我沒有使用哪一句無效的話：
（有時候，我們未說出口的話，和我們說出口的話一樣有用）

情境：

我沒有說：

2. 這星期我使用過的兩種新技巧：

情境一：

使用的技巧：

孩子的反應：

我的反應：

情境二：

使用的技巧：

孩子的反應：

我的反應：

3. 我寫的字條：

4. 繼續閱讀第二部分。

**重・點・整・理**

## 讓孩子開始合作

1. 敘述你看到什麼，或敘述問題。

「有一條濕毛巾在床上。」

2. 提供資訊。

「這條毛巾把我的床單弄濕了。」

3. 用精簡的詞彙表達你希望孩子做的事情。

「毛巾！」

4. 說出你的感覺。

「我不喜歡睡在濕濕的床上！」

5. 寫一張字條。

（放在毛巾架上） 請把我放回來，讓我晾乾，謝謝你！你的毛巾留

# 第二部分
## 問與答、技巧說明、爸媽們的故事分享

### 常見問題

#### 1. 你如何對孩子說話，和你對孩子說了什麼，不是同樣重要嗎？

沒錯，你說話的態度就如同你說話的內容一樣重要。孩子喜歡的態度是爸媽表達出「你其實是一個討人喜歡和有能力的人，現在只是有一個地方需要特別注意，一旦你自己察覺到了，你就可以表現出負責任的行為。」

會使孩子感覺挫敗的態度是爸媽表現出「你就是不討人喜歡和沒有能力的人，你老是做錯事情，而這次的事件又再次證明你就是這樣的人。」

#### 2. 如果態度如此重要，那我們為什麼還要考慮說話的內容？

爸媽厭煩的眼神或輕視的語氣，都會給孩子造成深深的傷害。而如果孩子不斷接受到「笨蛋」、「粗心」、「不負責任」、「你永遠學不會」等負面字眼，這對孩子來說是雙重傷害。爸媽使用的詞彙，會以某種方式持續影響孩子很長一段時間。最糟糕的是，孩子在往後的日子裡，有時候會用這些字眼來傷害他自己。

## 3. 當你希望孩子做某件事情的時候，為什麼不能說「請」？

要求孩子幫個小忙時，例如「請把鹽罐遞給我」或「請扶著門，不要讓它關起來」是一般禮儀，使我們說出口的話有別於冷酷的命令，像是「給我鹽罐」或「把門扶好」。我們說「請」，是為孩子示範如何有禮貌地向別人提出小小要求。但是這個字適合用於一個很輕鬆的狀態下，所以，當我們正在生氣時，溫和地說「請」反而會帶來麻煩。思考一下這段對話：

媽媽（試著表現出友善的態度）：「請不要在沙發上跳來跳去。」

孩子持續跳。

媽媽（音量提高）：「請不要再這樣跳！」

孩子仍然繼續跳。

媽媽（突然用力甩了孩子一巴掌）：「我不是說了『請』你不要跳嗎？」

怎麼會這樣？為什麼媽媽在幾秒內從有禮貌轉為憤怒？這是因為你放軟了姿態卻被忽視，怒氣因此就快速升高。你會開始覺得：「我都表現得這麼友善了，孩子竟敢還不聽我的話？我一定要讓他知道這是不對的！」

當你希望孩子可以馬上去做某些事，使用強而有力的語氣會比懇求的語氣更有效。大聲且堅定地說：「不可以在沙發上跳來跳去！」可能會更快喝止孩子的舉動。如果孩子仍然繼續，你只要再嚴厲地重複一次「不可以在沙發上跳來跳去！」孩子往往就會馬上停下來。

## 4. 能說明一下為什麼孩子有時候聽話，有時候卻難以控制的原因嗎？

有一次，我們問一群學生，為什麼有時候他們不會聽爸媽的話，以下是他們的回答：

「當我下課回到家，已經感覺很累了，如果媽媽那時候要我做某件事，我會假裝沒聽到。」

「有時候，我很專心在玩或是看電視，我真的沒有聽到她在說什麼。」

「有時候，我因為學校發生的某件事而心情不好，我因此就不想做媽媽要求我做的事情。」

除了孩子的想法之外，爸媽也可以問問自己這幾個問題：

我的要求是否不符合孩子的年齡和能力？（我是不是期待一個八歲的兒童有完美的餐桌禮儀呢？）

孩子是否覺得我的要求很無理？（「為什麼媽媽要我清洗耳朵後方？根本沒有人會看到。」）

有沒有可能讓孩子選擇要何時去做某件事，而不是非要他現在立刻去做？（「你想要在看電視前先洗澡，還是看完再洗？」）

有沒有可能讓孩子選擇如何做某件事情？（「你想要帶娃娃還是小船一起洗澡？」）

家裡的空間有沒有可能改變一些設置，藉此提升孩子的配合度呢？（降低衣櫃裡的掛勾，減少孩子掛衣服的困難度？在孩子房間多放幾個架子，讓整理收納變得容易一些？）

我和孩子相處時，是不是總在要求他做事情？我有沒有花些時間，就只是單純地和他待在一起？

**5. 過去我曾經說過一些不應該對孩子說的話，現在我試著改變，但是她卻不願意相信也不願意配合我了，我該怎麼辦？**

孩子若曾經歷過很嚴厲的批評，可能會極度敏感。即使只是一句小小的提醒，像是「你的午餐」，對孩子來說可能又是一次批評他「健忘」的暗示。這樣的孩子可能需要大量的寬容與讚許，才有辦法開始接受他人的批評。本書稍後會介紹一些方法，能讓爸媽幫助孩子更正面看待自己。在此同時，孩子會經歷一個過渡期，她可能會對爸媽的新方法表現出懷疑，甚至是有敵意的態度。

但是，千萬不要因為女兒的負面態度而氣餒，你學到的所有技巧都是對他人表示尊重的方式，大部分的人最後都會對這些技巧產生反應。

**6. 幽默對我的兒子最有效。他喜歡我用有趣的方式來要求他做事，這種方式是可以的嗎？**

如果你能透過孩子本身的幽默感而讓他聽話，當然就太好了！一點點的幽默感，不但可以引發孩子的行動，還可以活躍家庭中的愉悅氣氛。很多爸媽的問題在於他們有趣幽默的本性，已經日復一日地在被孩子惹惱的生活中消失殆盡。

一位父親分享自己成功又有趣的方式，是使用另外一種音調或口音來要求孩子做事。他的孩子最喜歡聽他的機器人音調：「這—裡—是—RC3C。下一個—用完—冰塊—但沒有—加水—到—製冰盒—的人—會—被驅逐—到—外太空，請—確實—採取—行動。」

## 7. 有時候我發現自己不斷重複要求相同的事情，即使運用了新技巧，我聽起來仍然像是在嘮叨，是否有方法可以避免如此呢？

通常我們會不斷重複要求某件事情，是因為孩子表現出沒有聽到我們所說的話。當你又想要再次提醒孩子相同事情的時候，緩一緩，不妨先了解孩子是否有聽到你說了什麼話。例如：

媽媽：「比利，五分鐘後我們就要出門了。」

比利沒有回應，仍在看漫畫。

媽媽：「你有聽到我剛剛說了什麼嗎？」

比利：「妳說我們再五分鐘就要出門。」

媽媽：「很好，我知道你聽到了，那我就不再說一次了。」

## 8. 我的問題是，當我要求兒子幫忙時，他總是說：「好啊，等一下。」然後他從未真的過來幫忙，我該怎麼做才好呢？

底下的範例，是一位父親處理相同問題的做法：

爸爸：「史蒂夫，草皮已經兩星期沒除草了，我希望你今天再除一次。」

兒子：「好啊，等一下。」

爸爸：「我想知道你什麼時候會去做，我會比較放心些。」

兒子：「等我完成這份報告。」

爸爸：「那是什麼時候呢？」
兒子：「大約一個小時後。」
爸爸：「好，那我知道你過一小時後會去除草。史蒂夫，謝謝你囉！」

## 技巧的說明，以及真實故事

### 1. 敘述狀況

敘述你所看到的，或是敘述問題。使用敘述性的語言，是因為它能避免指責和責怪，讓每個人聚焦於應該被解決的問題。

「牛奶打翻了，我們需要抹布。」
「罐子打破了，我們需要掃把。」
「這件睡衣破了，我們需要針和線。」

你可以試試說出上述的句子，只是這次用「你」來放在每句話的開頭。例如：「你打翻牛奶了……你打破罐子了……你把睡衣扯破了……」注意到差異了嗎？很多人都說「你」這個字讓自己感覺到被責怪，然後產生防禦的心理。當我們敘述一個事件，而不說「你」，孩子似乎較容易聽見問題是什麼，並且去處理它。

兩個小兒子全身沾滿綠色水彩來吃晚餐的時候，我真的是非常生氣，但是我決定要控制自己的情緒，不要罵他們。我看向貼在冰箱上的技巧清單，然後使用第一種技巧：敘述你看到什麼。接下來發生的事如下：

我：「我看到兩個手上和臉上沾滿綠色顏料的小男孩！」

他們互看了一眼，跑進浴室把顏料都洗乾淨。

幾分鐘後，我走進浴室，當我看到牆壁上被噴滿顏料時，差點又要尖叫出聲。但是我使用了跟剛剛一樣的技巧。

我：「我看到浴室的牆壁上有綠色顏料！」

老大馬上去拿了一條抹布，並說：「救援隊出發！」五分鐘後，他叫我進去看。

我（仍然使用敘述技巧）：「我看到有人把牆壁上的綠色顏料都清理乾淨了。」

我的大兒子面露笑容，然後小兒子也大聲地說：「現在我要把水槽清理乾淨！」

如果我不是親眼看見整件事情的經過，我絕對不會相信。

**注意：**這個技巧若使用不當，有可能會讓孩子感到不快。有位父親告訴我們，有一天天氣很冷，他站在靠近大門的地方跟他剛進家門的兒子說：「門是開的。」孩子卻反駁他：「那你為什麼不去關起來？」

我們認為孩子聽到「門是開的」這個敘述句後，感覺父親表達出來的意思是「我在暗示你去做正確的事情。」我們也認為，讓孩子覺得爸媽是真的需要他的幫忙，這個技巧才能發揮最好的效果。

## 2. 提供資訊

提供資訊的好處在於，我們也同時送給孩子一個一生受用的禮物。他以後就會知道「牛奶放在冰箱外面會壞掉」、「傷口要保持乾淨」、「吃水果之前要先清洗」、「盒子打開，餅乾會軟掉」等等。不少爸媽告訴我們，提供資訊不是那麼困難，但難在不要最後加上一句貶低孩子的話，如：「髒衣服要丟在洗衣籃裡，你是不是永遠都學不會？」

提供資訊的另一個好處是可以讓孩子感覺我們對他有信心。他會覺得「大人相信我一旦知道這個訊息後，就可以做出負責任的行為。」

莫妮卡從學校回到家，身上還穿著制服就在花園裡玩耍，我大聲叫了三、四次，要她去把制服換成休閒服，她一直回問：「為什麼要換？」

我不斷地回答她：「妳會把制服弄破。」

最後我說：「休閒服是讓妳在花園玩的時候穿的，制服是去學校時穿的。」

令我驚訝的事情發生了，她馬上停止正在做的事情，然後進到房間去換衣服。

一位父親分享了他與最近領養的五歲韓裔兒子的經驗：

金和我一起走去拜訪一個鄰居，順便歸還他的梯子。我們正要按門鈴的時候，一群在街上玩的孩子指著金說：「中國佬！中國佬！」金看起來既困惑又生氣，即使他不明白「中國佬」這個詞的意義。

我的腦中閃過許多想法：「這些討厭的小鬼，他們連金是來自什麼國家都搞錯了……我想訓斥他們，通知他們的爸媽，但是我這麼做，他們就會找金報仇。不論好或壞，這裡是金以後生活的地方，他一定會自己找到方法來融入這個社區。」

我走近那群孩子，然後小聲地跟他們說：「這樣辱罵會傷害到別人。」他們似乎對我說的話感到吃驚（可能他們原本以為會被我訓斥）。然後我進入鄰居家，但讓門打開，我沒有堅持金要跟我一起進去。五分鐘後，我從窗戶看向外面，看到金和那群孩子正玩在一起。

* * *

我抬起頭看到三歲的潔西卡騎著三輪車，跟在騎著自行車的八歲哥哥後面，還好當時街上沒有車子。我大喊：「潔西卡，兩個輪子的可以騎在街道上；三個輪子只能騎在人行道上。」潔西卡開始認真地數輪胎數目，數完後把三輪車牽回人行道上，然後才又開始騎車。

**注意：**不要提供孩子他已經知道的訊息。如果妳對一個十歲的孩子說：「牛奶要放進冰箱，不然會壞掉。」他可能會認為你覺得他是笨蛋或是在諷刺他。

## 3. 用精簡的詞彙表達你希望孩子做的事情

很多爸媽都告訴我們，他們真的很喜歡這個技巧，因為這個技巧為他們節省了時間、力氣和無聊的解釋。

我們接觸過的青少年也說他們偏好聽到簡單的詞彙，像是「門」、「狗」或「碗盤」，意思很清楚，而且不用再聽到以往的長篇說教。

這個技巧的價值在於給予孩子機會，讓他們自己思考該做什麼事，而不是收到一個強迫式的命令。當他聽到你說：「小狗」，他會想「小狗怎麼了？……噢，對，我今天下午還沒有去遛狗……我最好現在就帶牠出去。」

**注意**：不要用孩子的名字來取代為要求他做事的那個詞彙。當孩子在一天內聽到你多次用責難的語氣說：「蘇西」，那麼她會將自己的名字與你的責難連結在一起。

## 4. 說出你的感覺

大部分的爸媽發現自己不需要永遠都表現出有耐心的樣子，只要和孩子分享自己真實的感覺，就能產生很大的幫助。孩子們並沒有我們想像的脆弱，他們絕對有能力接受以下的情況：

「現在不適合給我看你寫的作文，我現在既緊張又無法專心。晚飯後我就可以專心地看了。」

「現在不要接近我比較好，我感覺很煩躁，但並不是因為你的關係。」

一位獨立撫養兩個年幼孩子的單親媽媽表示，她每次都因為自己對兩個孩子不耐煩而生自己的氣。最後，她決定要接受自己的感覺，也讓孩子知道她的感覺，結果發現孩子們是可以接受和理解的。她開始用「我現在的耐心和一顆哈密瓜一樣大」，過一會兒後用「嗯，我現在的耐心和一顆葡萄柚一樣大」，稍後又再宣布「現在只剩豌豆大小了，在我的耐心消失前，我們最好快點把這件事情解決。」類似這樣的表達法。

她知道孩子很認真地在聽這些話，因為有天傍晚，她的兒子問：「媽媽，妳的耐心現在有多大呢？今天晚上可以唸故事給我們聽嗎？」

但是仍然有些爸媽會介意向孩子講述自己的感覺，認為如果誠實表達出自己的情緒，不就顯示出自己的脆弱了嗎？假設對孩子說：「這件事情讓我很生氣，」而孩子回答：「那又怎樣，跟我沒關係。」那該怎麼辦呢？

我們的經驗是，感覺自己受到尊重的孩子也較能尊重大人的感覺。不過的確可能有一段時期，你會得到「那又怎樣，跟我沒關係」的回應，如果發生這種情況，你要讓孩子知道「我在乎我的感覺，而且我也在乎你的感覺。我希望在我們家，每個人都在乎彼此的感覺！」

**注意**：有些孩子對於爸媽的責難或不贊同是很敏感的，所以像是「我很生氣」或「這件事令我非常生氣」這類強烈的語句，會超過孩子所能承受的強度。他們會回嘴說：「我也很氣你！」所以對這些孩子而言，最好的方法是只說明你的期望，例如：不說「我對你去拉貓咪的尾巴感到生氣」，改成說「我希望你可以愛護小動物。」

## 5. 寫一張字條

孩子大多都喜歡收到字條，不管他們是否能識字。年幼的孩子通常在收到爸媽的字條後會非常高興，也會想用寫字或畫畫的方式來回應爸媽。

年紀大一點的孩子也喜歡收到字條，一群我們接觸過的青少年告訴我們，字條讓他們感覺很好，就像收到朋友的來信一樣。加上爸媽關心自己，花時間寫字條給自己的舉動使他們覺得感動。一個孩子說，他最喜歡字條的原因是這個方式不會導致音量越來越大的爭執聲。

爸媽也表示喜歡字條，他們認為這是一個與孩子有效溝通的方式，快速又簡單，而且通常會留下令人愉快的氣氛。

一位母親分享，她在流理台上放著便條紙和裝滿鉛筆的咖啡杯。一星期當中總會多次發生這些情況：叫不動孩子去做該做的事，或是她打算放棄，寧可自己把家事做完。這時候，她說拿起筆寫下字條，比開口說話要來得容易許多。

這裡有一些她寫過的字條：

親愛的比利：

從早上開始到現在，我都還沒出門耶，可不可以帶我出去跑跑呢？

你的小狗哈利

* * *

親愛的蘇珊：

廚房需要整理一下了。

請清理這些地方：①暖爐上的書 ②門口的靴子 ③地板上的夾克 ④桌上的餅乾屑

謝謝妳囉！

媽媽留

公告：

今晚七點半是故事時間。歡迎穿好睡衣、刷好牙的小朋友都來參加！

愛你們的媽媽和爸爸留

＊　＊　＊

紙條內容不需要很動人，但如果可以觸動孩子的心，一定會更有效果。然而，某些情況下，並不適合出現趣味和幽默的態度。一位父親告訴我們，有天他的女兒把他新買的CD放在地上，結果CD被踩壞了。他說若他不用寫的來反應自己的憤怒，他一定會懲罰女兒，所以他寫了一張字條：

艾麗森：

我非常非常生氣，妳沒有經過我的同意就拿走我新買的CD，現在它滿是刮痕，也沒辦法聽了。

生氣的爸爸

過了一會兒，這位父親收到女兒的回覆：

親愛的爸爸：

我真的很抱歉。這週六我會買一片還你，不論多少錢，你都可以從我的零用錢裡扣除。

艾麗森

一直以來，我們對於不會識字的孩子卻能讀懂爸媽寫給他們的字條，都感到非常驚訝。以下是一位年輕上班族媽媽的證詞：

對我來說，下班回到家只有二十分鐘可以準備晚餐，那是最難受的時間。而孩子們在冰箱和麵包盒之間東吃西吃，等晚餐準備好時，他們已經吃不下任何食物了。

上週一晚上，我貼了一張用蠟筆寫的字條在門上：

「廚房關閉，直到晚餐才會開放。」

我四歲的兒子馬上就想知道上面說了什麼，我解釋每一個字。他非常認真看待那張字條，完全沒有踏入廚房一步。他只是在門外和妹妹一起玩耍，直到我把字條撕下並喚他們進來。

隔天晚上我又故技重施，當我在做漢堡時，我聽到我的兒子在教兩歲的妹妹認識字條上的每個字，然後我看到她指著每個字唸出：「廚房……關閉……直到……晚餐。」

這個方法最特別的使用方式是一個媽媽告訴我們的，她同時也是一位兼職學生。以下為她的故事：

有一次，我自願讓一個有二十位同學參加的會議辦在我家。我很緊張，為了要準備這個會議，我從學校早退。

當我回到家，環視四周，我的心一沉，家裡簡直是一團亂，成堆的報紙、信件、書和雜誌，髒亂的廁所和未鋪好的床。我只有兩個多小時的時間可以把家裡整理好，我開始感到既緊張又可笑。孩子們快回家了，而我知道這時候我沒有心力應付他們或處理他們的爭吵。

但我不想說話或解釋，因此我決定寫一張字條，不過家裡沒有一塊乾淨整齊的地方讓我放字條，所以我隨便拿了一片紙板，在上面戳兩個洞，綁上一條繩子，將紙板掛在脖子上，紙板上面寫著：

「　人體定時炸彈
若生氣或煩躁將會爆炸！！！
客人要來了，需要緊急協助！」

然後我開始飛快地整理，當孩子們回到家，看到我的訊息，就開始自動收拾起他們的玩具和書本。然後，不需要我說任何話，他們不但鋪好自己的床還鋪好我的床，真是令人無法置信！

當我正在清理廁所時，門鈴響了，我感到短暫的驚慌失措，但那只是一個宅配椅子的人員。我請他進來，但是他卻沒有移動，只是盯著我胸前看。

我低頭一看，發現還掛著那張板子，正要解釋時，他說：「女士，妳不用擔心，冷靜一點，只要告訴我椅子要放在哪裡，我會幫妳放好。」

有人問過我們：「如果適當使用這些技巧，孩子們是不是每次都會聽話呢？」我們的答案是：「希望不會這樣。孩子不是機器人，此外，我們的目的不是使用一連串的技術去操控孩子的行為，讓孩子永遠都聽我們的話。」

我們的目的是要告訴孩子他們最棒的地方是什麼，是他們的智慧、他們的主動、他們的責任感和幽默感，以及他們感受他人需求的能力。

我們希望終止話語帶給孩子的精神傷害，並找到方法，讓語言能夠助長孩子的自尊心。

我們希望創造一個情感上的氣氛，使他們關心自己也關心我們的感受，藉此鼓勵孩子與大人合作。

我們希望示範一種尊重他人的溝通方式，希望孩子從現階段到青少年時期，直至他們長大成人，一直都以這樣的溝通模式和我們做朋友。

## 第三堂課

# 取代處罰的其他方法

吉諾特博士曾解釋過，處罰的問題在於那一點用處也沒有，而且還會分散孩子的注意力。孩子不但不會對自己做的事情感到抱歉，或思考補救方式，反而只是想著要如何報復你。

換句話說，我們處罰孩子時，實際上是剝奪了他面對錯誤行為的一個重要內省過程。

# 第一部分

當你開始使用某些技巧來鼓勵孩子與你合作時，你有沒有發現自己需要思考和自制力，好避免說出以往經常脫口而出的某些話？諷刺、說教、警告、辱罵和威脅等等，這幾種說話方式，是許多人在成長過程中不斷聽見的，所以要拋棄一個熟悉的溝通模式並不容易。

父母們經常告訴我們，即使他們來上了一期的課，仍然會不經意地對孩子說出不好聽的話，因此覺得苦惱，不過唯一的不同處是，他們現在會注意到自己說了什麼。事實上，你可以聽到自己說出的話，就代表有進步了，這是開始改變的第一步。

我很清楚改變的過程並不容易。當我聽到自己用舊的、無效的方式說：「你們是有什麼問題嗎？老是忘記關掉浴室的燈！」說完後，我會對自己感到厭煩，然後我會下定決心，告訴自己絕對不會再這麼說，但我還是會再犯。我總會感到懊惱，認為自己「永遠都學不會新的溝通方法……我怎麼可以說出那種話？……我知道我應該說：『孩子們，浴室的燈亮著，』或是更簡短的『孩子們，燈！』」然後，我擔心沒有機會再用好的方式去表達。

不過，我根本不需要擔心，因為他們老是忘了關廁所的燈。所以下次又發生時，我已準備好了，於是對他們說：「孩子們，燈！」其中一人會跑過去把燈關掉，成功！

當然也會有我說了所有「正確的話」，但仍然沒有辦法使孩子們配合的時候，他們會裝作沒聽到，更糟的是反抗我。發生這種情況時，我只想做一件事，那就是處罰他們！

為了讓大家能更深入理解「處罰」會在兩人之間發生什麼變化，請在看完下面兩個場景後，回答之後的問題。

**場景一**

媽媽：「不要在走道上跑來跑去……我們買東西時，你要緊跟在我旁邊……你為什麼一直去摸每樣東西？把香蕉放回去……不行，我們沒有要買那些東西，家裡已經很多了……不要再捏番茄了！我警告你，如果你再不聽我的話，你就完蛋了……可以不要把手放在那裡嗎？我要把冰淇淋放回去囉……你又用跑的，是想要跌倒嗎？

「你鬧夠了沒！！你知道你差點撞到那位老太太嗎？你被處罰了，今天晚上你不能吃冰淇淋，希望這樣可以教會你不要這麼調皮！」

**場景二**

父親：「比利，你有拿我的鋸子去用嗎？」

比利：「沒有。」

父親：「你確定？」

比利：「我發誓，我沒有碰它！」

父親：「好吧，那為什麼我發現鋸子被放在外面，而且佈滿鐵鏽，就放在你和朋友做的推車旁邊？」

比利：「啊，對！上禮拜我們用鋸子用到一半，突然下雨了，所以我們跑進屋子裡，我想我忘記收了。」

父親：「所以你剛剛說謊！」

比利：「我沒有，我是真的忘記了。」

父親：「對，就像你上星期忘了有拿我的槌子，上上禮拜又忘了我的螺絲起子一樣。」

比利：「爸爸，拜託，我不是故意的，有時候就是會忘記嘛。」

父親：「好吧，可能這樣你就會記得了。你以後不但不能再使用我的工具，加上你對我說謊，明天全家去看電影的時候，你只能待在家裡！」

**問題①** 兩個場景裡，分別是什麼原因使爸媽處罰他們的孩子？

場景一：________________________________

場景二：________________________________

**問題②** 你覺得被處罰的孩子會有什麼樣的內心感受？

場景一：＿＿＿＿＿＿＿＿＿＿＿＿＿＿

場景二：＿＿＿＿＿＿＿＿＿＿＿＿＿＿

要處罰，還是不要處罰呢？

每次在工作坊裡提出這個問題後，我通常會問大家：「為什麼我們要處罰孩子？」這裡摘錄一些爸媽的回答：

「如果你不處罰孩子，將來他若犯了殺人罪，就會試圖脫罪。」

「當我覺得很挫折的時候，我不知道還可以怎麼處理。」

「如果我不處罰孩子，他怎麼知道他做錯了，以後不可再犯？」

「我處罰兒子，是因為那是唯一一種能使他明白自己錯了的方法。」

當我請爸媽回憶他們自己被處罰時的感覺，我得到下列回應：

「我以前很討厭我母親，我會想『她真是令人討厭』，然後我又會覺得這樣想很有罪惡感。」

「我以前會覺得『父親是對的，我不好，我應該被處罰』。」

「我以前常會幻想自己生重病，然後爸媽就會對於處罰我而感到抱歉。」

「我記得自己想過『他們真是令人討厭，我要再做一次這件事，只是這次我不會被發現』。」

爸媽們談論越多，他們就越清楚知道處罰會導致憎恨、報復、反抗、內疚、無價值和自我同情等感覺。但他們仍會擔心：

「如果我不處罰孩子，他們會不會爬到我頭上？」

「我害怕失去管教孩子的最後一招，讓自己處於弱勢。」

我明白這些爸媽的擔心，我曾問過吉諾特博士：「什麼時候處罰一個忽視或反抗你的孩子是合適的？對不乖的孩子難道不該施予懲罰嗎？」

他回答我，孩子若表現出不好的行為，的確應該得到一個結果，但不是得到處罰。他認為在一個互相關懷的關係中，不需要存在處罰。

我繼續問他：「假如一個孩子持續不聽話，還是不能處罰他嗎？」

吉諾特博士說，處罰的問題在於那一點用處也沒有，而且還會分散孩子的注意力，孩子不但不會對他做的事情感到抱歉，或思考該如何補救錯誤，反而只是想著要怎麼報復你。換句話說，我們處罰孩子時，實際上是剝奪了他面對錯誤行為的一個重要內省過程。

「處罰沒有效，因為它會分散孩子的注意力」，這對我而言是一種非常嶄新的想法。因此，我產生了另一個疑問：那我可以做些什麼來代替處罰呢？

現在，花點時間想一想，前面兩個場景中的爸媽能有什麼其他方法來處理狀況呢？請嘗試想出一些點子。

1. 除了處罰，有什麼方法可以用來處理孩子在超市的行為？

2. 除了處罰，有什麼方法可以用來處理孩子拿走工具卻不歸位的問題？

我總是會對父母們的足智多謀感到印象深刻，只要給他們一段時間靜下來思考，他們就可以想出很多替代處罰的方法。請參考工作坊中某一小組組員們提出的建議：

，媽媽可以和孩子在家裡預習，幫助孩子學習在超市應有的禮儀。

，他們可以一起合寫一本小書，附上插圖，書名為「強尼逛超市」。內容包含強尼在採買過程中該幫忙做的事：推推車、將物品放上推車、把物品從推車拿出來等等。或者媽媽可以協助強尼，完成一張採買清單（文字或圖畫皆可），他必須負責找到列在清單上的物品並放入推車裡。

，爸爸與兒子可以合作完成一份類似圖書館的借閱卡系統，要拿走任何一件工具時，都必須記錄，而且必須先把上一件工具歸回原位，才能再借下一件。

，爸爸可以在兒子下一次生日時，送他一組初學者的工具組，或者兒子可以開始存錢幫自己買一組工具。

是否注意到了呢？這些建議的方法都強調「預防」。如果我們每每都能先預知問題，該有多好？然而當我們既沒有辦法預測問題，也沒有心力去想解決方法時，這裡提供大家一些替代處罰的方法。

## 取代處罰的七個方法

1. 提示孩子現在可以幫什麼忙。
2. 表達出強烈的不滿。（但不包含責難的成分）
3. 說明你的期望。
4. 讓孩子知道如何補救。
5. 提供選擇。
6. 採取行動。
7. 讓孩子實際體驗到不適當行為的後果。

看完下面幾則情境漫畫後，再來看看另外一種方式，如何幫助爸媽處理孩子一直不遵從規範的問題。在某一次工作坊快結束的時候，有位母親敘述自己難以要求兒子波比準時回家。她說，兒子對於自己的晚歸永遠都有藉口，或是說話不算數，或是手錶壞了等等。當這位母親敘述時，其他爸媽也發出認同的聲音，我們不難明白，這是令許多爸媽困擾的問題。

在下一次工作坊開始前，我準備了一個活動要讓爸媽們練習。我利用了相同的情境，但是我以我是波比的角度來敘述狀況。然後我寫下三種可能的辦法，或許可讓爸媽處理波比長久以來的晚歸行為。

看完以下波比的故事以及每位爸媽的反應之後，請你也試做同樣的練習，寫下你認為波比可能會有的感覺。（接第126頁）

## 取代處罰的方法

與其這樣說

不如：提示孩子可以幫什麼忙

與其這樣說

不如：表達出強烈的不滿
（但不包含責難的成分）

## 取代處罰的方法

與其這樣說
你再讓我看到
用跑的，我就
要打人了！
肉品區
特價
不如：提供選擇
比利，在這裡不可以奔
跑。你可以選擇要用走
的，或是坐在推車裡。
肉品區
與其這樣做
這是你自找的！
香皂
沐浴用品
啪啪！
不如：採取行動
我看你就坐在
推車上吧！

假設他的行為實在太糟糕了，媽媽只好帶他離開超市，接下來該怎麼辦？隔天，不給予任何說教，媽媽可以讓孩子體驗一次自己不適當行為所帶來的後果。

# 讓孩子體驗到不適當行為所帶來的後果

## 取代處罰的方法

強烈表達出你的不滿　　　　說明你的期望

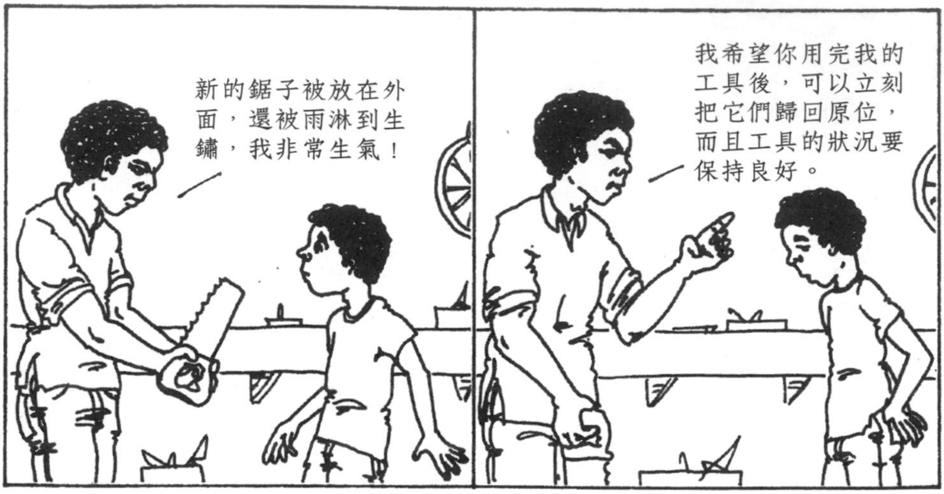


讓孩子知道如何補救

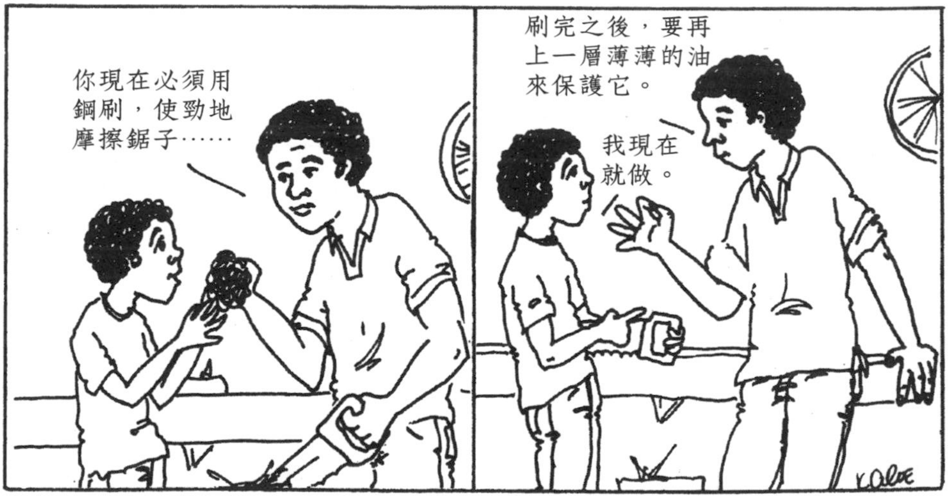


對很多孩子來說，這些方法就已經足夠幫助他們學會負責任。

## 取代處罰的方法

但是如果孩子繼續再犯呢？

提供選擇

如果他還是沒有改善……？

採取行動

**波比的故事：**下課後，我喜歡和同學留在學校操場玩，我知道我應該在下午五點四十五分之前回到家，但是有時候，我就是會忘記。昨天和前天，我都超過規定的回家時間，媽媽非常生氣，所以今天我記得要跟朋友詢問時間，我不希望又被媽媽大聲責備一次。當我朋友告訴我已經六點十五分的時候，我馬上跑回家，我告訴媽媽我真的有問朋友時間，但是已經太晚了，而且我用最快的速度跑回來。

**第一位家長的反應：**

「你的藉口我已經聽夠了！我發現你是不能相信的。這次，你要接受處罰，下星期的每一天，下課後你就要立刻回家，並且只能待在家裡。而且不要想說你可以在家看電視，即使我不在家，我也會告訴姊姊你不准看電視。現在你可以回房間了，因為晚餐時間已經結束了。」

波比可能會對自己說什麼呢？

**第二位家長的反應：**

「噢，你看起來滿頭大汗，等我一下，我去拿一條濕毛巾幫你擦擦臉。答應我，你不會再晚回家！」

「你害我緊張到皺紋都跑出來了，現在去洗洗手，動作快一點，你的晚餐快冷掉了……噢，媽媽幫你加熱一下。」

波比可能會對自己說什麼呢？

**第三位家長的反應：**

「我很高興聽到你說努力讓自己準時回家，但是我還是生氣，我不希望再為了你晚歸而擔心。我期望當你說你會在五點四十五分回到家，我可以相信你會準時回來。」

「我們已經吃完晚餐了，沒有剩下多餘的雞肉，不過你可以自己做一個三明治吃。」

波比可能會對自己說什麼呢？

雖然我們無法得知真正的波比會對自己說什麼，但是你可能會有興趣看看工作坊裡爸媽們的想法。他們覺得第一位家長太苛刻了（孩子可能會想：「她對我好兇，我要報復。」）；第二位家長表現出委曲求全的態度（孩子可能會想：「我做任何事都可以逃過處罰。」）；第三位家長的反應則是剛剛好，她很堅定但不帶有處罰的態度（孩子可能會想：「媽媽真的生氣了，從現在起，我最好都準時回家，而且她對我有信心，我不能讓她失望……加上我也不喜歡吃自己做的三明治。」）

實際遇到這個問題的母親，把這個練習記在心裡，她回家後嘗試了第三種的方式，結果這個方式真的奏效，並持續了三個星期，之後波比就故態復萌。這位母親已經想不出任何辦法了，當她在團體中敘述她的挫折時，很多人開始提出疑問：「像這樣的情況，還可以怎麼做呢？」、「假如你真的試過各種方法，但是問題仍持續出現？」、「如果只剩處罰可以用了，我們還可以怎麼做？」

當一個問題一直持續，我們通常會推測這個問題遠比它呈現出來的樣貌更為複雜。針對一個複雜的問題，就需要一個更複雜的技巧。親職教育專家、勞資協商者、和婚姻諮商師已經發展出一些非常詳細的方法，來解決那些困難的衝突。所以我提供了一個版本給工作坊裡的爸媽。

## 解決問題的五個步驟

步驟1：討論孩子的感覺與需要。
步驟2：討論你的感覺與需要。
步驟3：一起腦力激盪，找出雙方都同意的解決方法。
步驟4：寫下所有想法（先不評估效果）。
步驟5：討論你們喜歡哪一種方式，不喜歡哪一種，以及最後你們決定使用的方案。

在與爸媽們說明完解決問題的步驟後，我們決定讓大家來練習一次角色扮演。於是我扮演媽媽，而實際遇到問題的媽媽則扮演兒子波比的角色。以下是我們練習的對話內容，這位母親完全投入兒子的角色：

媽媽：「波比，我想跟你討論一件事情，你現在有空嗎？」
波比（狐疑的表情）：「有啊，什麼事？」
媽媽：「關於準時回家吃晚飯這件事。」

（接第132頁）

# 解決問題的步驟

步驟 1：討論孩子的感覺與需要

步驟 2：討論你的感覺與需要

## 解決問題的步驟

步驟 3：一起腦力激盪，找出雙方都同意的解決方法

步驟 4：寫下所有想法，但先不評估效果

步驟 5：討論你們喜歡哪一種方式，不喜歡哪一種，
以及最後你們決定使用的方案。

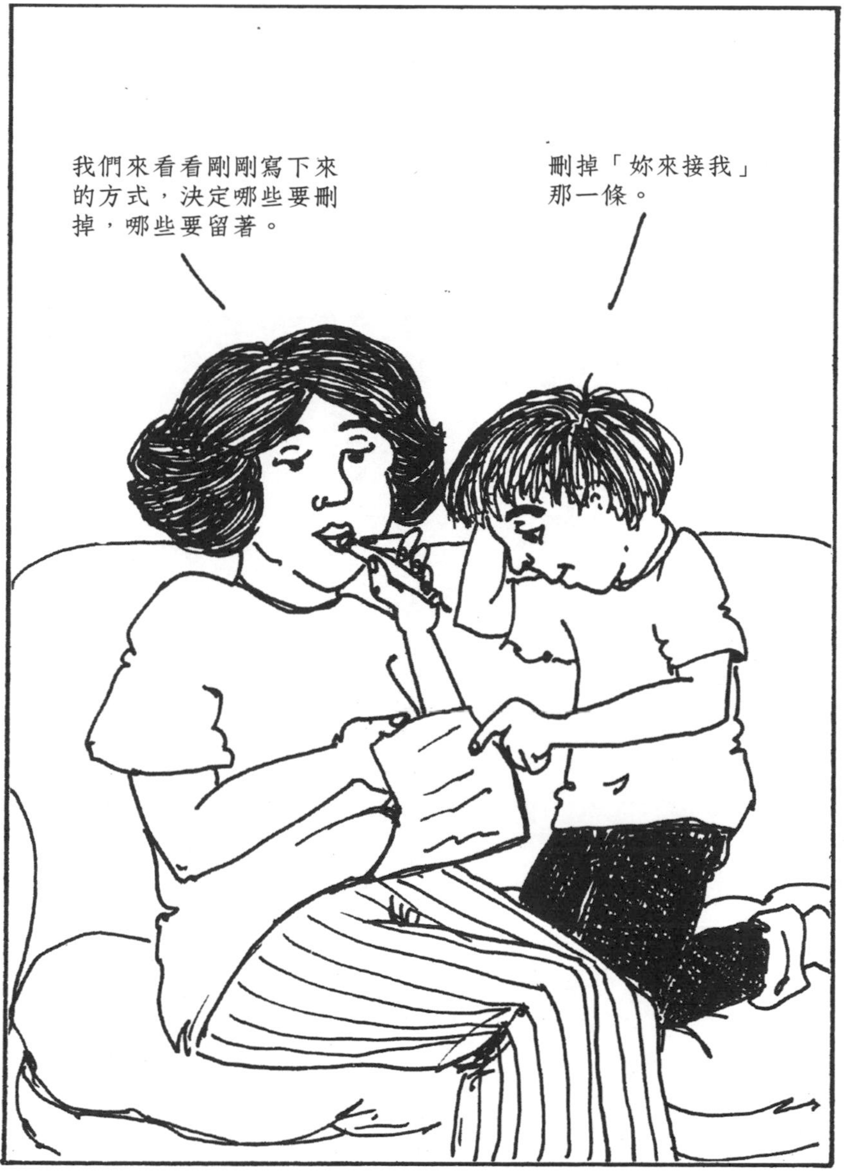

波比：「我說過，我試過了，但是如果要準時回家，那我每次都得在比賽進行到一半時離開。」

媽媽：「喔？」

波比：「沒有人必須和我一樣早回家，沒有人！」

媽媽：「嗯。」

波比：「而且我還得不斷問其他人現在幾點了，因為我的爛手錶壞了，然後我的朋友們總是回我：『閉嘴，你這個討厭鬼！』」

媽媽：「噢，這樣很傷人。」

波比：「對，而且肯尼還說我像是一個嬰兒。」

媽媽：「這也很傷人！……所以你的意思是，你承受很多同儕的壓力，所以必須在學校留晚一點。」

波比：「沒錯！」

媽媽：「波比，那你知道我的感覺是如何嗎？」

波比：「知道，妳希望我準時回家。」

媽媽：「那只是一部分，我主要是擔心你。」

波比：「那妳就不要擔心嘛！」

媽媽：「我也希望我不擔心……不然這樣，我們一起想想，看看能不能想出我們彼此都滿意的新方法。（媽媽拿出鉛筆）你先開始。」

波比：「我晚一點回家，但是妳不要擔心。」

媽媽：「好，我會寫下來，還有呢？」

波比：「我想不出來。」

媽媽：「嘿，我想到了，我可以到運動場去接你。」

波比：「不要……這樣不好。」

媽媽：「反正我們先把所有的想法寫下來，等一下再來決定哪些想法我們喜歡，哪些我們不喜歡，還有呢？」

波比（思考了一段時間）：「我可以把手錶拿去修好。」

媽媽（寫下『修好手錶』）：「還有嗎？」

波比：「為什麼我們一定要一起吃晚餐呢？難道不能幫我留一份晚餐就好了嗎？」

媽媽（寫下『留一份晚餐』）：「現在白天越來越長了，我想我們可以晚十五分鐘開飯。」

波比：「十五分鐘太少了！」

媽媽：「你想要更多時間，嗯。（寫下『晚十五分鐘開飯』）還有其他想法嗎？還是我們現在就來看看列下來的想法裡面，哪些要去掉，哪些要留著？」

波比：「我們現在就看。」

媽媽（朗誦）：「可能的解決辦法：

1. 波比晚一點回家，媽媽不要擔心。

2.去運動場接波比。
3.把手錶修好。
4.留一份晚餐給波比。
5.晚十五分鐘開飯。」

波比：「把『去運動場接我』去掉，如果妳真的來接我，肯尼一定會更加嘲笑我。」

媽媽：「好……那我必須刪掉『晚一點回家』，因為我一定會擔心。但是我們來看看其他的，我想我可以晚十五分鐘開飯，多給你十五分鐘會有幫助嗎？」

波比：「沒有……好吧，可能有一點。」

媽媽：「然後我想，如果我事先知道，我可以偶爾幫你留一份晚餐。」

波比：「好，『修理手錶』那一項也可以保留。」

媽媽：「好啊，問題是這已經是手錶第二次壞掉了，我不想再付一次修理費。」

波比：「我有存了大約四塊錢，這樣夠付修理費嗎？」

媽媽：「可能不太夠……但是確實有幫助，爸爸和我會幫你出剩下的錢。」

波比：「我發誓我以後會小心一點。我要和肯尼比腕力的時候，會把手錶先拿下來……然後我在玩的時候會去注意時間，讓自己知道什麼時候該離開。」

媽媽：「這樣啊……嗯（看看清單）好吧，我們來看看目前為止我們做了什麼決定：我會把開飯時間往後延十五分鐘，這樣可以多給你十五分鐘的比賽時間；我們會一起出錢，然後把你的手錶拿去修好；另外，如果你事先告知我你會晚一點回家，我可以偶爾幫你留一份晚飯。你覺得這樣如何？」

波比：「很好！」

下一次的上課時間，每個人都立刻問波比的媽媽：「妳試過那些解決步驟了嗎？結果如何？」她笑著說當天晚上回到家後，她就嘗試了這個方法，波比覺得這個方法很有趣。她說：「討論過程是有趣的，最後的討論結果是他討厭戴手錶，但是如果我們可以晚十五分鐘開飯，當他聽到消防隊響起六點的鐘聲時，他就知道回家的時間到了。而且到目前為止，他都有遵守約定！」

聽起來並不難，不是嗎？但是其實很難，最難的部分不是學會每個步驟，你只要花一點時間，就可以學會，最難的部分是轉換我們的態度。我們不能一直想著是孩子有問題需要改正，也不能一直想說我們是大人，所以我們永遠是對的。我們也必須停止擔心如果我們不夠嚴格，孩子就會爬到我們的頭上。

我們需要有相當的信心，只要我們坐下來與孩子分享我們真實的感覺，同時傾聽他們的感覺，我們就可以一起想出彼此都滿意的解決方法。

這個方式是建立在一個重要的觀念上面：「當我們雙方有爭執時，我們不再需要彼此出力對抗，並且擔心誰會勝利，誰會被擊敗。我們可以團結起來，以尊重的方式，找出符合雙方需求的解答。」我們讓孩子學習到，他們不須屈服於我們，也不須成為我們的敵人，我們反而提供他們一種工具，使他們可以主動參與，一起解決自己現在在家裡，或是未來在困難又複雜的世界裡將面臨的問題。

## 作業

1. 接下來這一週，使用一種替代處罰的方法。你用了哪一種方法？孩子的反應如何？

2. 想想家中時常出現的問題，有哪些可以使用解決問題的步驟來改善？找一個雙方都有空的時間，在一個不會被打擾的地點，與孩子一起解決問題。

3. 繼續閱讀第二部分。

重・點・整・理

## 替代處罰的方法

1. 強烈表達自己的不滿（但不包含責難的態度和成分）。

「我的新鋸子被放在屋外，淋雨之後生鏽，這件事使我非常生氣！」

2. 說明你的期望。

「我希望你每次用完工具之後，都可以把它們放回原處。」

3. 讓孩子知道如何補救。

「現在你需要用鋼刷，使勁地摩擦鋸子。」

4. 提供選擇。

「你可以借用工具並答應放回原處，或者是你再也不能借用。兩種選擇，你自己決定。」

5. 採取行動。

孩子：「為什麼工具箱被鎖起來了？」

爸爸：「你知道為什麼。」

6. 運用問題解決的步驟。

「我們要怎麼做，才能既讓你可以使用工具，也讓我在要用的時候，能夠確定它們被放在哪裡？」

# 第二部分

## 問與答、專家看法、爸媽們的故事分享

### 有關處罰的常見問題

**1. 如果一個還不會說話的幼兒，碰觸了某件他不應該觸摸的物品，可以輕輕地打他的手掌嗎？**

孩子不會說話，不代表他們就不會聽話或無法理解。幼兒每天時時刻刻都在學習，問題在於他們學到了什麼？爸媽們在這裡可以做個選擇，你可以反覆輕打孩子的手掌，這樣孩子只會學到當自己被打的時候（單一且唯一的方式），就是不應該做某件事情的時候。或者，你也可以把幼兒視為有尊嚴的人類，藉由提供他現在和他將來生活中都可以利用的資訊，當你把孩子（或物品）移開時，可以堅定並明白地告訴他：

「不可以舔刀子，如果你想要，可以舔這支湯匙。」

「這隻陶瓷狗狗會破掉，你的小狗娃娃不會破掉。」

你可能需要多次重複相同的資訊，但反覆提供資訊，遠比反覆地打還要傳遞出更為深遠的意義。

**2. 處罰和後果有什麼不同？難道兩者不是同一個意思嗎？**

我們把處罰視為爸媽刻意剝奪孩子想要的東西一段時間，或者使孩子感到身體上的疼痛，目的是

為了給孩子上一課。另一方面，後果是來自孩子行為的自然結果。有位父親與我們分享了一個經驗，由這個經驗可歸納出處罰和後果的不同之處，以下是他的敘述：

青春期的兒子，跟我借一件海軍藍的毛衣，因為他認為這件毛衣和他的新牛仔褲很搭配。我告訴他：「可以，但是要小心。」然後我就忘了他跟我借毛衣的這件事。一星期後，當我想要穿那件毛衣時，我發現它在我兒子房間的地板上，被壓在一堆髒衣服下面。背面布滿粉筆的粉末；正面則有像被義大利麵醬噴濺到的汙漬。

我非常生氣，因為這已經不是第一次了，那時候我心裡想如果他這時候進來房間，我一定要告訴他星期天不准和我一起去看球賽了，我會把他的票送給其他人。

不過，當我之後看到他時，已經稍微冷靜了一點，但是我仍大聲訓斥他。當然他告訴我自己是多麼的抱歉，但是可惡的是，他問我一星期後可不可以再借他一次毛衣。我說：「絕對不行。」沒有說教、沒有長篇大論，他知道為什麼。

然後，一個月後，他跟我借一件格紋的上衣，要穿去校外教學，我告訴他：「聽好，在我借出任何東西之前，我需要一些保證，書面的保證，寫清楚我的衣服在歸還時會完好無缺。」那天晚上，我發現在我的信件堆上面放了一張字條，上面寫著：

親愛的爸爸：

如果你借給我你的上衣，我會盡我一切努力，保持它的乾淨。

我不會穿著它靠在黑板上；我不會把我的原子筆放在口袋裡。而且我吃午餐時，會在胸前圍上餐巾紙。

馬克敬上

我對這張字條真的印象非常深刻，我認為如果他不嫌麻煩地寫了這張字條，那就很有可能會做到他答應我的事。

P.S.隔天晚上，我的上衣完好無缺地被掛回衣架上！

對我們而言，這個故事表現出的就是行為的後果。把他人的所有物借走，但物品卻是在有毀損的情況下歸還，自然的後果就是導致物品主人的不愉快。另一個後果是物品主人會不願意再借你任何東西。但是若物品主人得到某些實質的證明，可以保證這種情況不會再發生，那麼物品主人也是有可能改變心意的。借用人一定要做些改變，這是很清楚的事實，物品主人不需要做任何事來教會你這個事實。比起藉由某個人「為了你好」而處罰你，從人們的真實反應更容易學到教訓。

**3. 上星期我在沙發上發現一堆橘子皮和橘子籽。當我問兒子們：「是誰做的？」兩個人都互推說是對方做的；如果不去揪出是誰做錯事並給予處罰，那我還可以怎麼做呢？**

詢問「是誰做的？」，通常會導致對方自動說出：「不是我，」然後就會導致詢問的那一方想：

「好吧，你們其中一人一定在說謊。」我們愈努力要發掘真相，孩子們就愈強調他們的無辜。當我們因為看見某件事而生氣，表達出自己的憤怒，會比找出罪魁禍首並處罰那個人來得更有幫助。

「當我看到食物被丟在沙發上面，我很生氣！橘子皮會留下永久的汙漬。」

這時你可能會聽到孩子們齊聲說：「但是我沒有做」、「他叫我做的」、「是小狗做的」、「是小寶寶做的！」

接著你可以利用機會讓每個人知道：「我沒有興趣知道是誰做的，我也沒有興趣為已經發生的事情來責備任何人，我只希望接下來可以看到進步和改善！」

不責備和不處罰，讓我們的孩子可以專注於承擔責任，而不是進行報復。

「現在，我希望你們兩個可以幫忙清理沙發上所有的果皮和籽。」

**4. 其中一種替代處罰的方法是表達自己的不滿，當我這麼做的時候，我的孩子看起來非常內疚，而且那天接下來看起來都很悲傷的樣子，也令我開始感到不高興，有沒有可能是我表現得太誇張了呢？**

我們可以理解你的擔心。塞爾瑪．佛賴柏格（Selma Fraiberg）博士在她的書《神奇的年代》（*The Magic Years*）中說到：「孩子必須在某些時候感受到我們的不滿，但是如果我們的反應過於強烈，讓孩子因為自己的過錯，感到無用和被鄙視，我們就濫用了身為爸媽的權力，而且可能會使孩子放大罪惡感和導致自我厭惡的感覺，這些有可能會影響到孩子的人格發展。」

這就是為什麼，我們認為在對孩子表現出我們的不滿時，我們也應該點出一個方法來幫助孩子改善自己的行為。經歷初期的自責後，孩子需要一個機會去重建對自己的良好感覺，且再一次把自己視為是值得尊敬和負責任的家庭成員之一。這裡有一些範例：

「我很生氣！寶寶本來玩得很開心，直到你把她的搖鈴拿走。我希望你能找出一些方法，使她不要再哭了！」（取代「你又害寶寶哭了，現在你要挨打了！」）

「當我回家後發現你答應我會清洗的碗盤都還在水槽裡的時候，真的讓我感到生氣。我希望在你睡覺以前，它們就可以被清洗乾淨並收進櫃子裡！」（取代「你明天晚上不用出去了，這樣可能可以教會你要守信用。」）

「一整盒的洗衣粉都被倒在浴室的地板上！我真的很生氣看到浴室一團亂，洗衣粉不是用來玩的！我們需要一個袋子、一枝掃把和一個畚箕，快點，在整間房子都布滿洗衣粉的痕跡前，要趕快清理乾淨。」（取代「看看你又給我添了什麼麻煩。今天晚上不准看電視！」）

類似用這樣的敘述告訴孩子：「我不喜歡你做的事，我希望你可以處理這個問題。」我們希望未來當他長大成人，在做了某些讓他感到後悔的事情後，他會想「我可以怎麼做來改善這個問題，讓事情重新回到軌道上？」而不是「我剛剛做的事又再次證明我是一個無用的人，本來就應該被處罰。」

**5. 我不再處罰我的兒子了，但是現在當我因為某件他做錯的事情而責備他時，他會說：「對不起。」然後隔天，他又會重複犯錯。我可以怎麼做呢？**

一些孩子會使用「對不起」做為平息爸媽怒氣的方法。他們很快就道歉，同樣的，也很快就重複犯錯。對這些孩子來說，重要的是讓他們理解如果是真心的抱歉，那應該將他們內疚的感覺化為行動。我們可以對「慣犯」說以下的話：

「對不起表示要表現出不一樣的行為。」

「對不起表示要改變。」

「我很高興聽到你道歉，這是第一步。第二步是問問自己可以怎麼改善。」

## 專家對處罰的看法

每過一段時間，就會出現一些宣揚處罰並告訴我們該如何執行的建議。像是「事先解釋處罰的方式」、「處罰要盡可能越快越好」、「處罰與所犯的錯誤要相符」等等。通常，被怒氣包圍的爸媽，這種建議是非常合理的。接下來將引述多位精神健康領域的專家們對於處罰的不同意見：

> 處罰是非常無效的教養方式……使用處罰，通常會產生出一種很弔詭的效果，孩子反而表現出與我們期望完全相反的行為！很多爸媽處罰孩子僅僅是因為沒有人教過他們更好的教養方式。
>
> （摘自 *How to Father*，Dr. Fitahugh Dodson，1974）

教養孩子所採取的行動可以是使人感到挫折的，然而，這裡一開始需要強調，教養本意是「教育」。教養是需要有計畫地引導幫助一個人發展出內在的自我控制、自我引導、和自我效能。若要使教養成功，雙方需要互相尊重與信任。另一方面，處罰是藉由外在的力量和強迫去控制一個人。執行處罰的人很少尊重或信任被處罰的人。

（摘自 *The Case Against Spanking*, Brian G. Gilmartin, Ph.D., in Human Behavior, February 1979, Vol.8, No.2）

從多篇文獻得到的結論是爸媽給予生理上的處罰，不但無法抑制暴力且絕大部分反而鼓勵了暴力行為。處罰不僅使孩子挫折，還提供了一個榜樣，讓孩子去模仿和學習。

（摘自 *Violence and the Struggle for Existence*，史丹佛大學醫學院心理系暴力研究委員會，Little, Brown & Company, 1970）

迷惑和不知所措的爸媽會誤以為處罰終究能帶來效果，而沒有察覺到他們使用此方法其實是毫無進展。

使用處罰只會幫助孩子發展出更強的抵抗和挑戰的力量。

（摘自 *Children: The Challenge*, Rudolf Dreikurs, M.D., Hawthorn, 1964）

孩子有多次藉由被體罰而有所學習的可能機會，但是這些機會不應該是爸媽所提供的。孩子可能會學到，要成功避免因為自己的壞行為而產生的罪惡感，方法就是建立一個惡性循環，被處罰抵銷了「罪行」而自己也付出了相對應的代價，所以他下一次就可以毫無罪惡感地表現出壞行為。

孩子每做出一件會引發自己被打的事情，藉由爸媽的體罰，就能除掉他在心中祕密背負著的罪惡。這樣的孩子最不需要的就是體罰！

（摘自 *The Magic Years*, Selma H. Fraiberg, Scribners, 1959）

研究人員相信，約有五分之一的父母曾經被自己的孩子暴力相向，一段混亂的青春期敘述可能可以反映出來：物體朝他們的頭扔過去、推擠、憤怒的言語虐待……許多明顯的證據顯示，孩子對父母的暴力舉動，其實就是從自己父母身上學來的。

（摘自 *Newsday*, August 15, 1978）

## 爸媽們的真實故事

我四歲的女兒瑪妮，一直以來都是一個很難教導的孩子。她總是讓我大發脾氣到無法控制自己的地步。上星期我回到家，發現她用蠟筆在自己房間的壁紙上塗鴉。我非常生氣，於是打了她一頓，然後我告訴她要沒收她的蠟筆，我也真的做了。

隔天早上我醒來，看到眼前的景象時，心裡想「讓我消失吧」。她拿了我的口紅而且塗在全部的浴室磁磚上。我想要掐死她，但是忍住了。

我平靜地問：「瑪妮，妳這麼做是不是因為我把妳的蠟筆沒收的關係？」

她點了點頭。

我說：「瑪妮，牆壁被亂畫的時候，我非常非常生氣。我需要花很多功夫才有辦法把牆壁擦乾淨。」

你們知道她做了什麼嗎？她拿了一條毛巾然後試著把口紅的痕跡擦掉。我示範如何使用肥皂和清水給她看，接著她努力地清理磁磚約十分鐘。然後她叫我去看她的成果，大部分的口紅痕跡都洗掉了。我跟她說謝謝，並把蠟筆還給她，還在她房間裡放了一些紙，這樣不論什麼時候，她都可以畫在紙上。

我為自己感到驕傲，我打電話給在上班的先生，告訴他我如何處理這件事。

離這次事件已經過了快一個月，瑪妮沒有再畫畫在牆壁上。

* * *

上星期的課程結束後，我剛進家門不久，就接到唐尼的數學老師來電。她聽起來非常生氣，她說我的兒子進度落後，而且為班上帶來干擾，他現在仍然不會背乘法表，也許他需要的是家裡給予的管教。我謝謝老師特地打了這通電話，但是另一方面，我很震驚。我的第一個念頭是「他應該受處罰，他將不能看電視，直到他學會乘法表，並且在班上表現乖巧為止。」

幸好在唐尼回到家之前，我有一小時的冷靜時間。當唐尼回到家，我們的對話如下：

我：「康老師今天有打來，而且聽起來很生氣。」

唐尼：「噢，她總是為某些事生氣。」

我：「我認為接到學校打來的電話是一件非常嚴重的事。她說你在班上搗亂，而且還不會乘法表。」

唐尼：「米契爾不斷用他的筆記本打我的頭，所以我用我的反擊回去。」

我：「你覺得你必須以牙還牙嗎？」

唐尼：「什麼是以牙還牙？」

我：「打回去。」

唐尼：「沒錯。而且有時候他會傳紙條給我，惹我大笑，然後他會踢我的椅子直到我回應他。」

我：「難怪什麼作業都無法完成。」

唐尼：「乘法表我可以背到六，我只是還沒背七和八。」

我：「嗯……唐尼，你覺得如果把你和米契爾的座位隔遠一點，會不會比較有辦法專心上課呢？」

唐尼：「我不知道……可能……如果我有唸書，我可以把七和八的乘法背起來。」

我：「我覺得康老師應該要知道這件事。如果我們寫一封信給她，這樣可以嗎？」（唐尼點頭）

我拿筆寫下：

『親愛的康老師：我與唐尼討論過我們通話的內容，然後他說……』唐尼，我應該跟她說什麼？」

唐尼：「告訴她把我和米契爾的座位隔遠一點。」

我（寫字）：「『他說他希望可以換座位，這樣他就可以坐得離米契爾遠一點。』這樣可以嗎？」

唐尼：「可以。」

我：「還有什麼要加上去的嗎？」

唐尼（長時間的停頓）：「告訴她我會寫下七和八的乘法表，並且大聲唸給自己聽。」

我（寫下並唸給他聽）：「『他也計畫寫下七和八的乘法表，並自己練習。』還有嗎？」

唐尼：「沒有了。」

我：「那我會這樣做結尾：『謝謝妳提醒我們這件事。』」

我又將整封信唸給唐尼聽一遍，我們都在信上簽名，然後隔天，他把信帶去學校。我知道一定改變了一些事，因為那天他回家後告訴我的第一件事是康老師換了他的座位，而且「今天對他很好」。

* * *

下面這個故事，來自一位媽媽，前面幾次當她來參加課程時，總是嚴肅地坐著，不時搖頭。她來上第四次課程時，她主動與我們分享：

我之前並不相信，這裡所教的可以應用在我的孩子身上。方很固執，很難操縱，唯一能控制他的只有處罰。上星期，當一個鄰居告訴我，她看到方穿越一個交通繁忙的十字路口，那是他被嚴格禁止穿越的路口，聽完這件事，我幾乎要昏過去。我不知道可以怎麼做，我已經沒收了他的腳踏車、他的電視、他的零用錢……已經沒東西可沒收了。絕望之下，我決定試試一些課程裡討論過的方式。當我們回到家，我說：「方，我想和你討論一個問題。我想你的感覺是這樣的，你想走到對街，但是不想請一個人帶你過馬路，是不是這樣呢？」他點了點頭。「可是，我會擔心一個六歲的小男孩獨自穿越一個危險的路口，那裡曾經發生過很多交通意外。」

「當一個問題發生時，我們需要一個解答。你先想一想，吃晚餐的時候，再告訴我你的想法。」

方立刻開始回答，我說：「不是現在，這是一個非常嚴肅的問題，我希望我們彼此都能好好思考一下。等爸爸回來，我們一起吃晚飯時再來討論。」

當天晚上，我事先預告我先生只要「傾聽」。方迅速地洗好手並坐到自己的位子上。當他爸爸走進餐廳時，他非常興奮地說：「我想到一個辦法了！每天晚上，當爸爸回家的時候，我們可以到轉角接他，然後他可以教我怎麼看號誌燈和穿越馬路。」然後，他暫停一下說：「等到我七歲生日那天，我就可以自己過馬路。」

我先生幾乎要跌下椅子，我猜我們都低估了我們的兒子。

＊　＊　＊

十歲的尼克，突然跟我報告了一件事（在我正匆忙準備晚餐和準備出門的時候）——他弄丟了三本課本，而我必須給他錢重買。我勃然大怒，瞬間的想法是打他或處罰他。但是即使我非常非常生氣，我還是克制自己，並且使用以「我」為開頭的敘述。我想那時我是竭盡所能的尖聲說話：

「我很生氣！我非常生氣！三本書不見了，而我必須再花錢去買！我氣到感覺自己快要爆炸了！而且還是在我忙著做晚餐、急著要出去的時候聽到這件事，而且現在我必須要停下來處理這件事！我快氣炸了！」

當我停止尖叫，一張憂慮的小臉出現在門口處，尼克說：「媽媽，對不起，妳不用花錢，我會拿我的零用錢來買。」

我想當時我露出了從來沒有過的最大笑容，我保證自己從來沒有如此快速地停止生氣，而且是完全不見一絲怒氣。遺失幾本書有什麼關係，擁有一個真正關心媽媽感覺的兒子才是更重要的事！

# 第三部分

## 進一步說明解決問題的步驟

### 解決問題之前

我們發現在進行解決問題的過程之前，必須先「自我催眠」地告訴自己：

「我必須盡可能接受並用孩子的觀點來看這件事。我要認真傾聽以前從沒聽過的訊息和感覺。」

「我會保持清楚的判斷、評估和告誡。不會試圖去說服。」

「我會考慮任何新觀念，不論那些是多麼新穎。」

「我不會受時間壓力的影響，如果我們無法立刻找出一個解決方式，可能表示我們需要更多思考、更多研究和更多討論。」

關鍵字是尊重。尊重我的孩子、我自己，以及雙方一起思考討論出來的無限可能。

### 過程中的注意事項

在你開始前，問問自己：「我是否仍處於激動的情緒中，或者是我已經夠冷靜，可以開始進行步驟了？」（當你處於盛怒之下，你無法解決問題），然後也要檢查你孩子的情緒。「現在對你來說，是一個適合談話的時候嗎？」如果他回答「是」，那麼：

**1. 討論孩子的感覺。（「我猜想你一定覺得……」）**

不要跳過這個步驟，要表現出「我真的想清楚知道你對整件事情的感覺如何」的態度。只有當孩子感覺被傾聽和了解，他才會關心你的感覺。

**2. 討論你的感覺。（「我的感覺是這樣……」）**

這個步驟要簡短清楚，對孩子來說，長時間聽爸媽描述擔心、生氣或惱怒是一件困難的事情。

**3. 一起找出雙方都能接受的解決方案。**

如果可能，先讓孩子提供最初的幾個想法。重點是不要評估或對這些想法有任何意見。若你不斷說「這並不好」，整個過程將在此終止，你也破壞了自己到目前為止所有的努力。所有的想法都應該是被歡迎的，很多時候，最不可能的那個想法會引導出一些好的、可行的解決方法。關鍵句是「我們把所有的想法寫下來。」不見得非要寫下來不可，但是寫下來表示對每個意見都給予最大的尊重。（曾有個孩子說：「我的媽媽好聰明，她把我所有的想法都寫下來。」）

**4. 討論你們喜歡哪一種方式，不喜歡哪一種，以及最後你們決定使用的方案。**

小心出現貶低孩子想法的敘述，例如「這個主意很笨」。改用描述你個人的反應來取代：「我對這個主意感到不舒服，因為……」或是「聽起來是我可以做到的。」

### 5. 貫徹計畫

需要注意的是，當下你因為想出了一個可行的解決方法，而感覺非常好，結果忘記了要擬出具體的執行計畫。切記要接著討論：

「我們需要哪些步驟才能執行這個計畫呢？」

「要各自負責什麼呢？」

「我們什麼時候要完成呢？」

### 6. 任何時候，都不要允許孩子責備或指責你

孩子：「對啊，但是這不可能會成功的，因為你總是……你從來沒有……」

當這種情況發生時，爸媽的態度要非常堅定。

爸媽：「不要翻舊帳，我們現在必須要專注在未來的解決方法上！」

## 常見問題

### 1. 假設你和孩子一起執行彼此都同意的方法一段時間，然後失敗了，接下來該怎麼辦？

這是考驗我們決心的時候。我們可以回頭使用說教和處罰，或者我們可以再做一次計畫，例如：

爸媽：「我們當初想出來的方法沒有效果，我覺得很沮喪。我發現你的工作都是我在做，這樣不對。我們要不要再給這個計畫一次機會呢？……我們是不是應該討論一下執行的過程發生了什麼問

題？……或者我們可以一起想出另一個方法？」

身為成人的我們，明白只有少數方法可以永久有效。當孩子四歲時的有用方法，到他五歲時可能就失效了；冬天時可行的方法，可能春天就沒用了。生命是不斷調整、再調整的過程，重要的是，讓孩子可以一直把自己視為解決方法的一部分，而不是問題的一部分。

## 2. 總是需要經過所有步驟才能解決問題嗎？

不是的。一個問題可以在過程中的任一步驟被解決，有時候，只是簡單敘述雙方的需求衝突點，就能快速得出一個解決方法，例如：

媽媽：「現在有一個問題，你想要我現在帶妳去買鞋，但是我得整理完所有洗好的衣物，然後開始準備晚餐。」

孩子：「在妳準備出門時，我也許可以整理好衣服，然後我們回來後，我會幫忙妳準備晚餐。」

媽媽：「我覺得這個主意不錯。」

## 3. 假設我們做了全部的步驟，仍然無法找出一個雙方都同意的方案，那該怎麼辦？

這是可能發生的。但是這個過程不會白費，藉由對問題的討論，你們都會對對方的需求更為敏感。在遇到一個困難的問題時，這往往就是最好的結果了。而且有時在找出一個解決方法之前，你需要的只是更多的時間去思考和醞釀。

## 4. 假設孩子拒絕坐下來和你一起解決問題，那該怎麼辦？

有些孩子的確會對這種方式感到排斥和不舒服，對他們來說，你可以根據相同的原則，把步驟寫在一張字條上，就能做為一種有效的替代方式。

親愛的強尼：

我希望你提供想法解決〇〇的問題，你可能（想要、需要、感覺……），而我……。

請把你想到的，或是我們雙方可能都同意的任何解決方法告訴我。

愛你的爸爸

## 5. 這種解決問題的方式，是不是最適用於年紀較大的孩子？

許多家有年幼孩子的爸媽分享他們使用這種方式的成功經驗。接下來，你會看到爸媽對不同年齡層的孩子使用問題解決技巧的故事。

## 真實案例

情境：我借給朋友的搖籃剛被還回來，我把它放在臥室裡面。二歲的布萊恩跑去檢查它，並著迷於會搖晃的籃子。

布萊恩：「媽咪，我想要躺進搖籃。」

媽媽：「寶貝，對你來說，搖籃太小了。」

布萊恩：「我想要躺進去。」（開始爬入搖籃）

媽媽（阻止他）：「布萊恩，媽咪說你太大了。把你放進去，搖籃可能會壞掉。」

布萊恩：「媽咪拜託！我想要躺進去，現在就要！」（開始發出哀嚎聲）

媽媽：「我說不行！」（糟糕。我一說出口就察覺到了。當布萊恩的哀嚎聲轉變為小小的憤怒聲，我決定要試試看解決問題的技巧。）

媽媽：「寶貝，我看得出來你現在好想躺到搖籃裡面去，可能在裡面被搖來搖去看起來很有趣。我也想要在裡面搖來搖去，問題是現在它沒辦法支撐我，也沒辦法支撐你，我們都太大了。」

布萊恩：「媽咪太大了，就像我一樣。」（布萊恩離開房間，等他回來時，懷裡抱著高飛，他的小熊布偶，然後把它放入搖籃中，開始輕推搖籃。）

布萊恩：「媽咪妳看，我可以幫高飛搖搖嗎？」

媽媽（鬆一口氣）：「高飛的大小剛剛好唷！」

＊＊＊

在經歷許多次如廁訓練的挫折之後，我決定要對我的兒子試試問題解決的技巧，他當時是三歲。我們坐下來然後我說：「大衛，我覺得對一個小男生來說，使用馬桶是一件很困難的事。我猜有時候，你玩得太專心，所以沒有注意到自己想上廁所了。」

他用他的大眼睛看著我，但是沒有說任何一句話。然後我說：「我猜有時候即使你注意到了，但是要及時走進廁所和坐到馬桶上也是不簡單的任務。」

他點了點頭說：「對。」

然後我請他幫我拿紙和蠟筆，這樣我們才能寫下所有想到的想法。他跑進房間拿了一張黃色紙和一枝紅色蠟筆給我。我們坐下後，開始把想法寫下來。

我先聽了兩個他的想法。

「買一個像吉米的浴室裡那樣的小台階。」

「媽咪會問大衛是不是需要去上廁所。」

然後大衛突然大聲地說：「芭芭拉和彼得會幫助我。」（彼得是他的朋友，已經可以獨立去上廁所，芭芭拉則是彼得的媽媽。）

然後他說：「彼得是穿『大男孩的褲褲』。」

我寫下「幫大衛買大男孩的褲褲。」

隔天，我幫他買了一個小台階和一些訓練褲。大衛很高興，然後把它們展示給彼得和芭芭拉看，他們都給予大衛鼓勵。

我們再一次討論並確定什麼時候他需要去廁所：當他的肚子感覺脹脹的時候，就是需要去廁所和脫褲子的時候。

他清楚知道我有設身處地考慮他的困難。無論如何，到目前為止已經過了三個月了，他已經幾乎可以完全獨立去上廁所，而且他為自己感到驕傲！

* * *

我簡直就等不及下一次課程的到來，因為我想要和大家分享一件令人興奮的消息。我自由了！我三歲半的女兒瑞秋也是。一切都是從週二清晨的一通電話開始。

「蘇西，今天下午妳可以幫我帶丹尼爾嗎？」

「當然，」我說。

掛上電話後，我才想到今天必須去採買東西，然後現在我還必須帶著兩個孩子一起去。或者——我想到瑞秋早上要參加四十五分鐘的學前課程，但是我必須在她能看得到的窗外，她才願意去上課。其他媽媽可以把孩子放在那裡，然後就離開，只有我必須留在那邊直到結束。

我跟瑞秋說：「今天妳去幼稚園的時候，我必須去買東西。丹尼爾整個下午都會和我們在一起，所以我沒有時間去買東西。」

瑞秋眼中開始出現眼淚，這就是我使用問題解決技巧的機會。我跟瑞秋說：「我看到妳很傷心，我們要怎麼解決這個問題呢？我們把想到的都寫下來。」

瑞秋的眼睛發亮，當我寫下：

問題：瑞秋不願意媽咪離開，但是媽咪必須去買牛奶。瑞秋上完課後，媽咪就沒有時間做這件事了，所以她必須在瑞秋上課時去買。

解決問題的建議：

1. 瑞秋在上課的時候，去買完然後趕快回來。（我的）

2.不要買牛奶。（瑞秋的）

3.下課後再去買。（瑞秋的）

4.當媽咪去買東西的時候，瑞秋可以唱歌、畫畫和遊戲。（我的）

5.媽咪去買東西的時候，瑞秋待在幼稚園。（我的）

6.媽咪只買一樣東西，然後就會很快回來。（瑞秋的）

7.明天我們一起去買口香糖。（瑞秋的）

8.如果瑞秋想哭，她就會哭。（瑞秋的）

我們唸完這張清單，我跟瑞秋解釋如果我今天不買牛奶，瑞秋和爸爸會很失望，所以我們把那一條刪掉。我也再次解釋放學後我沒有時間去買，所以這條也被劃掉。瑞秋似乎感到滿足。

我們走到幼稚園，瑞秋給我一個擁抱並給我一個吻，她提醒我只能去一間商店，然後就坐進孩子們圍成的圓圈中。

我迅速買完，等我回到幼稚園仍有充裕的時間，我看到瑞秋和她的朋友一起開心並全神貫注地玩一個遊戲。下課後，瑞秋問我：「妳有去嗎？」

「當然有囉！妳一定為自己感到驕傲吧，一個人待在幼稚園上課。」

瑞秋點點頭。

星期三早上。

瑞秋（看起來是緊張的）：「今天要去幼稚園嗎？」

我（預期會聽到「妳會留在那邊陪我嗎？」）：「要啊。」

瑞秋：「喔，媽咪……好吧，如果我想哭，我就哭；如果我不想哭，就不會哭！」

我：「我們把它寫下來。」

我寫完後，她說要加上她會坐在一個朋友旁邊，然後她說：「媽咪，妳要回來的時候，要用跑的，要跑得很快很快！」

我帶她到幼稚園，她給我一個擁抱、親我一下，並提醒我要一直跑。

我四十五分鐘後回到幼稚園。

我：「妳一個人待在學校！」

瑞秋：「對啊，我好驕傲！」

星期五早上。

瑞秋：「媽咪，今天要去幼稚園嗎？」

我：「沒錯。」

瑞秋：「好，請幫我寫下『我會坐在一個朋友旁邊』」

問題解決了，瑞秋可以去幼稚園，媽咪可以去採買！現在回想起來，我明白我確實必須很努力，才能坐下來和瑞秋一起思考解決問題的辦法。我很高興我這麼做了，瑞秋也是。

* * *

我的兒子麥克，現在五歲半，正在上幼稚園。現在他會唸三到六年級程度的書，他認得的字彙量很多，而且他決定未來想當整形醫生。他喜歡我唸介紹身體構造的醫學書給他聽。麥克常在晚上進我房間跟我睡。我已經試過很多方法阻止他再這樣做，也得避免讓他以為自己是不被喜歡的。

我曾經試過撐到凌晨兩點半才去睡覺，但當我睡著時，他就會帶著枕頭、拖鞋、毯子然後爬上我特大號的床，早上我就會看到他蜷曲著睡在我身旁。他甚至提議過我去睡他的床，而他睡我的床。在一次工作坊之後，我決定試試新方法。

我問麥克我們可以怎麼做，他才不會晚上進入我房間。他說：「讓我想一想。」就回去自己的房間。大概十分鐘後，他帶著一本黃色便條紙和一枝筆回來，他說：「爸爸，寫一張紙條。」然後他告訴我要寫什麼：

親愛的麥克：

今晚請不要進來。

愛你的爸爸

他回到房間，拿了一個捲尺和一捲透明膠帶，然後他把紙條貼在房門上。

麥克說：「如果你不想讓我進來，把紙條放下。如果可以讓我進來，就把紙條捲起來黏上（膠帶被貼在紙條背面的底部），這樣我就知道了。」

我說：「謝謝。」

早上六點零二分時，麥可爬到我的床上。（我通常在六點起床。）麥克說：「爸爸，我半夜醒來要進你房間的時候，外面都還暗暗的，我看到你的紙條是放下的，雖然我看不到上面的字，但是我有把內容記在心裡，所以我回去自己的房間睡覺。爸爸你看，你只需要跟我說，我就可以解決你的問題。」

這個方法已經持續兩個星期都有很好的成效，這的確是比較好的方法，謝謝。

＊　＊　＊

星期二晚上，我仍然因為昨天晚上在課程上所聽到的分享而躍躍欲試，我對珍妮佛（五歲）提出問題：

媽媽：「妳有時間嗎？」

珍妮佛：「有。」

媽媽：「我想討論一下我們『半夜』的問題。」

珍妮佛：「噢，好啊。」

媽媽：「針對這個令我們兩人都不開心的情形，妳想要告訴我妳的感覺嗎？」

珍妮佛：「有東西會接近我（臉上出現痛苦的表情，雙手握緊），媽媽，我沒辦法待在我的房間，我就是想去妳的房間。」

媽媽：「嗯，我知道了……」

珍妮佛：「我知道妳不喜歡這種說法，對嗎？」

媽媽：「讓我告訴妳我的感覺。在漫長的一天過後，我很期待睡覺時間，鑽進溫暖的被窩，然後很快進入夢鄉。所以當我被吵醒，就沒辦法當一個很和藹的媽咪。」

珍妮佛：「我知道。」

媽媽：「我們看看可不可以想出一個讓我們都開心的方法，如何？」（拿出便條紙和筆）

珍妮佛：「你要寫下來嗎？我們會有一張單子嗎？」

媽媽：「對，你可以先開始嗎？」

珍妮佛：「我想要睡在媽咪和爸爸的床上。」

媽媽：「好，（寫下來）還有呢？」

珍妮佛：「我也可以用叫醒妳來取代。」

媽媽：「嗯……（寫字）」

珍妮佛：「如果我縮在牆邊，我可以用小夜燈看書。」

媽媽：「我想應該可以……」

珍妮佛：「如果我有檯燈的話……可以買檯燈給我嗎？」

媽媽（寫下來）：「有一個檯燈的話，妳要做什麼？」

珍妮佛（開始興奮起來）：「我可以看書、玩我的壓舌板（爸爸是醫生）、寫字……」

媽媽：「有人聽起來很高興喔。」

珍妮佛：「第四點要寫什麼？」

媽媽：「還有更多想法嗎？」

珍妮佛（快速回答）：「我可以請妳拿一杯飲料。」

媽媽（寫下）：「嗯。」

珍妮佛：「然後第五點是躲在門外看妳睡了沒。」

媽媽：「我們已經有一些想法了，讓我們一起來看看吧。」

珍妮佛迅速地刪掉第一和第二項解決方法，然後說隔天要買一個檯燈、一本便條簿和蠟筆。我們挑了一個恐怖的橘色檯燈（她選的），要「搭配」她白紅色系的房間。那天晚上順利度過，隔天早上我收到一盒裝滿她畫作的鞋盒（她的主意）。這一週以來，她都有讓我好好睡覺，我內心暗自祈禱這種情況可以一直持續下去。

＊　＊　＊

爸媽告訴我們，孩子會習慣使用問題解決步驟，他們也更能處理自己與兄弟姊妹間的爭論，這對爸媽來說是一大紅利。他們不再需要介入、選一邊、做裁判和找出一個解決辦法，他們只需要重述問題，然後就可以讓孩子自行化解問題。爸媽只要陳述：「孩子們，這是一個困難的問題，但是我相信你們兩個可以一起想出雙方都同意的解決方法」，似乎就能啟動孩子自己承擔解決彼此間爭執的責任。第一個例子來自一位父親：

布萊德（四歲）和塔拉（兩歲半）在室外，布萊德正騎著塔拉的三輪車，而塔拉想要騎，塔拉開始變得不可理喻，而布萊德仍然拒絕換她騎。

通常我會毫不猶豫地說：「布萊德，下來。那是你妹妹的，你有自己的腳踏車！」但這次我沒有站在塔拉那一邊，而是說：「我看到你們都有各自的需求。塔拉，妳想要騎妳的三輪車；布萊德，你想要騎塔拉的三輪車，但是她不想讓你騎。」然後，我對他們兩人說：「我想你們應該找出一個兩人都可以接受的方法來解決這個問題。」

塔拉繼續哭，布萊德則思考了一會兒。布萊德說：「我想塔拉應該站在三輪車的後面，我騎車的時候，她可以抱著我。」

我說：「你應該和塔拉討論這個方法，不是和我。」

所以布萊德問塔拉這個方法如何，塔拉同意！然後他們一起在夕陽下騎車。

孩子想出的方法一直不斷令我們感到驚奇，通常具有很棒的原創性，且比爸媽能想出來的任何建議更加令人滿意。

當我從問題解決步驟的課程下課回家後，我的兩個孩子正在爭吵，他們兩人都想穿一件紅色外套。那件外套以前是我六歲女兒穿的，現在則是由我的三歲兒子穿。他們準備要出門，所以在爭吵誰應該穿那件外套。

我讓他們注意到我後，接著說：「我看到兩個小朋友想要穿同一件外套。」

「其中一個曾經是這件外套的主人，現在仍然想要擁有它。」

「另外一個想要穿這件外套，因為現在他是外套的主人。」

「我相信你們可以一起想出辦法，解決這個問題。我會在廚房，等你們來跟我說。」

我走進廚房，然後和我先生聽到他們開始討論，五分鐘後，他們走進來說：「我們想到一個辦法！喬許會穿著外套到餐廳，為了公平起見，當我們離開餐廳的時候，換我穿外套，然後喬許可以穿我黃色的那件！」

最後一個故事是一個小男生，努力解決自己情緒控制的問題：

八歲的史考特不懂要如何發洩自己憤怒的情緒。有一天晚上，某件事惹他不悅，他怒氣沖沖、緊握著雙拳離開餐桌，不知道要使用什麼方式來擺脫自己的怒氣。

在他回房間的途中，不小心撞碎了我很喜愛的花瓶，當我看到花瓶碎在地上，我也勃然大怒，並且開始像個躁症患者大聲尖叫。他跑進房間，用力甩上房門。

當我先生用黏膠把花瓶修好，我也漸漸平靜下來，我去敲敲史考特的房門，他問：「什麼事？」我問他現在可不可以讓我進去，讓我們兩人談一談。

他用感激的眼神看著我並說：「好！」我的出現，好像讓他再次確定我仍然愛他，且視他為一個「人」，而不是一個笨拙又無法控制的孩子。

一開始，我問他，當他那麼生氣的時候感覺如何。他告訴我他想要打人或打壞一些物品、在家裡橫衝直撞、把東西用力地摔到地上。我告訴他，之前他因為生氣所表現出的行為，讓我也想要進到他房間，徹底破壞他最愛的玩具。然後我們互相看向對方，似乎在說：「嗯……」

我問他（手上拿著紙和筆）是不是可以一起想出一些我們都能接受的方式，來表現或釋放出憤怒，然後他開始給我一些想法：

- 爸爸可以幫我掛上拳擊沙包。
- 在牆上放置一些東西，讓我可以用球丟。
- 把我的懶骨頭椅子掛起來。
- 把我的音響開到最大聲。
- 吊單槓。
- 用力丟枕頭。
- 甩門。
- 在地上用力跳。
- 在床上跳。
- 把電燈開開關關。
- 繞著屋外跑十圈。
- 把紙撕碎。

- 捏自己。

我沒有說一個「不」字，只是把他們全部寫下來。有趣的是，當他說完這些他知道可能不會被允許的想法後，他笑了一下，似乎只是想讓我知道，這些是他真的想要做的。

我們重新再看了一次這張單子，我刪除一些項目，並跟他解釋為什麼我不贊同。最後我們找出了四種可能的方法：

- 爸爸會給一個明確的時間修好拳擊沙包，並把它掛起來。
- 單槓可以裝設在通往他房間的走廊上。
- 只有在白天的時候，他可以在屋外跑幾圈。
- 當我確認「把紙撕碎」這個選項時，我說：「關於這點，只有一個問題。」他說：「喔，我知道，之後我會收拾乾淨！」

這個時候，我們坐得非常靠近，而且平靜地談話。

最後我跟他說：「我只想再加上一件事，而且是當你感覺非常生氣時，你一定可以得到的幫助。」他馬上回答：「我可以找妳談一談。」

之後我們都開心地上床睡覺。

## 第四堂課

# 鼓勵自主

我們要如何幫助孩子脫離父母、成為一個獨立的人呢？藉由讓孩子自己處理事情；藉由允許孩子努力解決自己的問題；藉由讓孩子從自己的錯誤中學習。

學會本章的六個技巧，讓我們真正做到「陪伴孩子一起成長」。

# 第一部分

大部分的教養書籍都會提到，身為父母的重要目標之一，是幫助孩子與我們分開、成為獨立的個體，讓他們有一天可以在沒有爸媽的情況下，自己過生活。我們極力主張不要把孩子想成是我們的小小複製品，或是我們的延續，應該要把孩子視為獨特的個體，與我們有著不同的氣質、品味、感覺、渴望和夢想。

但是我們要如何幫助孩子脫離父母、成為獨立的人呢？藉由讓他們自己處理事情、允許他們努力解決自己的問題，以及讓他們從自己的錯誤中學習。

用說的遠比做的容易。我仍記得我家老大自己努力綁鞋帶的時候，我大概只耐著性子看了十秒鐘，就蹲下來幫他完成。

而我的女兒只要提到她和朋友發生一點口角，我就會出聲提供立即的建議。

如果孩子們首先就是聽到我的建議，那要如何給孩子犯錯的機會，以及遭遇困難呢？

你可能會想，幫孩子綁鞋帶、告訴他們怎麼解決與朋友間的爭吵，或是不讓孩子犯錯，會導致什麼可怕的結果嗎？畢竟，孩子年輕又缺少經驗，他們真的必須依賴身旁的大人。

問題在於，當一個人不斷依賴另一個人，會開始產生某些感覺。為了使讀者明白可能會產生什麼感覺，請在讀完下列敘述後，寫下你的反應：

**1. 你今年四歲，在一天當中，你聽到爸媽告訴你：**

「要吃四季豆，蔬菜對你很好。」

「讓我幫你拉拉鍊。」

「你累了，躺著休息一下。」

「我不希望你和那個男孩玩，他會說粗話。」

「你確定不用去上廁所嗎？」

你的反應：

**2. 你今年九歲，在一天當中，你的爸媽告訴你：**

「不用試穿那件外套了，綠色不適合你。」

「罐子給我，我幫你轉開蓋子。」

「我已經把你要穿的衣服準備好了。」

「家庭作業需要幫忙嗎？」

你的反應：

**3. 你今年十七歲，爸媽說：**

「你不必學開車，我對可能發生的意外感到非常緊張。只要你開口，我很樂意載你到任何地方。」

你的反應：＿＿＿＿＿＿＿＿

**4. 你是一個成人了，你的雇主說：**

「為了你好，我要給你一些忠告。別再建議公司該如何改善了，做好你的工作就好，我不是請你來提供想法的，我是請你來做事的。」

你的反應：＿＿＿＿＿＿＿＿

**5. 你是一個新國家的公民，在一個公眾會議上，你聽到一位來自富有和強權國家的訪問高官說：**

「因為這個國家才剛開始，而且還未發展，所以我們不會忽視你們的需要，我們計畫提供專家和材料，示範怎麼營運農場、學校、企業和政府給你們看。我們同時也會派家庭計畫的專家過來，幫助你們降低生育率。」

你的反應：＿＿＿＿＿＿＿＿

我想，你應該很不希望孩子對你的感覺，和你剛才寫下來的反應有所相似才對。當人處於依賴的角色，加上懷抱著些微的感謝之情，通常會感受到無助、無價值、惱怒、挫折和憤怒的巨大情緒。這個無奈的事實會讓爸媽們很兩難；一方面，孩子的確是依賴我們，因為他們的年幼與經驗不足，我們必須為他們做很多事、指導他們以及示範，另一方面，他們的依賴卻也導致了反抗和對立。

有沒有什麼方法可以減少孩子對我們的依賴感呢？有沒有方法可以幫助他們成為獨立又負責任的人呢？幸運的是，我們每天都有許多機會可以鼓勵孩子學習自主。底下列出的這些具體技巧，可以幫助孩子信賴自己，而不是依賴我們。

## 鼓勵自主的六大技巧

1. 讓孩子做選擇。
2. 對孩子的努力表示敬意。
3. 不要問太多問題。
4. 不要急著給答案。
5. 鼓勵孩子善用家庭以外的資源。
6. 不要剝奪孩子的希望。

這些技巧，乍看之下似乎是常識，但其實任何一項都是不容易做到的。你必須下定決心和練習，才能在和孩子說話的過程中，逐漸培養他們獨立的能力。在第184頁的練習中，你會看到爸媽常用的六種典型敘述法，請把每一句都轉換成可以鼓勵孩子自主的話。

## 鼓勵自主的六大技巧

1. 讓孩子做選擇

左右兩頁這些選項都可以提供孩子練習做決定。可以提供孩子練習自己做決定。對一個成人來說，如果他不曾有過運用判斷力做決定並得到結果的經驗，未來他在面臨職業、生活和伴侶的選擇上都會遭遇到難題。

# 鼓勵自主的六大技巧

## 2. 對孩子的努力表示敬意

✕ 與其這樣做　　　　○ 不如

✕ 與其這樣做　　　　○ 不如

✕ 與其這樣做　　　　○ 不如

當孩子的努力獲得尊重，他會鼓起勇氣，自己將工作完成。

## 鼓勵自主的六大技巧

3. 不要問太多問題

✕ 與其這樣做

○ 不如

# 鼓勵自主的六大技巧

## 3. 不要問太多問題

✕ 與其這樣做

○ 不如

太多問題會讓人感到私人生活被侵入。當孩子想說的時候，他們會說自己想說的事情。

## 鼓勵自主的六大技巧

### 4. 不要急著給答案

✕ 與其這樣做

○ 不如

## 鼓勵自主的六大技巧

### 4. 不要急著給答案

✖ 與其這樣做

◯ 不如

當孩子問問題時，應該先給他一個機會去自己探索答案。

# 鼓勵自主的六大技巧

## 5. 鼓勵孩子利用家庭以外的資源

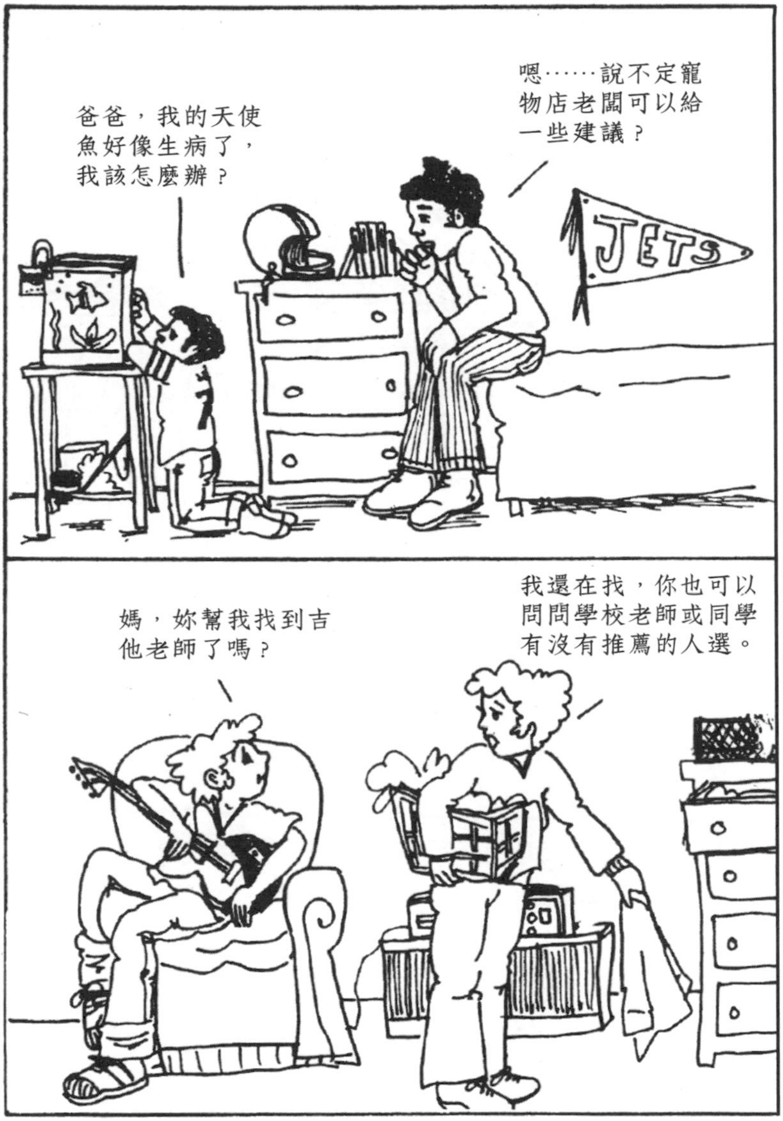

## 鼓勵自主的六大技巧

### 5. 鼓勵孩子利用家庭以外的資源

我們希望孩子明白他們不必完全依靠我們。家庭以外的世界，例如寵物店、牙醫、學校、較年長的孩子，都可以幫助他們解決問題。

## 鼓勵自主的六大技巧

### 6. 不要剝奪希望

✕ 與其讓孩子做好失望的準備　　〇 不如讓他們探索與體驗

阻止讓孩子經歷失望，同時也阻止了他們懷抱希望、奮鬥與夢想，甚至是阻礙了達成夢想的機會。

1.現在去洗澡。

（讓孩子做選擇）

2.為什麼你要花那麼多時間穿靴子呢？把你的腳抬起來，我幫你穿好。

（對孩子的努力表示敬意）

3.今天營隊好玩嗎？你有游泳嗎？你喜歡其他孩子嗎？你的輔導員如何？

（不要問太多問題）

4.孩子：為什麼爸爸每天都要工作？
爸媽：爸爸必須每天工作，我們才能住好房子、吃好吃的食物、穿漂亮的衣服、和……

（不要急著給答案）

5.青少年：我太胖了，我想要妳幫我節食，我應該吃什麼？
爸媽：我已經告訴你好多年了，現在不准再吃蛋糕和糖果，要開始改吃水果和蔬菜。

（鼓勵孩子善用家庭以外的資源）

6. 孩子：爸爸，我長大後要當老師。
爸爸：放棄這種期待吧，很多師範學校的學生畢業後都還找不到工作呢！
（不要剝奪孩子的希望）

---

如果你覺得用來鼓勵孩子自主的方法，不只有剛剛練習的六種技巧，你是正確的。事實上，目前你在這本書上讀到的所有技巧，都可以幫助孩子視自己為獨立、負責任和有能力的人。不論我們是傾聽孩子的感覺、或與孩子分享我們的感覺、或邀請他們一起解決問題，我們都在鼓勵孩子自主。

對我而言，鼓勵孩子對自己的生活負起責任，是個很創新的想法，我仍記得我的祖母如何讚美一個鄰居：「她真是最完美的媽媽，她願意為孩子做所有的事情！」因此，我一直相信一位好母親要為孩子「做」全部的事。我甚至還超過了這個準則，我不僅僅是幫孩子們「做」，也幫他們「想」。結果呢？每天發生的任何一件小事，都會變成意志力的戰爭，並在所有人都不愉快的氣氛下收場。

當我總算學會把屬於孩子的責任歸還給他們，每個人的情緒都有了改善。我用來克制自己的方式，就是每當我察覺到自己開始焦慮或又想干涉時，我會問問自己：「我有沒有其他選擇呢？……我一定要接手嗎？……或者，我可以讓孩子自己作主？」

下頁的練習中，你可以看到常會使爸媽焦慮、干涉的種種情況，閱讀每種情況時，問問自己：

1. 我怎麼說或做，孩子會繼續依賴我？
2. 我可以怎麼說或做，來鼓勵孩子自主？

## 一些可能有幫助的技巧

| 新技巧 | 前幾堂課學到的技巧 |
|---|---|
| 讓孩子做選擇 | 接受孩子的感覺 |
| 對孩子的努力表示敬意 | 描述你的感覺 |
| 不要問太多問題 | 提供資訊 |
| 不要急著給答案 | 解決問題 |
| 鼓勵孩子善用家庭以外的資源 | |
| 不要剝奪孩子的希望 | |

### 練習

1. **孩子：我今天上學遲到了，明天你要早一點叫我起床。**

爸媽：（讓孩子依賴）______

爸媽：（鼓勵自主）______

2. **孩子：我不喜歡吃蛋，而且我也不想再吃冷冷的早餐穀片了，我再也不要吃早餐了。**

爸媽：（讓孩子依賴）______

爸媽：（鼓勵自主）

3. 孩子：外面冷嗎？我需不需要穿一件毛衣？

爸媽：（讓孩子依賴）

爸媽：（鼓勵自主）

4. 孩子：噢，可惡，我永遠都不可能扣好這顆鈕釦。

爸媽：（讓孩子依賴）

爸媽：（鼓勵自主）

5. 孩子：跟你說噢，我要開始存零用錢買馬。

爸媽：（讓孩子依賴）

爸媽：（鼓勵自主）

## 6.孩子：貝琪希望我去她的派對，但是我不喜歡其他也會去的人，我該怎麼辦？

爸媽：（讓孩子依賴）______________________

爸媽：（鼓勵自主）______________________

我推測某些情況你可以快速地寫下相對應的句子，某些情況則需要仔細思考。找出合適的語言去鼓勵孩子的責任感，是個很大的挑戰。

鼓勵孩子自主的完整過程是很複雜的，我們越了解讓孩子獨立的重要性，內心就越會產生一股對抗的力量。首先，單就便利性而言，現代人都很忙碌，我們通常直接叫醒孩子、幫他們扣鈕釦、告訴他們要穿什麼和吃什麼，這樣做似乎簡單快速許多。

接著我們還必須調適自己與孩子之間的強烈連結感，不把他們的失敗當作是自己的失敗。對我們來說，看著與自己如此親近的人不斷努力奮鬥和嘗試錯誤，是一件很困難的事，尤其是當我們知道只要說幾句話，就可以避免他們遭受傷害或失望的時候。

我們也需要很強的自制力，才有辦法不立即提供建議，特別是當我們很確定答案的時候。直到今天，不論何時，只要孩子問我：「媽，你覺得我該怎麼做？」我還是必須假裝忽略，克制自己不要馬上說出我的意見。

但是，有一個更巨大的阻力會干擾我們想讓孩子獨立的理智。我仍清楚記得我被三個幼小的孩子完全需要時，內心所感到的深刻滿足，因此，當我發現一個機器鬧鐘就能比我慈愛的呼喚，更有效率地叫醒孩子時，我的感覺相當複雜。另一個感受複雜的時候，就是當我的孩子們學會自己閱讀，不再需要我朗讀床邊故事的時刻。

這些是我在孩子成長獨立過程中出現過的矛盾情緒，但也幫助我理解了一位幼稚園老師告訴我的故事。這位老師說服了一位年輕媽媽，讓她相信即使她不坐在教室裡陪著兒子，她的兒子也不會有任何問題。當這位媽媽離開五分鐘後，小強納森需要去上廁所，當老師催促他快點去的時候，他不開心地含糊說著：「不行。」

老師問他：「為什麼？」

強納森解釋：「因為我媽媽不在這裡。我上完廁所，她會幫我鼓掌。」

老師想了一下說：「強納森，你可以自己去上廁所，然後幫自己鼓掌。」

強納森看起來非常驚訝。

老師帶著他進入廁所並在門外等待，幾分鐘後，她聽到門後傳來了鼓掌聲。那天稍晚，強納森的媽媽打電話告訴她，強納森回家的第一句話是「媽咪，我可以幫自己拍拍手，不再需要妳幫我了！」

老師感嘆地跟我說：「妳相信嗎？那位媽媽說她對這件事感到沮喪。」

我真的相信，我相信除了為孩子的進步感到驕傲，以及為他們的獨立感到喜悅之外，我們也會因為孩子不再需要我們，而感到難過和空虛。

為人父母這條路是苦甜參雜的，我們一開始全心全意地照顧、愛護幼小又無助的生命，多年下來，我們擔心、規畫、安慰和試著了解他們。我們付出愛、勞力、知識和經驗，然後，期望有一天孩子可以擁有內在的力量和自信，離開我們、展翅高飛。

## 作業

1. 實際應用至少兩種技巧，去鼓勵孩子視自己為獨立、有能力、可以自主的個體。
2. 孩子的反應是什麼？
3. 有沒有什麼事是你為孩子做，但其實是可以讓孩子自己做的？
4. 你如何把責任轉交給孩子，卻又不會讓他們感到喘不過氣？（大部分的孩子不會喜歡聽到：「你現在已經長大了；你的年紀已經可以自己穿衣服、吃飯、鋪床」之類的話）
5. 繼續閱讀第二部分。

重・點・整・理

## 鼓勵自主

1. 讓孩子做選擇

「你想穿灰色褲子還是紅色褲子？」

2. 對孩子的努力表示敬意

「罐子很難被打開時，用湯匙敲敲蓋子會有幫助。」

3. 不要問太多問題

「很高興看到你。歡迎回家！」

4. 不要急著給答案

「真是一個有趣的問題，你覺得答案會是什麼呢？」

5. 鼓勵孩子善用家庭以外的資源

「寵物店的老闆可能可以提供意見。」

6. 不要剝奪孩子的希望

「你想要爭取當主角啊！這應該會是個不錯的經驗。」

# 第二部分
## 技巧說明、更多的建議、爸媽們的故事分享

### 每個技巧的說明

#### 1. 讓孩子做選擇

問孩子想要喝半杯牛奶還是一整杯、麵包要烤多焦，這些看似是不太重要的事情，但對孩子而言，每次的小選擇都代表他可以掌控自己某部分生活的機會。孩子必須做的事情很多，所以不難理解為什麼他會容易感到不滿和變得倔強。

「你一定要吃藥。」

「不准在桌上敲打。」

「現在就去睡覺。」

如果我們可以讓他選擇某些事要如何做，通常就能夠降低孩子的不滿與憤怒。

「看得出來你很不喜歡吃藥。如果吃藥可以配蘋果汁或薑汁汽水，對你來說會容易一點嗎？」

「鼓聲很困擾我，你可以留在這裡但不要敲打桌子，或者回自己的房間去打，你自己決定。」

「現在是媽咪和爸爸的聊天時間，也是你睡覺的時間。你想要現在睡覺，還是想要在床上玩一下，等你準備好要蓋棉被時再叫我們？」

有些爸媽不喜歡這種技巧，他們主張這種強制的選擇根本不算選擇，只是讓孩子跳進另一種陷阱中。這個反對是可以理解的，其中一種替代方案是請孩子提出他自己的選擇，而這個選擇是雙方都可以接受的，聽聽一個父親告訴我們的故事：

我太太和我正要帶著湯尼以及小嬰兒一起過馬路，湯尼三歲，他不喜歡我們牽他的手並會試著掙脫，有時候會發生在走到馬路中央的時候。在過馬路前，我說：「湯尼，你有兩個選擇，你可以牽媽咪或我的手，或者你有另一個可以安全過馬路的方法。」湯尼想了一下說：「那我會抓住嬰兒車。」他的選擇是我們都可以接受的。

## 2. 對孩子的努力表示敬意

我們以前都認為，當我們告訴孩子某件事是簡單的，就是一種鼓勵他們的方式。但我們現在知道，只說「試試看，這很簡單」，對孩子並沒有幫助；如果他成功了，他不會有太大的成就感，如果他失敗了，他會認為自己連一件簡單的事情都做不好。

如果我們用另一種方式說：「這不簡單」或「這是件困難的事」，孩子會給予自己另外一種內在訊息。如果他成功了，他會為自己完成這件困難的工作感到驕傲；如果他失敗了，他至少會因為事情本來就困難而寬心一些。

有些爸媽覺得對孩子說「這是件困難的事」，會感到自己很虛假，但是，如果他們是站在一個毫無經驗的孩子的角度，就會明白從事任何新體驗的前幾次都是不容易的。（避免說出「對『你』來說，一定很難。」孩子可能會想：「為什麼是對我，而不是對大家？」）

有些爸媽則是抱怨只能站在一旁看孩子掙扎努力和同情孩子，不提供任何實質的幫助令他們難以承受。我們的建議是不妨給予一些有用的資訊，會比直接插手並幫孩子完成工作來得更好：

「有時候你把拉鍊插到最底部，會比較容易把拉鍊往上拉。」

「在你要做出某件物品的造型前，有時候先把黏土揉成一顆球會有所幫助。」

「在開鎖前先轉幾次鎖的旋鈕，有時候會有幫助。」

我們喜歡說「有時候，這會有所幫助」，因為如果我們提供的資訊並沒有幫上忙，這句話也不會讓孩子覺得是自己的能力不足。

然而，這表示我們永遠都不幫忙孩子做他們可以自己做到的事嗎？相信每位爸媽都可以感受到孩子什麼時候累了，或需要你額外的注意力，或者想要耍耍小脾氣，在這些時候，幫忙他梳梳頭髮或穿襪子就會有很大的安慰效果，即使孩子絕對有能力可以自己完成這些事。只要我們清楚記得，基本方向是要幫助孩子對自己負責任，因此偶爾仍可放心享受「為孩子做事情」的樂趣。

## 3. 不要問太多問題

「你去哪裡？」「外面」；「出去做什麼？」「沒事」。這樣的經典問答其來有自。而孩子用來迴避他們還沒準備好或不願意回答的問題，其他的防禦說法還包含：「我不知道」或「讓我一個人獨處」。

一位母親告訴我們，以前如果不問兒子問題，她會覺得自己不是一個好媽媽。但現在她驚訝地發現，當她不再使用問題轟炸兒子，而是充滿興致地傾聽孩子說話，兒子反而開始對她敞開心房。

難道這表示你永遠不能問孩子問題嗎？完全不是這樣的。重點是，你要敏銳察覺到你的問題可能造成什麼影響。

**注意：**父母經常提問，但似乎總是造成孩子壓力的問題為「你今天開心嗎？」這對孩子來說，的確是個很大的要求！我們不僅要求他參與一個群體（學校、戲劇、營隊、舞會），而且期望他應該要樂在其中。因此，倘若他沒有，他必須去消化自己的沮喪和爸媽的失望，也會覺得是因為自己不愉快而使得爸媽不開心。

## 4. 不要急著給答案

在成長的過程中，孩子會問五花八門的問題：

「彩虹是什麼？」

「為什麼小寶寶沒辦法回去她被生出來的地方？」

「為什麼我們不能只做自己想做的事？」

「你必須去上大學嗎？」

爸媽經常會因為這些問題而感到陷入窘境，並會立刻在腦中搜尋適當的答案，然而，沒有必要把這種壓力加諸於自己身上。當孩子問一個問題，通常已經針對答案進行過一些思考，大人只須與他互動、有所共鳴，幫助他進一步探索自己的想法。如果這個問題仍然是重要的，爸媽總是有機會在之後提供「正確」的答案。

立刻給予孩子答案，對孩子沒有幫助，比較像是我們代替他動動腦。對孩子更有幫助的是把問題交回他們手上，讓他們進一步思考和檢視：

「你在想這個啊！」

「你的想法是什麼？」

我們甚至可以重複孩子的問題。

「為什麼我們不能只做自己想做的事？」

我們可以讚揚提問的孩子：

「你問了一個重要的問題，幾個世紀以來，許多哲學家都在思索這個問題。」

不需要著急。尋找答案的過程與答案本身同等珍貴。

## 5. 鼓勵孩子善用家庭以外的資源

減少孩子依賴家庭的一個方法，就是讓他知道擁有珍貴資源的廣大外在社群，正等著被人們運用；這個世界不是一個可怕的地方，當你需要幫忙的時候，就會有人給你協助。

這個原則除了對孩子有明顯的好處外，也可以讓爸媽從無時無刻的重擔中解脫。學校護士可以與過重的孩子討論合理的飲食習慣；鞋店人員可以解釋，持續穿著運動鞋會對雙腳造成什麼樣的影響；

圖書館員可以幫忙孩子釐清一份艱深的研究論文；牙醫師可以說明不刷牙會發生什麼事情。很多時候，這些外在資源提供的訊息，往往就是比爸媽所說的話來得更有分量。

## 6. 不要剝奪孩子的希望

生活樂趣大多來自於作夢、幻想、期待和規畫的過程，倘若父母為了不讓孩子面對可能因而產生的失望，所以介入阻止，那麼將會剝奪他們許多重要的體驗。

一個爸爸告訴我們，他九歲大的女兒發展出對於馬匹的熱情。有一天，女兒問爸爸可不可以買一隻馬給她。他說他非常努力克制自己，不告訴她這是不可能的，因為金錢、空間和鎮上的規定，他反而是說：「妳想擁有一匹自己的馬啊，再跟我多說一點。」然後他聽到女兒詳細地說明自己會如何餵那隻馬、幫牠洗澡和每天騎著牠散步。

只是與爸爸談論她的夢想，對她來說似乎就足夠了，她之後再也沒有強求爸爸真的買一匹馬給她。但是經過那次談話，她從圖書館借了許多關於馬的書籍、描繪馬的插畫書，然後開始存下部分的零用錢，為了有一天能夠買地給她的馬。幾年以後，她找到一份在當地馬棚的工作，在那裡她可以偶爾把她的服務交換成騎馬。當她十四歲時，她對馬的興趣逐漸淡去，有一天，她宣布要把買馬的錢拿去買一輛十段變速的腳踏車。

## 更多鼓勵孩子自主的方式

### 1. 讓孩子擁有身體自主權

避免不斷地幫孩子梳頭髮、調整肩膀、拍掉灰塵與線頭、將上衣塞進裙子裡、調整衣領等等。孩子會把這些過分的體貼和關心，視為對他們身體隱私的侵犯。

### 2. 從孩子的生活中置身事外

「為什麼你要用鼻子在紙上寫字……寫功課的時候要坐好……頭髮不要遮住眼睛，這樣你怎麼看得到自己在做什麼？……把袖子扣好，打開的袖口看起來很懶散……舊毛衣得丟了，去買件新的……你把零用錢花在那裡？好吧，我覺得這是在浪費錢。」很少有孩子聽到這些話後，會覺得感激。

多數孩子對這類敘述的回應是不耐煩的「媽！」或「爸！」，翻譯過來就是：「這樣很煩，不要一直管我，這是我的事情。」

### 3. 不要在孩子面前和別人談論他，不論他的年紀多小

想像你站在媽媽旁邊，她告訴鄰居任何一件下列的事情：

「一年級的時候，因為閱讀這件事，他並不開心，但是現在他已經進步很多了。」

「她很喜歡人，每個人都是她的朋友。」

「不用理他，他有一點害羞。」

當孩子聽到自己這樣被談論，他們會感覺自己像是爸媽的所有物。

## 4. 讓孩子為自己回答

孩子也在場的時候，爸媽總是會被問到類似以下的問題：

「強尼喜歡去上學嗎？」

「他喜歡新出生的小寶寶嗎？」

「他為什麼不玩他的新玩具？」

真正尊重孩子自主性的方式是跟詢問的對方說：「可以直接問強尼喔，他才知道他自己的感受。」

## 5. 對孩子的最終目標表示尊重

有時候，孩子非常想做一件事，但是情感或生理上都還沒有準備好。她想跟大女孩一樣使用廁所，但目前還不行；他想要和其他孩子一樣去游泳，但他仍然會怕水；她想要停止吸吮大拇指，但在累的時候，吸吮大拇指的感覺實在是太好了。

與其強迫、激勵或使孩子困窘，我們不如表達自己對他的最終目標充滿信心：

「我不擔心，等你準備好，你就會下水了。」

「等妳下定決心，妳就會停止吸大拇指了。」

「有一天，妳就可以像媽咪和爸爸一樣使用廁所了。」

### 6. 小心，別使用太多「不行」

身為爸媽，有很多時候必須阻止孩子的渴望。有些孩子在聽到爸媽直接說「不行！」時會產生防備，認為這句話直接攻擊了他們的自主性。他們會用盡全力去反擊，使用尖叫、暴怒、罵人、和惱怒來表達自己的不滿。他們會連珠砲似地對爸媽說：「為什麼不行？……你是壞人……我討厭你們！」

即使是最有耐心的爸媽也會感到精疲力竭，所以我們該怎麼做呢？順著他？每件事都說「可以」？當然不是，這樣會養出一個被寵壞的孩子。幸好，我們有一些替代方式，可以讓爸媽堅定地拒絕孩子，卻又不會導致雙方對峙。

## 取代說「不行」的其他方法

### 1. 提供資訊（省去「不行」）

孩子：「我現在可以去蘇西家玩嗎？」

不說：「不行，妳不能去。」

而是提供實際情況：「我們再五分鐘就要吃晚餐了。」

得到這個訊息之後，孩子可能會告訴自己「我想現在是不能去了。」

### 2. 接受感覺

孩子（在動物園）：「我現在不想回家，我們可以繼續待在這裡嗎？」

不說：「不行，我們現在就要離開。」
而是接受他的感覺：「我知道如果可以讓你決定，你會待在這裡好長好長的時間。」
此時，你牽他的手準備離開並說：「要離開一個你很喜歡的地方是很困難的。」
有時候，當孩子知道有個人了解他的感覺，反抗的力量就會減少。

### 3. 描述問題

孩子：「媽，妳現在可以載我去圖書館嗎？」
不說：「不行，我正在忙，你得等一下。」
而是描述問題：「我想載你去，問題是水電工再半小時就會過來。」

### 4. 在可能的情況下，用「可以」取代「不行」

孩子：「我們可以去運動場嗎？」
不說：「不行，你還沒吃完午餐。」
改說：「當然可以，午餐以後就去。」

### 5. 給予自己一點時間思考

孩子：「我可以睡在蓋瑞家嗎？」

不說：「不行，你上禮拜才睡在他家。」

而是給自己一個思考的機會：「讓我想一想。」

這短短的句子有兩種功效：一是減少孩子渴望的強度（至少他知道他的請求會被認真考慮），二是提供爸媽仔細考慮的時間。

說「不行」是簡單快速的，而替代方式似乎要花比較長的時間，但是若你仔細想想說「不行」所帶來的後果，一開始花點時間反而才是一種捷徑。

## 關於提供建議

當我們對課程成員提到提供孩子意見會干擾到他們的自主，許多家長會馬上強烈反對。他們覺得「這樣就太離譜了！」他們無法理解為什麼不能跟孩子分享爸媽的智慧與經驗，以下是一位執著的媽媽的提問，以及我們回答的總結。

為什麼我的孩子遇到問題時，不應該得到我的建議？例如：我的女兒茱莉，不確定自己是不是應該去參加她朋友的生日派對，因為她不喜歡其中一些被邀請的女孩，她們「總是竊竊私語並罵人」。若我告訴茱莉不管如何都要去，不然她朋友會失望，這樣有什麼不對呢？

當妳立即提供意見給孩子，他們可能會覺得自己是愚笨的（為什麼我自己想不到？）、感到不滿

（不要告訴我該怎麼做！）或是被激怒（妳為什麼會認為我沒有那樣想過？）。

當一個孩子想清楚自己想做什麼，她會有自信並且願意承擔自己所做決定的責任。

妳是說，當我孩子遭遇問題時，我應該什麼都不做嗎？有少數幾次，當我告訴茉莉「這是妳的問題，妳自己解決」，她似乎非常生氣。

當爸媽忽略孩子問題的時候，孩子的確會感到受傷和被遺棄，但是在「完全忽略」和「立即給予意見」這兩個極端值的中間，爸媽可以做的事還有很多：

### 1. 幫助她釐清混亂的思緒和感覺

「茉莉，聽妳這麼說，妳似乎對這個派對有兩種感覺。妳希望朋友生日那天在她身旁，但是妳又不想應付自己不喜歡的女孩。」

### 2. 把問題重述為一個疑問句

「所以問題似乎是『如何找出一個方法讓自己參加派對，且應付那些會亂罵人的女孩？』」

在妳提出這樣的問句後，保持沉默是一個好做法。妳的靜默可以促使孩子想出解決的方法。

### 3. 點出孩子可運用的外在資源

「我有把握，在網路上一定能找到教妳如何處理罵人和當眾批評別人的方法，妳可能會想看看上面的建議。」

假設我做了以上所有嘗試，並且想到一個我確定茉莉不會想到的解決方法，我可以告訴她嗎？

當她花了時間，更清楚自己的想法和感覺後，她就可以好好地聽取妳的想法，尤其是如果妳使用一種表示尊重她自主性的方式去表達：

「妳覺得帶影片去派對的這個主意如何，可以帶有新的喜劇演員的那一部？可能那些女孩就會忙著笑而無法竊竊私語。」

當我們的建議以「妳覺得如何……」或「妳要不要考慮……」做為開頭，就是先承認：我們認為這個意見很有道理，但是對孩子來說卻可能是沒有道理的。

但是假設我強烈認為茉莉應該去參加那個派對，我還是必須保持沉默嗎？

在孩子思索過自己的問題後，再聽到爸媽的想法或信念，對她是會有幫助的。

「一想到妳因為其他女生的行為而錯失參加派對的樂趣，我覺得很可惜。」

「我認為不應該在好朋友生日那天令她失望，即使妳必須有一些犧牲。」

孩子有權知道爸媽的價值觀，即使她的選擇與爸媽的價值觀不同，你也已幫助她去思考一些事情。

## 爸媽們的真實故事

在我們進行完討論自主性的課程後，爸媽們有很多經驗想要分享。

這禮拜，我和丹尼有兩個第一次，我讓他控制浴缸的水龍頭，這樣他就可以把水溫調到自己喜歡的溫度，另外，我讓他做自己的早餐。

＊　＊　＊

我總是幫瑞秋切好食物，因為我不放心讓她使用刀子。我最後幫她買了一把小的塑膠刀，現在她感覺自己長大了，因為可以自己切肉。

＊　＊　＊

當夏娜還小並且打翻東西時，我總是說：「噢，夏娜。」然後幫她擦乾淨。現在換艾莉莎（十五個月大），我把艾莉莎的杯子放在小桌子上，第一次她打翻的時候，我指指果汁後，示範用餐巾紙把桌子擦乾淨。現在，無論何時，只要她打翻東西，她會要餐巾紙並且願意自己把桌子擦乾淨。昨天，我把餐巾紙放在她可以拿得到的地方，她自己把桌子清乾淨後才叫我去看她的傑作！

＊　＊　＊

我幾乎無法忍受孩子用手指把食物推到叉子上、把手肘放在餐桌上吃飯、或是把牛仔褲當成餐巾來擦手，而且我也討厭必須不斷地挑剔他們。

昨晚，我把問題拋回給孩子們，他們想出的辦法為：一週有三次的「禮儀夜晚」，然後其他時間，他們可以照自己希望的方式吃東西，而我同意這個方法。（他們甚至建議一週一次，我們可以全部「回歸原始」，不使用餐具，用手吃每一樣食物，包括湯！但是這已經超過我可以忍受的範圍。）

＊ ＊ ＊

我跟兒子說：「離睡覺時間還有二十分鐘，你可以繼續著色，然後直接上床，或是現在去準備睡覺，然後有時間可以在床上玩玩具。」孩子馬上衝去穿上睡衣、刷牙和做好其他睡前準備工作。

＊ ＊ ＊

妮可一邊哭一邊試著扣衣服上的扣子，她過來找我並把扣子推到我的面前。我說：「這些小鈕扣不好扣，它們一定讓人很挫折。」

她又回去繼續嘗試，就在我準備要過去幫忙她的時候，她說：「妳看，我成功了！」然後大步地走了出去。

＊ ＊ ＊

我之前經常為了要穿什麼衣服而和我四歲的孩子爭吵不休。現在，放假日的時候，我就讓她自己決定想穿什麼；上學日時，我會將兩套衣服放在床上讓她選擇。

＊ ＊ ＊

我為自己感到非常驕傲，我總算不用每天再為了兒子要不要穿外套而和他爭吵。我告訴他：「山姆，我在想，與其每天由我來告訴你應該要穿什麼，不如讓你自己去做判斷。我們一起做一張圖表，把什麼天氣該穿什麼衣服列出來。」

我們畫了一張圖表：

21度C以上……………不需要毛衣

10度C到20度C…………需要毛衣

9度C以下……………厚外套

然後我買了一個大型的溫度計，掛在屋外的樹上。現在他每天早上都自己看溫度來判斷，而我們也不必再為這件事吵架了，我覺得自己實在是個天才。

＊　＊　＊

我沒有問華依他在營隊做了什麼，我讓他說他自己想說的事情，結果他說得滔滔不絕。

＊　＊　＊

茱蒂問我：「為什麼我們沒有去過任何一個度假勝地，像是百慕達或佛羅里達？」

我差點要回答她了，但是想起上課的內容就又忍住了，我改說：「為什麼我們不去呢？」

她圍繞著廚房踱步並說：「我知道，我知道……因為太貴了……沒關係，那至少我們可以去動物園嗎？」

＊　＊　＊

我必須習慣不要幫我兒子回答他自己的問題，而我想他也必須要習慣這種方式，上星期發生了一件事：

約翰：「告訴我原子彈怎麼做出來的。」

我：「這個問題很有趣。」

約翰：「告訴我。」

我：「我必須要想一想。」

約翰：「現在就想，然後告訴我。」

我：「我沒辦法，但是我們可以想想誰或什麼東西可以告訴我們答案。」

約翰：「我不想去圖書館查資料，你直接告訴我就好了。」

我：「約翰，我沒辦法自己回答這個問題。」

約翰：「那我去問爸爸，如果他不知道，我再問威廉（小學三年級學生）。但是這樣我會覺得生氣，一個三年級學生竟然比我的笨媽媽聰明。」

我：「這個家裡不可以出現辱罵他人的字眼！」

＊　＊　＊

凱文告訴我，他要跟鄰居銷售他在花園裡種的南瓜。我幾乎要阻止他了，因為那些南瓜只有超市南瓜的一半大，我也不希望他去打擾鄰居。但是看他那麼興奮，所以我就讓他去了，而且我不想「剝奪希望」。

一個小時後，他臉上帶著大大的笑容回來，他賺了七十五分美金，而且只剩一個南瓜沒有賣掉。他說葛林斯潘太太說他是一位「有進取心的年輕人」，還問我「那是什麼意思？」

傑森告訴我他想當警察、消防員、漁夫和太空人，我沒有立刻否定他。

＊　＊　＊

現在當孩子爭吵時，我愈來愈能讓自己置身事外了，我告訴他們我確定他們可以自己解決，而多數時候，他們的確可以。

＊　＊　＊

最後的這些分享，是在這次課程結束後才收到的：

至今，我的朋友們仍會談到我的獨立自主，我有五個兄弟姊妹，爸爸一星期要工作六至七天，根據他的零售業務而定。我是老二，因為生長在這種環境，我變得獨立又不依靠他人。如果我的媽媽不教我們獨立的話，她一個人不可能有辦法帶五個孩子。

然而，我對童年時期的感覺是矛盾的。一方面，我為自己不必像我的朋友一樣會害怕、要找爸媽處理很多問題，而感到驕傲；另一方面，如果我可以決定自己要不要依賴爸媽，和得到爸媽的協助的話，我也會想要有這種經驗。（小時候，我知道爸媽都會以沒有時間或其他理由拒絕我的請求……所以我不再問他們，凡事都靠自己。）

孩子總是渴望長大，但他們還是需要有當孩子的經驗以及慢慢長大的過程。我對媽媽有效率和有能力教會我們自己打理日常作息而感到驕傲，但我認為，也應該有一個選項是當我需要父母親時，能夠去尋求他們的協助。

柯克下課回家後需要完成很多事情，但是除非我一直盯著他，不然他一件事也不會去做，最後，我寫了一張字條給他：

＊　＊　＊

親愛的柯克：

爸爸和我很不開心，因為我們一直為了你沒有去做該做的事情而起爭執。

你需要多久時間，才能想出一個計畫去處理所有你必須自己做的事情？二十四小時夠嗎？還是需要更多時間？我們希望你可以在這個星期結束前，寫給我們一張書面計畫。這份計畫需要包括以下的事情：

- 一天運動三次手臂，每次十分鐘（他的手臂摔斷了，一直都沒有做醫生叮嚀他的運動。）
- 遛狗
- 回家功課
- 練習
- 休息和遊戲

愛你的媽媽留

＊　＊　＊

星期四晚上，他交給我們一張時間分配表，至今他幾乎都有按表操課。

保羅真的很擔心他的成績，在成績單寄到前，我們每天都會聽到他說這件事，例如他會說：「我的數學不會得到好成績……我看到我被記在老師的手冊上，我不應該看到的。」

某個傍晚，吃完晚餐後我說：「保羅，過來這裡，我們一起看你的成績單。」他走過來，因為焦慮，他的視線不斷四處游移，不過，他還是坐到我的大腿上。他說：「爸爸，你不會覺得滿意的。」

我：「那我們來看看，保羅，這是你的成績單，你滿意嗎？」

保羅：「等你看到數學就知道了。」

我：「現在，我不看數學。我們先從上面開始，嗯，閱讀得到一個甲。」

保羅：「對，閱讀還可以。」

我：「我還看到寫作也是甲，我知道你之前有很多寫作上的問題，所以你已經跟上進度了……然後我看到拼字是優！你本來也很擔心拼字的……這張成績單我看起來覺得很好……英文得到甲下。」

保羅：「我英文應該要更好的。」

我：「甲下還可以接受。」

保羅：「對，但是我應該要表現更好的。」

我：「嗯，現在是數學，我看到了，是丙。」

保羅：「我知道你會生氣！」

我：「所以數學是你遇到問題的科目。」

保羅：「對啊，以後數學我會拿到更好的成績。」

我：「你要怎麼做呢？」

保羅：「我會更努力。」

我：「怎麼做呢？」

保羅（很長的停頓）：「我會更認真唸書，而且我會做完所有的作業……然後，我會在學校完成練習。」

我：「聽起來你已經設定好目標了，我們拿一張紙把它們記下來。」

保羅拿了紙和筆，我們把所有科目列出來，並把各科成績寫在旁邊。他決定除了數學外，英文、社會和自然也是需要加強的。當他寫到數學時，他說下一次他要讓數學從丙進步到優。

我：「保羅，這是個很大幅度的進步，你認為自己可以做到嗎？」

保羅：「是的，我真的會在數學上面好好用功。」

在成績單最下方，有一欄家長意見和簽名，我寫上：「我已經和保羅討論過他的成績單，他決定要設定新的目標，他計畫要更用功學習，特別是在數學方面。」然後我簽名，也請保羅簽名。

設定的目標單就貼在他的房門上，讓他可以參考。三天後，他帶著一張評分為「優」的數學考卷回家！我簡直不敢相信，我說：「保羅，當你下定決心，沒有任何事情可以阻止得了你！」

* * *

我在一個非常嚴格的家庭中長大，從小，我總是被告知要做什麼，以及什麼時候做。不論何時，只要我問：「為什麼？」我的父親就會回：「我說的算。」很快的，我就學會不要發問。

當我自己有了兒子後，我很確定一件事，我不想用同樣的方式養育他。但是我不確定可以怎麼做，因此鼓勵自主的課程，對我非常有幫助。這裡有一些發生過的例子，可以讓你們明白我的意思。

當我成為單親父親後，我開始注意到一些我以前從來不會注意到的事。羅比總會不斷地吃餅乾，所以我把餅乾罐藏起來，每隔一段時間才會給他一片。上完最後一堂課的那天，我帶著一盒餅乾回家，並且把它放在桌上，我說：「羅比，我不會再做餅乾警察了，這個禮拜我只會買這盒餅乾。你可以自己決定要一次吃完，或者你想要這禮拜每天都可以有餅乾吃。看你要選擇哪一個。」這就是我全部所說的話。我不須再對他多說一個字，他最後決定是每天吃兩片餅乾，週末吃三片。

另外，我習慣每天晚上坐在他身旁，幫忙他寫功課，然後我們總是以吵架做結束。一天晚上，我到客廳並且開始看起報紙。羅比說：「爸爸，你什麼時候要來幫我？」

我說：「我有信心，只要你給自己時間，你就可以自己完成。」那天晚上，他要睡覺的時候，他說：「我自己完成了所有作業！爸爸，我愛你。」

隔天晚上，他說想要跟我討論一些事情，我問：「什麼事？」

他說：「從現在開始，我可以做自己的主人嗎？」

我說：「我覺得很好。」

稍晚我告訴他：「羅比，睡覺時間到囉，換好睡衣，一定要去刷牙。」

他回答：「爸爸，我知道。我現在是自己的主人了，你要記得喔！」

第五堂課

# 讚美孩子

若孩子是在一個重視和尊重他的優點的家庭中成長，那麼，與不是生長在這種家庭的孩子相比，自我感覺會較好、更願意面對生命的挑戰、而且更願意為自己設定較高的標準。

當孩子最好的一面受到肯定後，這些會陪伴他一輩子，未來，當孩子感到疑惑或沮喪，將可以幫助他度過難關。

# 第一部分

很久很久以前，有兩個七歲的小男生，分別是布魯斯和大衛，他們都各有一個非常愛他們的媽媽。

兩位男孩每天的一開始就不一樣，布魯斯早晨醒來後聽到的第一句話是：「布魯斯，起床了，不然你上學又會遲到！」

布魯斯起床，自己穿衣服，除了鞋子，然後吃早餐。他媽媽說：「你的鞋子呢？你想要光腳去上學嗎？……還有你穿的那是什麼！藍色毛衣和綠色上衣一點都不搭……老天，布魯斯，你對你的褲子做了什麼事？它已經破掉了，我希望你吃完早餐後去把褲子換掉。我的孩子不能穿著破褲子去上學……現在，要小心倒果汁，不要跟之前一樣灑出來！」

布魯斯倒果汁而且灑出來了。

媽媽被激怒了，她擦乾淨後說：「我真不知道該拿你怎麼辦。」

布魯斯喃喃自語。

媽媽問：「現在又怎麼了？你又開始喃喃自語。」

布魯斯安靜地吃完早餐，然後他換了褲子、穿上鞋子、裝好書包、然後準備出門。這時，媽媽大聲叫喊：「布魯斯，你忘記拿午餐了！如果你的頭不是和肩膀連在一起，我打賭你也會忘記帶出門。」

布魯斯拿了午餐，然後又要再次出門之時，媽媽提醒他：「在學校要乖乖的喔！」

大衛住在對面，他每天早上聽到的第一句話是：「大衛，七點了。你要現在起床還是要再多睡五分鐘？」大衛翻了個身，打呵欠說：「再五分鐘」。

稍後，他穿好衣服去吃早餐，除了他的鞋子。媽媽說：「嘿，你都穿好了，只剩下鞋子還沒穿！……噢！你褲子的接縫處破掉了，看起來可能會整側裂開。你比較想要站起來讓我把褲子縫好，還是換一件？」大衛想了一下說：「吃完早餐後，我會去換掉。」然後他坐下倒果汁，不小心灑出了一些。

「抹布在水槽。」媽媽一邊做他的午餐，一邊跟他說。大衛拿了抹布把果汁擦乾，大衛吃早餐的時候，他們聊了一下天。吃完早餐後，大衛換好褲子、穿上鞋子、裝好書包、然後準備出門，但是忘了他的午餐。

媽媽叫他：「大衛，你的午餐！」

他跑回來，拿了午餐並謝謝媽媽。當媽媽把午餐遞給大衛時，她說：「晚點見！」

布魯斯和大衛是同班同學，今天上課時，老師跟全班宣布：「孩子們，你們已經知道，下星期我們班有一場表演。現在我們需要一位自願者畫一張彩色的歡迎海報，貼在教室門口。我們還需要一位自願者在表演結束後，幫我們的來賓倒檸檬汁。最後，我們需要一個人去其他三年級的班級進行宣傳，邀請大家來看我們的演出，以及告訴他們時間、日期和地點。」

有些孩子馬上舉手；有些孩子猶豫了一下才舉手；有些孩子沒有舉手。

故事在這裡結束，這些是我們所知道的部分，之後發生了什麼事，只能用猜測的，不過這個故事確實值得我們去深思。現在，請給自己一點時間思考以下問題並回答：

1. 大衛會舉手自願為班級做事嗎？
2. 布魯斯會嗎？
3. 孩子如何看待自己，和他們願意接受挑戰或冒失敗風險之間的關聯是什麼？
4. 孩子如何看待自己，和他們為自己所設的目標之間的關聯為何？

現在，你已經探索過自己的想法了，接著我希望與你分享我的想法。就算有些孩子可以不理會在家裡受到的輕視與貶低，仍願意面對外在世界的挑戰，或者，就算有些孩子即使在家中被尊重地對待，仍然會懷疑自己的能力並迴避挑戰，不過理論上，若孩子是在一個會重視和尊重他的優點的家庭中成長，那麼這種孩子與不是生長在這種家庭的孩子相比，自我感覺會較好、更願意面對生命的挑戰、而且更願意為自己設定較高的標準。

納撒尼爾．布蘭登（Nathaniel Branden）在《自尊的心理學》（*The Psychology of Self-Esteem*）一書中提到：「沒有任何一種價值判斷和因素，會比一個人對他自己的評估來得更重要，且更能決定他的心理發展與動機……他對自我的評價，會深刻地影響他的思考歷程、情緒、欲望、價值和目標。而這就是影響其表現行為的最主要關鍵。」

如果一個孩子的自尊是如此重要，那身為爸媽的我們可以做什麼去提升他們的自尊呢？到目前為止，我們討論過的所有原則和技巧，都可以幫助孩子視自己為一個有價值的人，每次我們表現出尊重他的感覺；每次我們提供他機會去做選擇；或者給他機會去解決問題，他就會發展出自信和自尊。

我們還可以怎麼幫助孩子建立正向又實際的自我印象呢？「讚美孩子」看來就是答案之一，但是，「讚美」是一種很微妙的技巧，最出自於善意的讚美，有時卻反而會帶來意料之外的反應。

你可以想想自己的經驗是否如此。在下面的練習中，你會看到四種不同的假設情境，每一個情境都有一個人讚美你的描述。請閱讀每一種情境，並寫下你收到讚美後的反應。

## 練習

**情境一**

晚餐時，有位客人突然來訪，於是你加熱一罐雞湯，加入一些剩下的雞肉，並把湯淋在速食米上。

你的客人說：「你做的菜真好吃！」

你內心的反應：________

**情境二**

你剛換掉毛衣和牛仔褲，穿上新衣服，準備出席一場重要的會議。

一個熟人接近你，從頭到腳把你打量了一遍，然後說：「你總是穿得這麼漂亮。」

你內心的反應：

---

**情境三**

你報名了一堂成人教育的課程，一次熱鬧的課堂討論後（你有參與其中），有一個同學過來跟你說：「你的頭腦真是太聰明了。」

你內心的反應：

---

**情境四**

你才剛開始學打網球，不管你多努力練習，你的發球仍然沒有什麼進步，球通常不是沒發過界就是出界。今天，你和一個新搭擋打雙打，結果你第一次的發球就落在你希望球到達的地方。你的搭擋說：「哇，你的發球很完美。」

你內心的反應：

---

你可能已經發現了讚美所隱藏的問題，除了好的感覺以外，也會伴隨其他反應：

- 讚美會使你懷疑讚美者。（她認為我做的菜好吃，她不是在說謊就是不懂什麼是美味的食物。）

- 讚美會導致立即的否定。（總是穿得很漂亮！……你應該看看一小時前的我。）
- 讚美可以具威脅性。（那我在下次的會議中會看起來如何？）
- 讚美會強迫你注意自己的弱點。（聰明的頭腦？你在說笑嗎？我至今還不會計算一列加法。）
- 讚美會帶來焦慮並干擾活動。（我不可能再像剛才那樣打出好球了，現在我真的感到很不安。）
- 讚美也可能讓人感覺被操控。（這個人想要從我這裡得到什麼？）

我記得自己每次試著稱讚我的孩子時，意外感受到的挫敗感。

他們會拿著自己的畫作過來問我：「這張圖畫得好嗎？」

我會說：「真是漂亮的畫。」

他們會問：「那畫得好不好呢？」

我會說：「好不好？很漂亮呀……超棒的！」

他們會說：「你不喜歡這幅畫。」

我的讚美越是說得誇張，我得到的回饋就越少。我從來都不能理解孩子們為什麼有那樣的反應。

參加了吉諾特博士的幾堂課後，我開始明白為什麼我的孩子在我一稱讚他們之後，就馬上拒絕我的讚美。博士提到那些帶有評估性的字眼，例如「好、漂亮、超棒」，會使我的孩子感到不舒服，可能就跟你剛剛回答練習題時的感受一樣。因此，我學到了最重要的關鍵：

> **有效的讚美，須包含兩個部分：**
> 1. 大人必須帶著讚賞的態度，去描述自己看到或感覺到的東西。
> 2. 讓孩子在聽完讚美後，可以自己稱讚自己。

我想起第一次試著把理論應用到實際生活的情況，我四歲大的兒子從幼稚園下課回家，給我看一張用鉛筆畫的圖並且問我：「這張圖好嗎？」

我第一個反應是自動化的回答「很好」，然後我記起那兩個原則，所以告訴自己「不行，我必須描述」。我想了一下，要怎麼描述圖畫呢？

我說：「嗯，我看到你畫了圓圈、圓圈、圓圈……閃電、閃電、閃電……點點、點點、點點、點點、點點、和斜線、斜線！」

「對！」他熱情地點頭。

我說：「你怎麼會想到要畫這些？」

他想了一會兒說：「因為我是一位藝術家。」

我心想，這是一個顯著的進步，大人描述了所看到的東西，而孩子也能夠自我稱讚。

接下來，你會看到更多如何讓描述性讚美發揮作用的範例。

# 描述性的語言

✕ 與其評價孩子　　　○ 不如描述你看到或感覺到的事情

妳整理了房間，真是一個好孩子！
我沒那麼好，我有把一些玩具塞到床底下。
我看到這裡有了很大的改變，所有的積木都放回櫃子上；每一捲錄音帶也都被放回自己的盒子；而且地上的彈珠也都被撿起來了。
走進這個房間讓人心情愉悅。
我想做的時候，我真的知道該如何整理。
妳織給我的圍巾很漂亮！非常非常好。
他真的喜歡這條圍巾嗎？
哇，瞧瞧這個鮮豔的顏色和寬寬的條紋間距，織得很平均！
而且這條圍巾夠寬，很冷的時候，真的會很保暖。
他喜歡！
這首詩真美，你寫得很好。
她真的這麼認為嗎？
我被你這首跟老鷹有關的詩給感動了。
我特別喜歡「巨型翅膀拍打」這一行。
我可以寫出好詩，明天我要再寫一首。

起初，我的確對這種新形式的讚美法抱持著半信半疑的態度，即使有一次成功的經驗，但想到要把讚美改成描述性的話語，這想法仍一直困擾著我。為什麼我必須放棄使用「太好了、太奇妙了、太棒了」呢？我很自然地就可以講出這些辭彙，現在卻要改用另一種形式來表達我的熱情，似乎不是一件容易的事。

不過，我還是盡可能地嘗試，過了一段時間後，我注意到孩子真的開始會自我稱讚，例如：

我：「你發現三罐一起賣的特價玉米罐頭，其實比沒有特價的還要貴，真是太令我佩服了！」（而不是說「吉爾，你太棒了！」）

吉爾（露齒而笑）：「我變聰明了。」

* * *

我：「維琪奧太太打來的電話留言很複雜，但是你卻寫得這麼清楚，我完全知道為什麼會議要延期，我要打電話給誰，還有我必須跟他們說什麼。」（而不是說「安迪，你做得很好。」）

安迪：「對啊，我是值得依賴的孩子。」

孩子變得更明白和重視自己的優點，這是毫無疑問的結果。光憑這一點，就能激勵我繼續努力下去。讚美這件事的確需要努力學習，因為只說「太棒了」，絕對比真的去看、去體驗以及詳細描述要來得輕鬆許多。

進行下一個練習時，你們將有機會練習使用描述性讚美。當你閱讀每個情境時，花一點時間，明確想像一下你的孩子做了什麼樣的舉動，然後仔細描述你所看到或感覺到的部分。

## 練習

**情境一**

年紀還小的孩子，剛剛做到第一次自己把衣服穿好，她站在你面前，希望你會注意到。

無效的讚美：

仔細描述出你所看到或感覺到的部分來讚美她：

孩子可能會對自己說什麼？

**情境二**

你被邀請去學校看孩子的表演。孩子扮演的角色是國王、皇后或巫婆（請挑選一個）。表演結束後，孩子跑向你並詢問：「我表演得好嗎？」

無效的讚美：

仔細描述出你所看到或感覺到的部分來讚美孩子：

孩子可能會對自己說什麼？

**情境三**

你注意到孩子的學業成績有了一些進步，他寫作文開始有分段落了；他會反覆研讀單字直到記住；他上一篇報告有提前一天完成。

無效的讚美：

仔細描述出你所看到或感覺到的部分來讚美孩子：

孩子可能會對自己說什麼？

## 情境四

妳已經生病臥床幾天了，孩子畫了一張早日康復的卡片給妳，上面有氣球和愛心的裝飾，她把卡片交給妳，然後等妳回應。

無效的讚美：

仔細描述出妳所看到或感覺到的部分來讚美她：

孩子可能會對自己說什麼？

做完這個練習後，你現在或許更能明白，當孩子體驗到評價式的讚美時，會有什麼樣的感覺：

「妳是一個乖女孩。」

「你是一個很棒的演員。」

「你終於變成一個優秀的學生了。」

「妳真是體貼。」

而且，你或許也更能清楚理解，當孩子聽見描述自己成就的讚美時，他們會有什麼感覺：

「我看到你自己穿衣服，而且正反面沒有穿錯，也拉上了褲子的拉鍊，穿上成對的襪子，而且還扣上自己的鞋子。你完成了好多不同的事情！」

「妳像是一個高貴的皇后！妳站得好高又好挺，而且當妳講台詞的時候，妳的聲音很宏亮，充滿了整個禮堂。」

「這一陣子，你似乎在學業上費了不少工夫，我注意到你的作文有分段落了，你的報告還提前一天完成，而且還自己想出一個方法去背記單字。」

「我喜歡這些黃色氣球和紅色愛心，它們讓我好開心，只是看著它們，我就感覺好多了。」

另外一種讚美方式也會使用到描述法，那是在描述的句子裡再加入簡短的詞彙，去總結孩子值得被讚美的行為。（參考左頁漫畫）

## 用一個簡單詞彙做總結

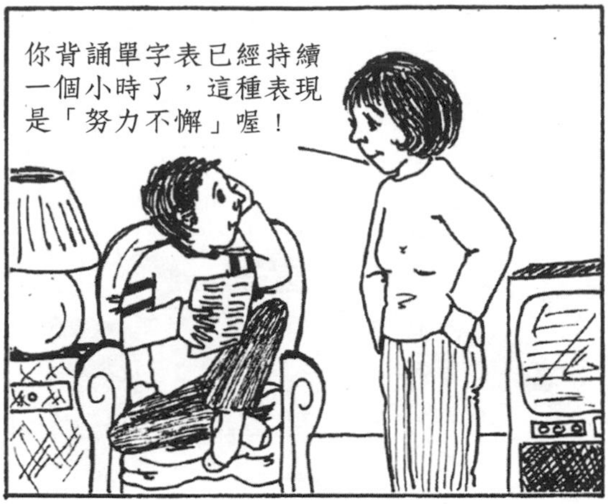
你背誦單字表已經持續
一個小時了，這種表現
是「努力不懈」喔！

你說你會五點回到家，現在剛
好五點，真的很「守時」！
妳注意到盆栽沒水了，
並且幫它們
澆水，這就
是「主動」。

## 請在圖中空格處填上一個簡單的詞彙

1.

即使妳很愛這個口味的蛋糕，但妳只吃了一小片，這麼做真的需要
＿＿＿＿＿＿＿呢！

2.

你已經準備好去聽演唱會了，但是當它被取消，你馬上就想出其他計畫，這就是
＿＿＿＿＿＿＿。

3.

即使其他孩子嘲弄妳的朋友，妳還是站在他那邊，這就是
＿＿＿＿＿＿＿。

右頁練習題可能可以填入的答案有：

圖1「決心」或「意志」或「自我控制」。

圖2「靈活的」或「足智多謀」或「可變通的」。

圖3「友情」或「忠誠」或「勇氣」。

這些不是絕對的答案，並且必須再次強調，沒有正確或錯誤的答案。重點是找出一個詞彙，去告訴孩子他的一些優點，很可能是他以前不知道的自己，來提供他對自己產生新印象。

我很喜歡這種讚美方式是因為它如此「可行」。只要你真的去看、去聽和去注意，然後大聲說出你所看到和感覺到的事情就好。

我們不禁想問，為何這麼簡單的過程卻可以產生如此深刻的影響。從我們每天的短短描述中，孩子會認知到自己擁有什麼長處：一個孩子發現他可以把雜亂的空間整理成整齊又乾淨的房間；他可以吸引聽眾的注意力；他可以寫出動人的詩篇；他是個守時、有決心、主動和機智的人。所有描述都會存入他的情感系統中，而且不會消失；你今天說他是「乖孩子」，但只要你隔天稱他為「壞孩子」就全抵銷了。然而，你絕對無法抹滅的是他的這些經驗：送妳卡片使妳開心，或者他堅持完成自己的工作，即使他已經很累。

當孩子最好的一面受到肯定後，這些會陪伴他一輩子，未來，當孩子感到疑惑或沮喪，這些讚許將可以幫助他度過難關。過去，他做過了某些讓自己感到驕傲的事情，只要他內心記得這份肯定，就會有信心再次接受挑戰。

## 作業

1. 我的孩子令我喜歡的一個特質為：

2. 孩子最近做的某些事，我覺得很讚賞，但還沒有對孩子提起過的：

3. 我可以說什麼來表示我對孩子的讚賞？使用描述性讚美：

4. 繼續閱讀第二部分

重・點・整・理

## 讚美與自尊

**與其給予評價**

例如「很好」、「很棒！」、「太棒了！」等等

**不如這樣做**

1. 描述你看到什麼

「我看到一片乾淨的地板、平整的床鋪、還有書都整齊地排在書架上。」

2. 描述你感覺到什麼

「走進這個房間就覺得很愉悅！」

3. 用一個詞彙總結孩子值得被讚美的行為

「你把自己的樂高、汽車、和農場動物分類，還把它們放入不同的箱子，這就是『有條不紊』！」

# 第二部分

## 注意事項、問與答、爸媽們的故事分享

我們注意到課程裡的爸媽們，常會興奮地告訴我們一個又一個關於他們孩子的某些表現：

「丹尼這三天以來，都自己設鬧鐘然後早上自己起床，我好高興不需要再叫他起床了。」

「最近麗莎如果知道她會比較晚回家，都會先打電話通知，我無法形容這對我來說有多麼重大的意義！」

但是當我們問起，孩子們是否知道爸媽對他們的讚賞，爸媽通常都露出一臉茫然。

讚美好的行為似乎不是那麼容易的一件事，我們通常都比較快把批評說出口，讚美則比較慢一些，身為爸媽，我們有責任翻轉這個順序。孩子的自尊實在是太珍貴了，爸媽不應該抱著僥倖的心態，或產生委託給陌生人去培養的想法，因為你可能也注意到了，外面的世界並不會給人太多讚美。上一次有人對你說：「謝謝你只停一個停車格，讓我的車子有空間可以停」是什麼時候？我們努力展現出與他人合作的態度是理所當然的，但是只要一次失誤，指責便會立刻降臨。

讓我們把家裡變得不一樣。我們必須明白，除了食物、住處、和衣物，我們對孩子還必須善盡另一項義務，就是要肯定他們所做的「正確的事」。整個世界都會大聲而且時常告訴他們哪裡做得不對，因此，我們的職責是要讓孩子知道自己什麼地方做對了。

## 關於讚美的注意事項

### 1. 確認你的讚美說法是適合孩子的年齡和能力程度

當一個小小孩聽到妳開心地說：「我看到你每天都有自己刷牙。」他會因為自己的成就而替自己感到驕傲。但是若妳對一個青少年表達這樣的讚美，他可能會感到被羞辱。

### 2. 讚美必須避免帶有過去弱點或失敗的暗示

「很好，妳總算把這首音樂彈奏出它該有的曲調！」

「妳今天看起來很不錯，妳對自己做了什麼呢？」

「我從來沒想過你可以修過這門課，但是你做到了！」

我們絕對有辦法改變讚美的措詞，讓讚美只聚焦在孩子目前的優點上面：

「我真的很喜歡妳彈奏這首樂曲的方式，一直維持著強烈的節奏感。」

「只要看著妳就覺得心情很好。」

「我知道你為了修過這門課非常努力！」

### 3. 過度的熱情可能會妨礙孩子實現自己的夢想

有時候，爸媽對孩子的表現持續流露出興奮或強烈的高昂情緒，孩子可能會覺得是一種壓力。一個小朋友每天聽到「妳真是個有天份的鋼琴家！妳應該要在國家音樂廳表演的」，她自己可能會想「他們對我的期望遠超過我對自己的期望」。

### 4. 當你描述了孩子所做的一些行為讓你很讚賞時，要有心理準備這些行為會一再重複出現

如果你不希望他再多吹五次哨子，那就不要說：「你很擅長用這個哨子吹出很大的聲音！」如果你不希望她爬到攀爬架的頂點，就不要告訴她：「妳真的很懂得攀爬的技巧喔！」毫無疑問的，讚美會引來孩子不斷且重複的努力，這是一種強而有力的工具，要選擇性地使用。

## 常見問題

### 1. 我試著學習不同的讚美法，但有時候還是會忘記，於是「很好」或「太棒了」就脫口而出了，我該怎麼做才好呢？

要允許自己最初的反應，如果你真的感到很興奮並發現自己大聲說出「太好了」，孩子會聽出你聲音中的熱情，並且也會認為你表達了自己的感覺。不過，你可以在最初的反應後，加入描述性的語言，讓孩子知道你讚賞的程度：「工作一整天後，我回到家覺得好累，可是發現整個院子已經被掃乾淨，所有的樹葉都被裝進垃圾袋並放在家門前，我真是個幸福的父親！」

加入一點特別的描述，你馬上就提升了「太好了！」的意義。

**2. 當孩子最後總算做了長久以來他應該要做的事情，該如何讚美他呢？**

我們全家一起出遊時，我的大兒子經常做些令人不愉快的事，導致全家人都不開心。上個禮拜他表現得非常好，我不希望跟他說「很好」或「總算表現得像個人了」，但是我真心希望給他一些肯定，我該怎麼做才不會讓他產生不好的感覺呢？

對孩子描述你自己的感受，這是一個安全的做法，你可以跟他說：「我特別喜歡我們今天的旅行。」他會知道原因。

**3. 可以對孩子說「我真為你感到驕傲」嗎？**

假設你花了一星期努力準備一個困難且重要的考試，收到成績時，你發現自己不只是通過考試，而且還考得非常好。

你打電話告訴朋友這個好消息，她說：「我真為你感到驕傲！」你的反應如何呢？我們推測你或許會有點覺得，重點似乎從你的成就轉移到她的驕傲了。你可能會比較希望聽到：「真是了不起的成就，你一定為自己感到驕傲！」

**4. 上星期我的兒子贏得一面游泳獎牌，我跟他說：「我並不驚訝，我一直都知道你可以做到。」他用奇怪的眼神望著我，但我認為自己是在增加他的自信。我是否做錯了什麼？**

當爸媽說：「我一直都知道你可以做到」，聽來像是爸媽在褒獎自己的無所不知，勝過於肯定孩子的成就，孩子可能甚至會想：「為什麼爸爸知道我會贏，我自己都不知道。」

對孩子來說，聽到自己的成就被描述出來是更有幫助的：「這面獎牌象徵你好幾個月來的認真練習和巨大的決心！」

### 5. 我的兒子從我這裡得到大量的讚美，但是他仍然害怕失敗。如果某件他試圖要做的事情沒有成功，他就會崩潰。我可以對此做些什麼呢？

你有好幾種方法可以幫助他：

- 當他生氣時，不要小看他的苦惱，例如說「沒有什麼事值得生氣」，相反的，要說出你認為他可能會有的感覺。「這麼努力執行一項計畫，但是結果卻不如預期，真的是會讓人感到很挫折！」當孩子的挫敗被人理解後，內心也會逐漸放鬆。
- 爸媽若能接受孩子的錯誤，並將錯誤視為學習歷程的一部分，這對孩子是會有幫助的。甚至你可以點出錯誤也是一種發現，能讓我們知道一些以前從來不知道的事：「你發現一顆半熟的水煮蛋只要放進熱水中就會變熟。」
- 爸媽若能接受自己的錯誤也會很有幫助。倘若爸媽自我責怪，例如「我又忘了帶鑰匙，我到底是怎麼了？這件事實在是很愚蠢！我怎麼會這麼笨？我永遠都學不會」，孩子就會認為當他犯錯時，這是對待自己的一種適當方式。

相反的，讓我們提供孩子一種更人性化、以解決問題為重點的榜樣。當我們犯了某些失誤，讓我們抓住機會，大聲地對自己說：「噢，我希望我沒有忘記帶鑰匙……這是第二次了……我可以做什麼來確保不會再次發生呢？……我想到了，我會準備另一把鑰匙，然後放在一個隱密的地方。」

爸媽藉由善待自己，也教會孩子如何善待自己。

## 當爸媽讚美孩子

某一次的討論中，多位爸媽一致認為把孩子的好行為視為理所當然是一件容易的事，但是要說出適當的讚美，卻需要一番努力。他們決定要求自己，必須隨時注意孩子的良好行為表現，並給予讚美，而不只是讓機會一再溜走。一位媽媽整理出一些事項，是令她很讚賞卻從來沒有對她的五歲兒子提起過的事情：

這個禮拜，保羅學會了「蒸發」這個單字及其概念。

他溫柔地與七個月大的嬰兒玩耍。

在我說我需要一個人安靜一下之後，他乖乖地配合了。

他用文字表達出他的憤怒。

另一位母親告訴我們：

昨天約書亞（三歲九個月）在我們正要出門的時候，請我唸一篇故事給他聽。當我告訴他，我沒有時間可以唸，因為我們要出門了，他說：「我不是指在出門之前唸，我是說等我們回家之後唸。」

我跟他說：「約書亞，你能夠分辨『之前』和『之後』的不同呀！」

約書亞自豪地回應：「沒錯！」然後他想了一下，說：「我還知道我什麼時候可以吃餅乾。吃晚餐之前！」

這裡有來自一位父親的另一個例子，他決定要開始讚美自己七歲大的女兒的優點。某一個早上，他告訴她：

「我看到一個女孩早上可以自己起床、吃早餐、刷牙洗臉、換衣服、然後做好上學的準備。這就是獨立喔！」

幾天之後，當她在刷牙的時候，她叫父親過來並且指著自己的嘴巴說：「這就是乾淨的牙齒！」

多位爸媽也開始注意到，經常讚美孩子，似乎會引發孩子想要比以前更配合和更努力，以下是他們的經驗：

某個星期日早上，我先生和我希望可以睡晚一點，而兩個孩子沒有像以往一樣進來喚醒我們。當我醒來後，我去找他們並說：「布芮（六歲），不能進入媽咪和爸爸的房間，對妳來說一定很困難，看起來需要很強的意志力！」

布芮跟我說：「我知道什麼是意志力！就是說當妳想要叫醒自己的媽咪和爸爸，但是妳卻知道這是不可以的，所以妳沒有這麼做。現在我要去做早餐囉！」

而她真的去做了。

＊　＊　＊

麥克叫我，並且向我展示他把床鋪好了，這是他第一次自己鋪床，他興奮地跳上跳下，我不忍心告訴他床單沒有拉到枕頭處，或是其中一邊的床單拖到地上而另一邊卻太短了。我只說：「哇，你幾乎用床單覆蓋了整張床！」

第二天早上，他又展示鋪好的床給我看，他說：「你看，我也有把床單拉到枕頭，而且兩邊都一樣平均！」

這讓我覺得很驚奇，我總是認為要讓孩子進步，你必須指出他們什麼地方做錯了，但是我只告訴麥克他做對了什麼，他似乎就可以自己調整和改善。

＊　＊　＊

漢斯從來都不主動做任何家事，這一點一直困擾著我，他九歲的時候，我覺得應該要讓他負起更多責任。

星期二晚上，我請他把餐具擺好，通常他需要我不斷督促才會去做，但是這次他在沒有任何提醒下就完成了。我在漢斯可以聽見的範圍內跟我先生說：「法蘭克，你看到漢斯做了什麼嗎？他把桌子都擺好了，盤子、沙拉碗、餐巾紙、刀叉湯匙，而且他甚至記得你的啤酒！他真的非常盡責。」當下漢斯沒有任何回應。

稍晚，當我要帶小兒子先上樓睡覺時，我要漢斯十五分鐘後也上床睡覺，他說：「好。」

十五分鐘後，他自己上來然後在床上躺好，我說：「我希望你十五分鐘後上床躺好，你真的做到了！這就是遵守承諾的表現。」漢斯笑了。

隔天，漢斯在晚餐前走進廚房說：「媽，我要來擺餐具了。」

我嚇呆了，我說：「媽媽還沒叫你，你就開口說要幫忙了，我真的很感動！」

自從那時起，我就不斷注意到漢斯一點一點的改變。某一個早上，無人要求之下他自己把床鋪好；另一個早上，他在吃早餐前就換好衣服。我愈是去留意他的優點，他似乎就愈容易表現得更好。

* * *

我已經習慣運用獎賞制度，不管什麼時候，只要我擔心梅莉莎可能不會有好表現，我就會說：「如果妳表現好，我就會買冰淇淋或一個新玩具或其他東西給妳。」梅莉莎那一次就會有好表現，但是下次，我又必須承諾會買另一個獎品給她才行。

最近我不再說：「如果妳表現好，我就會……」相反的，我是說：「梅莉莎，如果妳……就是幫我的忙。」當她真的完成某件有助於我的事，我就會試著描述給她聽。

例如：上星期我告訴她，如果她能好好招待爺爺奶奶，就是幫了我的大忙。當他們星期天來的時候，她與他們相處得棒極了。當他們離開後，我跟她說：「梅莉莎，妳讓爺爺奶奶感到很開心，妳講笑話給他們聽、分享妳的萬聖節糖果、而且還給他們看妳的口香糖包裝收藏，妳真的是個好主人喔！」梅莉莎只是因高興而臉紅。

用舊的方式，她感覺開心只是因為得到一個獎品；用新的方式，她感覺開心是因為覺得自己的表現有受到重視。

在孩子沒有表現特別好的時候，我們所給予的讚美，往往可以幫助孩子度過辛苦的過程。接下來兩個範例，你會看到爸媽如何在這種情況下讚美孩子。

去年（三年級）麗莎的字跡糟透了，老師有跟我提及此事。當時我感覺就像是自己被批評一樣，我開始每天晚上對麗莎指出她的作業寫得如何潦草、她的字跡是怎樣的不好看。

幾個月後，麗莎寫了一張紙條給老師，說她非常喜歡老師，紙條上並沒有署名。我告訴麗莎她忘記署名的時候，她說：「這麼不好看的字跡，老師會知道這是我寫的。」

我的心一沉！孩子會這麼就事論事地說一件事，是因為她已經接受自己的字跡醜陋，而且不管做什麼都不會改變。

讀過妳們的書之後，我開始從頭來過。每天晚上，麗莎讓我檢查作業時，我不但不批評，反而會找出一行字跡工整的句子、或者是一個字、或至少是一個字母，然後讚美她。幾個月來沒有批評，加上一點讚美，她的字跡就有了長足的進步！

＊　＊　＊

這一天我很開心學到了一個新技巧，我正開車回家，車上載著我的兩個孩子，分別是六歲和九歲。六歲的珍妮佛打開一個裝滿爆米花的大塑膠碗，結果當然是爆米花灑滿了車子。我的腦海中閃過各種反應：「妳這個貪吃的孩子……就不能等我們到家後再吃嗎？看看妳做了什麼！」

但是，我只是就事論事地描述這個問題，我說：「車子裡灑滿了爆米花，需要一個吸塵器來清理。」

當我們回到家，珍妮佛立刻進我房間要拿吸塵器出來清理車子，但是事情並沒有這樣就結束。當珍妮佛拿吸塵器出來的時候，她撞到一盆盆栽，所以我的房間到處都是泥土，這已經遠超過一個六歲孩子可以處理的能力範圍了，她完全承受不了，開始歇斯底里地哭泣。

有一下子，我不知道該怎麼做，然後我試著去反映她的感覺：「實在是發生太多事了！……好挫折啊！」等等，她最後總算冷靜到可以去清理車子，但是要清理我的房間對她來說還是太困難了。

她把車子清乾淨後，叫我去看，我沒有只是給予評價，我觀察她的成果後說：「之前車子裡面到處都是爆米花，現在我一個都沒有看到。」

她對自己的表現感到很滿意，她說：「現在我要去清理妳的房間。」

我說：「喔，好啊！」然後開心地跟她一起走進屋內。

一些爸媽發現即使是在最不可能使用讚美的情況下，例如當孩子做了一些不該做的事情，他們仍可以讚美孩子。他們提醒孩子回想過去被讚美的行為來激勵孩子，取代責備，這裡有一位母親的分享：

當凱倫告訴我她把地鐵月票弄丟了，還有她想應該是從她的口袋中掉出去，我第一個衝動是想大罵她的粗心。但是她看起來很難過，所以我說：「凱倫，我們換個角度想，妳在之前的三個半學期中都有保管好月票，這可是相當長的一段時間呢，妳已經很有責任感了！」

凱倫說：「我知道，我不會再讓這種情形發生，等我拿到新的地鐵票，我會把它放在皮夾中。」

描述性讚美的另一個好處，是能讓一些孩子產生勇氣，以下的例子可以說明：

克里絲汀八歲，從我有印象開始，她就一直怕黑。在我們帶她睡覺之後，她會起來十幾次，上廁所、喝水、或者只是起來確定我們在那裡。

上星期，她的成績單寄到家了，內容都是讚美，她一整天都開心地看著那張成績單，而且還自己一遍又一遍的閱讀上面內容。睡覺之前，她唸了一段成績單上的評語給我聽：「一個負責任的女孩、和他人有良好的合作、可以遵守規範、會尊重他人、雖然只有三年級，但已經可以閱讀四年級程度的書籍、她不會再害怕不存在的東西！好了，我要睡覺了。」

那天晚上，她上床後就沒有再一直爬起來，我一直到隔天早上才看到她。

我非常期待教學觀摩日的來臨，我等不及想要告訴老師，他所寫的那些文字對一個小女孩來說有多麼重大的意義。

＊　＊　＊

布萊恩九歲，他很害羞又缺乏自信，最近我傾聽了許多他的感覺，試著不像以前總是給他建議，而是用很多讚美去取代。兩天前，我們之間的對話如下：

布萊恩：「媽，我在學校碰到一個問題，和我的老師有關。她總是會挑我的毛病，還會在全班面前談論關於我的事情。」

媽媽：「噢？」

布萊恩：「對，我剪完頭髮以後，她對全班說：『大家看，我們班來了一位新同學。』」

媽媽：「嗯……」

布萊恩：「然後有一次我穿格紋長褲去上學，她說：『嘿，是時髦褲子先生。』」

媽媽（忍不住回應）：「你覺得應該要跟她談一談嗎？」

布萊恩：「我有啊，我問她：『為什麼妳好像總是喜歡找我麻煩？』」她說：『你再說一次這種話，我就帶你去校長室。』媽咪，我覺得好難過，我可以怎麼做？如果我去告訴校長，老師一定會知道的。」

媽媽：「嗯……」

布萊恩：「好吧，或許我只要忍耐，這學期只剩下三十天了。」

媽媽：「沒錯。」

布萊恩：「不行！我就是沒辦法再忍耐了，我想妳最好跟我一起去學校處理這件事。」

媽媽：「布萊恩，我想你已經成熟到可以處理這種情況了，我對你很有信心。你可以做出正確的事情。」（親吻並擁抱）

隔天。

布萊恩：「媽咪，我感覺好棒，妳知道嗎？我去找校長，然後他說我有勇氣去找他，他很高興我這麼堅強，而且很開心我會想到跟他分享這個問題，而這就是學校要有校長的原因！」

媽媽：「你自己處理了這麼棘手的狀況！」

布萊恩（看起來非常自滿）：「對！」

最後是一個教練使用描述性讚美去激勵一個少年足球隊的例子。每一場比賽後，隊上每個成員（年齡介於九至十歲）都會收到一封來自教練的信，這裡摘錄了其中三封：

親愛的戰斧隊員們：

星期天的比賽，你們是不折不扣的發電廠，進攻的時候，我們踢進了六球，是今年踢進最多的一場比賽。防守的時候，我們整場比賽都讓對方的球無法過界，當他們總算踢進一球，也已經無法改變比賽的結果了。

下次的練習是星期六早上十點至十一點十五分，威力茲球場，到時候見。

戈登教練
九月十六日

親愛的戰斧隊員們：

真是一場精采的比賽！真是一場精采的比賽！

不僅我們的「橘色粉碎」戰略封殺了聯盟中最會得分的其中一個隊伍，而且你們還守住對方的得分，不讓他們繼續進球。我們的進攻很平均，有五位球員得分。更重要的是，很多得分都是因為傳球傳得好，以及各個位置都有好好表現的結果。這場勝利真的是全隊的勝利，每位球員都有重大的貢獻。

我們仍然是處於第二名的位置，落後彭卡隊一分，還剩下兩場比賽。然而，不論最後結果如何，你們應該對自己這個球季的比賽表現感到驕傲！

練習照常在星期六早上十點至十一點十五分進行，威力茲球場見！

戈登教練

十月二十三日

親愛的冠軍們：

這禮拜的比賽是我看過最精彩的一場賽事！這一年當中，戰斧隊展現了良好的進攻和防守的能力。這個週末，你們表現出堅強的意志和戰鬥的精神，即使時間已經所剩無幾，也從來沒有放棄，所以你們贏得了如此令人興奮的勝利，這個冠軍頭銜對你們來說是實至名歸的！

恭喜所有隊員！你們每一位都是冠軍。

戈登教練

十一月十八日

## 第六堂課

# 解放被定型的孩子

爸媽看待孩子的方式，不但會影響他對自己的看法，也會影響到他的行為。如果一個孩子因為某種理由已被定型為一種角色，難道表示他一輩子都是這樣了嗎？

六種技巧讓所有爸媽用來幫助孩子，從被定型的角色中獲得自由。

# 第一部分

我記得當我的兒子大衛出生那時，過了五秒，他還是沒有自己呼吸，我非常害怕。護士拍打他的背部，沒有反應，當下氣氛是極度緊張，護士說：「他是個固執的孩子，」而大衛還是沒有反應。過了一會兒，他總算哭出新生兒尖銳的聲音，當下我的心情無法言喻。那天後來我發現自己一直在想：「他真的固執嗎？」但當我把大衛從醫院帶回家時，我已經不把護士的評語放在心上了，那真是一個荒謬女人的可笑想法。竟給一個出生不到半分鐘的嬰兒貼上標籤！

然而，接下來幾年內，當我不管如何拍或搖大衛都無法讓他停止哭泣、當他不肯嘗試新食物、當他拒絕午睡、當他遲疑是否要上去娃娃車、當他天氣寒冷卻不願意穿毛衣，那些時候都不禁會令我想起：「她是對的，他很固執。」

所有我修過的心理學課程皆警告心理暗示的危險性，我應該很清楚，如果把一個孩子貼上學習緩慢的標籤，他就會認為自己是個緩慢的學習者；如果認為一個孩子是調皮的，他很有可能就會讓你看到他可以多調皮。應該要不惜一切代價去避免對孩子貼標籤，我完全同意，但我就是無法阻止自己去想大衛是個「固執的孩子」。

唯一讓我感到安慰的，是我知道並不只有我是如此，我常聽到爸媽們說：

「我家老大是個問題孩子；老么很會逗人開心。」

「巴比天生就是個惡霸。」

「比利是個容易受影響的孩子，任何人都可以占他便宜。」

「麥克是家裡的律師，每件事情他都有答案。」

「我不知道還可以餵茱莉吃什麼，她是個挑食的孩子。」

「買任何東西給瑞奇都是浪費錢，他會摧毀所有在他手上的物品，這個孩子只知道破壞。」

我常常會猜想這些孩子是如何開始被貼上標籤的呢？現在，多年來聽了許多家庭所發生的故事，我明白孩子被設定為某個角色都源於不經意發生的事情。例如：

某個早上，瑪莉對哥哥說：「給我我的眼鏡。」

哥哥回她：「自己去拿，不要這麼霸道。」

稍後她告訴媽媽：「幫我梳頭髮，要確定有把頭髮梳開喔！」媽媽：「瑪莉，妳又這麼霸道了。」

後來，她跟爸爸說：「現在不准說話，我在看電視。」爸爸：「聽起來妳像個大老闆一樣！」

然後，一點一點累積起來，被貼上標籤的孩子開始扮演她的角色，畢竟，如果每個人都說瑪莉霸道，那她就必須表現出這種行為。

你可能在想：「是否可以心裡認為孩子很霸道，但不這麼說她呢？」這是一個很重要的問題，爸媽心裡對孩子的想法，有沒有可能會影響到孩子對自己的看法呢？為了要更明白這兩者之間的關係，讓我們來做個實驗。當你讀到下面三個場景時，想像你是場景中的孩子。

## 場景一

你大概是八歲左右，某個傍晚你走進客廳，看到爸媽正在拼一幅巨大的拼圖，你馬上問他們可不可以一起玩。

媽媽說：「你功課做完了嗎？內容都能理解嗎？」

你說：「做完了。」然後又問了一次是否可以一起玩拼圖。

媽媽說：「你確定了解所有功課了嗎？」

爸爸說：「晚一點我再陪你一起把數學作業檢查一遍。」

你再次詢問拼圖的事。

爸爸說：「仔細看我和媽媽是如何拼拼圖的，然後我們再看看可不可以讓你拼一片。」

當你要放進一片拼圖的時候，媽媽說：「親愛的，不是那塊，難道你沒有注意到那片有一邊是平的嗎？你怎麼可能把一邊是平的拼圖放入中間！」她重重地嘆了一口氣。

你的爸媽是如何看待你的？

他們對你的看法讓你感覺如何？

## 場景二

相同的場景，你進入客廳，發現爸媽們正在拼拼圖，你要求要加入他們。

媽媽說：「你沒有其他事可以做嗎？為什麼不去看電視？」

你突然看到一片拼圖是完成圖中的煙囪，你伸手去拿。

媽媽說：「小心！你會毀了我們的成果。」

爸爸說：「我們難道不能有一段平靜的時光嗎？」

你說：「拜託，只要讓我拼這片就好！」

爸爸說：「你不肯放棄，是吧？」

媽媽說：「好吧，就一片！」她看向爸爸，搖了搖頭並翻了個白眼。

你的爸媽是如何看待你的？

他們對你的看法讓你感覺如何？

## 場景三

相同場景，你看到爸媽在拼拼圖後，你走近一點去看。

你問：「我可以幫忙嗎？」

媽媽點頭並說：「當然可以，如果你想。」

爸爸說：「搬張椅子過來。」

你看到一片拼圖，你非常確定那是雲的一部分，所以把它拼入一個空格，但是並不是那片。

媽媽說：「你幾乎找到了！」

爸爸說：「有一邊是平的拼圖通常是在四邊。」

你的爸媽繼續拼拼圖，你仔細觀察了這個圖片一段時間，最後，你找到適合自己手上這片拼圖的空格。

你說：「你們看，我找到了！」

媽媽微笑。

爸爸說：「你真的有堅持到底喔！」

你的爸媽是如何看待你的？

他們對你的看法讓你感覺如何？

對於你是多麼容易獲得爸媽如何看待自己的訊息，有沒有感到很驚訝？有時候，只需要幾個字、一個眼神、或者聲音的語調，就可以讓你知道你「緩慢且愚笨」、「惹人討厭」或者「是一個討人喜歡且有能力」的人。你的爸媽對你的看法如何，通常只需要幾秒鐘就可以被你察覺。把這幾秒鐘與一天當中爸媽和孩子相處的時間相乘，你就可以明白爸媽對孩子的看法，對一個小孩來說有多大的影響力。不僅僅是他們對自己的感覺會受到影響，他們的行為也是。

當你做這個練習的時候，你的爸媽認為你是「遲鈍的」，你是否感到自己的自信開始流失呢？你會企圖要自己拼更多的拼圖嗎？你是否感到挫折，因為你沒辦法拼得像你周遭的人一樣快呢？你有沒有對自己說：「為什麼還要試呢？」

當你被視為一個「討厭的人」，你是否感到必須維護自己的權利，避免被排擠呢？你有沒有感到被拒絕和挫敗呢？或者你有沒有感到生氣、想要弄亂拼圖，藉此來報復他們呢？

當你被視為一個本質上是討人喜歡且有能力的人，你是否覺得自己可以表現出討人喜歡和有能力的樣子呢？這時倘若你犯了一點錯誤，你會傾向放棄還是會告訴自己再試一次呢？

無論你的反應為何，似乎可以得到一個結論，那就是爸媽看待孩子的方式，不但會影響孩子對自己的看法，也會影響到孩子的行為。

但如果一個孩子因為某種理由被定型為一種角色，難道就表示他一生都必須扮演這個角色了嗎？他會被限制在那個角色，還是他可以自由轉換成他有能力扮演的角色？

接下來你將會看到六種技巧，任何父母都能用來幫助孩子從被定型的角色中獲得自由。

## 解放被定型的孩子六大技巧

1. 找機會讓孩子看到自己新的一面。
2. 讓孩子接觸到一些他們可以用不同方式看待自己的情境。
3. 讓孩子無意間聽到從你口中說出他們好的一面。
4. 示範你希望看到的行為。
5. 當孩子有需要的時候，成為他們的記憶寶庫。
6. 當孩子表現出的行為是根據以往的標籤，對孩子陳述你的感覺，或者再加上你對他的期望。

幫助孩子用不同的角度看待自己的技巧，不僅僅是只在這一堂課裡所呈現的這些。你在本書中學到的所有方法，都可以協助打開改變的大門。例如：一個媽媽以前總是稱自己的孩子為「健忘者」，她寫了一張紙條，來幫助孩子將自己看成是這樣的人——只要願意記住事情，他就有辦法記住。

親愛的喬治：

你的音樂老師今天打電話來，跟我說你這兩個禮拜都忘了帶小喇叭參加樂隊排練。

我相信你從現在起，可以找出一種方式來提醒自己記得帶小喇叭。

媽媽

## 找機會讓孩子看到自己新的一面

破壞性

你從三歲開始就有這個玩具，
到現在它看起來還是幾乎跟新
的一樣！

抱怨

我今天
午餐想
要帶花
生醬三
明治。
我喜歡你用這種
方式告訴我，
你表明了你
的要求，而且
沒有指責
的語氣。

反應遲鈍

妳發現冰箱插頭沒插好的時候，我正
要打電話給維修員耶。哇，妳
怎麼想到的呢？

不可靠的

在必須記那麼多事情的同時，妳有記
得最後要檢查並且找到妳的手套，這
就是負責任
的表現！

## 讓孩子接觸到一些他們可以用不同方式看待自己的情境

調皮的
吉米，今天下午我不在家，
所以你要負責餵狗和遛狗。
注意力不集中的
我們需要買兩罐牛奶。你覺
得錢要放在哪裡比較安全？
你的皮夾還是口袋呢？
笨手笨腳的
莎拉，請妳用螺絲起子將
這些抽屜把手好好鎖緊。
貪心的
湯米，請你把花生
平分給每個人。

## 讓孩子無意間聽到從你口中說出他們好的一面

~~愛哭鬼~~

~~易激動的~~

## 示範你希望看到的行為

~~輸不起~~

~~無計畫的~~

## 當孩子有需要的時候，成為他們的記憶寶庫

~~動作不協調~~

## 當孩子表現出的行為是根據以往的標籤，對孩子陳述你的感覺，或者再加上你對他的期望

~~貪吃的~~　　~~愛發牢騷的~~

餅乾是全家人要一起吃的！我希望妳可以約束自己。
妳必須帶我去商店！
妳說話的方式，讓我覺得不是很高興，妳可以換一種方式問我嗎？

~~破壞的~~　　~~輸不起的~~

我不喜歡看到新買的火車鐵軌被踩到而且還變形彎曲，我希望你不玩的時候，可以把它們收到箱子裡。
我不喜歡這種態度。雖然你感覺很不開心，我還是希望你面對輸贏的時候，可以表現得有運動家精神。

一位父親決定要使用解決問題的步驟，來取代總是用惡霸稱呼他的兒子。他說：「傑森，我知道當你想要專心寫作業時，弟弟在一旁吹哨子，會讓你很生氣，但是，打人絕對是被禁止的。你覺得可以怎麼做，才能得到你需要的安靜呢？」

幫助孩子用不同方式去看待自己，這個做法對你來說是否困難？我覺得對爸媽而言，沒有比這更困難的要求了。若孩子長期表現出某種行為模式，我們需要很強的自制力才能不大吼「你看你，又來了！」且因而增強孩子的負面行為。這需要花時間，慎重擬定一個作戰計畫，才能把孩子從原本扮演的角色中釋放出來。

## 練習

1. 我的孩子有沒有被設定為某個角色，無論是在家、在學校、跟朋友或跟家人在一起的時候？這個角色是什麼？
2. 這個角色有無任何正向的優點？（例如：搗蛋鬼可能代表有趣；愛做白日夢表示富有想像力）
3. 你希望孩子如何看待自己？（例如：有能力負起責任；有能力規畫工作等等）

藉由回答這些困難的問題，你已經完成了準備工作，真正的挑戰還在前方。根據你在上一頁的回答，看看下列的技巧，寫下你在實際運用每個技巧時可能會說的話。

1. 找機會讓孩子看到自己新的一面：

2. 讓孩子接觸到一些他們可以用不同方式看待自己的情境：

3. 讓孩子無意間聽到從你口中說出他們好的一面：

4. 示範你希望看到的行為：

5. 當孩子有需要的時候，成為他們的記憶寶庫：

6. 當孩子表現出的行為是根據以往的標籤，陳述你的感覺，或是你的期望：

7. 有沒有想到其他可能有效的技巧？

你剛剛完成的練習是我自己許多年前做過的。我當時為什麼要回答這些問題呢？有一天，我去大衛的童軍活動地點接他，童軍團長暗示我到隔壁的房間聊聊，他的表情是嚴厲的。

我緊張地問：「發生什麼事了嗎？」

「我希望跟你談談大衛的事，我們有一點小小的麻煩。」

「麻煩？」

「大衛拒絕遵從指示。」

「我不是很明白，遵從什麼指示？你是指他現在正在從事的計畫嗎？」

他試著露出有耐心的笑容，「我指的是我們今年開始進行的所有計畫，當你的兒子腦中有自己想法的時候，你無法改變他。他有自己做事情的一套方法，而且他也聽不進任何道理。坦白說，其他男孩開始有一點忍無可忍了，他浪費了許多團體的時間……他在家也是這麼固執嗎？」

我不記得自己如何回應團長，我含糊地說了一些事情，然後就叫大衛上車，快速離開。大衛一路上都很安靜，我把收音機打開，心裡很感激不用說話，因為我的胃已經揪成一團。

我感覺大衛最後還是被「看穿了」，多年來，我一直假裝他只是在家裡和我、和他爸爸、和他的兄弟姊妹在一起時有一點點固執，但是現在已經無法隱藏這個事實了。外面的世界已經證實了我一直不願意去面對的真相，大衛是個死板、頑固、無法變通的孩子。

我花了好幾個小時才有辦法入睡，我躺在床上責怪大衛為什麼不能像其他孩子一樣；責備自己不斷叫他「頑固的人」或「固執的公牛」。直到隔天早上，我才能把團長的話拋在一旁，用客觀的方式去看待我的兒子，並且開始思考該如何幫助大衛。

我非常確定一件很重要的事，就是我不能跟隨著大家的觀點，把大衛更加限制在這個角色中。我的責任是找出以及肯定他的優點（如果我不做，誰會做呢？）。好的，所以他是「意志堅強」和「有決心的」，但是他也要能夠敞開心胸和接受變通，這就是需要被加強的部分。

我列出了我所知道能夠幫助一個孩子，用不同方式看待自己的技巧清單。然後我試著回想，會阻礙大衛的情況有哪些。如果任何一種情況再次發生時，我可以對他說什麼呢？以下是我想出來的結果：

1. 找機會讓孩子看到自己新的一面：「大衛，你願意和我們一起去奶奶家，即使你真的很想留在家裡和朋友一起玩，這就是你的付出。」

2. 讓孩子接觸到一些他們可以用不同方式看待自己的情境：「這個家中的每個成員似乎都想去不同的餐廳，大衛，也許你能想出一個辦法來打破這個僵局。」

3. 讓孩子無意間聽到從你口中說出他們好的一面：「爸，大衛和我今天早上一起想出了一個折衷的辦法，他不想穿靴子，而我不希望他到學校後雙腳是濕的。最後，他想到可以穿舊運動鞋去學校，然後帶一雙乾襪子和他的新運動鞋到學校再換！」

4. 示範你希望看到的行為：「我非常失望！我今晚已經打算要看電影了，但是爸爸提醒我，我們之前就說好要去一場籃球比賽……沒關係，我想我可以下週再看電影。」

5. 當孩子有需要的時候，成為他們的記憶寶庫：「我記得第一次你拒絕參加男童軍營時的強烈情緒反應，但是當你開始考慮、閱讀相關資料、並且和其他有參加過的孩子聊過以後，你最後決定要親自去參加看看。」

6.當孩子表現出的行為是根據以往的標籤，陳述你的感覺，或是你的期望：「大衛，參加婚禮的時候，穿著舊牛仔褲似乎給人不尊重的印象。對他們來說，你好像是在表達：『這場婚禮並不重要！』所以就算你討厭穿西裝和打領帶，我還是希望你可以穿著適當的服飾。」

7.其他可能有幫助的任何技巧：更包容大衛的負面感覺、給他更多選擇、進行解決問題的步驟。

就是這個練習改變了我對待大衛的方式，使我可以對他另眼相看，然後開始對待他就像我才剛認識他一樣。並不可能一個晚上就發生戲劇性的改變；有時候會進行得很順利，我愈肯定大衛可以變通的能力，他似乎就愈能變通；當然有時候情況仍然很糟，我的怒氣和挫敗感會把我帶回原點，然後我會發現自己又開始和他對罵起來。

但是長遠來看，我並沒有氣餒，我堅持自己的新態度，因為這種「意志堅強」的兒子，一定也有個可以匹敵的「意志堅強」的母親。

這個小男孩現在已經長大了，最近才剛發生了一件事，當他不講道理時（這是我的觀點），我變得很生氣，然後忘了控制自己，指責他是「愚蠢的」。

他似乎被嚇到了，並且安靜了一段時間。

「這是妳對我的看法嗎？」他問。

「嗯……我……我……」我感到困窘而結結巴巴。

「媽，沒關係啦！」他溫和地說。「謝謝妳，這樣我對自己又有了另一種看法。」

重・點・整・理

## 解放被定型的孩子

1. 找機會讓孩子看到自己新的一面。

「這個玩具你三歲就有了，到現在都還像新的一樣！」

2. 讓孩子接觸到一些他們可以用不同方式看待自己的情境。

「莎拉，可以請妳用螺絲起子把這個把手鎖回櫃子上嗎？」

3. 讓孩子無意間聽到從你口中說出他們好的一面。

「打針的過程，他一直伸直著手臂，打那些針可是很痛的！」

4. 示範你希望看到的行為。

「輸了會難過，但是我會試著保有運動家精神。恭喜你！」

5. 當孩子有需要的時候，成為他們的記憶寶庫。

「我記得那時候，你……」

6. 當孩子表現出的行為是根據以往的標籤，陳述你的感覺，或是你的期望。

「我不喜歡這種態度。雖然你感覺很不開心，我還是希望你面對輸贏的時候，可以表現得有運動家精神。」

# 第二部分
## 爸媽們的故事分享：過去和現在

這裡有許多家長們的經驗，他們都下定決心要讓孩子從原本固定的角色中釋放出來：

上課過程中，當提到把孩子想成一種固定的角色時，我開始感到反胃，我想到自己最近是如何對待葛雷格，以及許多對他說過的十分糟糕的話：

「我希望你可以看看自己，你表現得像個混蛋。」

「為什麼你總是成為拖累大家的那個人？」

「我想我不該對你有更多期待了，從現在起，我應該知道你是多麼討人厭。」

「你絕不會有任何朋友的。」

「表現得符合你的年紀，好嗎？你的行為跟兩歲孩子沒兩樣。」

「你的吃相好邋遢，你完全學不會正確的吃法。」

我把他想成是我的「報應」，而且我對他從來沒有仁慈過。最糟糕的是，這星期我和他的老師有一次會談，老師對我敘述他的不懂事。在之前，我可能會同意她的觀點，但是那天，她的話就像一噸磚塊砸到我身上一樣。我發覺不能再讓情況惡化下去了，所以我決定要試試課程裡學到的一些方法。

一開始，我發現自己因為太生氣，所以很難對葛雷格和善一點。我知道他需要一些正面的回饋，但是我不太願意當面跟他說話，所以當他第一次做了某件正確的事情，我寫了一張字條給他：

親愛的葛雷格：

昨天我感到很開心，你自己起床、穿好外套然後等我，讓我輕鬆地避開上學時段的大塞車。謝謝你。

媽媽

幾天之後，我帶他去看牙醫，如同往常一般，他在牙醫診所內跑來跑去，我把手錶拿下來給他，我說：「我知道你可以好好坐著五分鐘。」他看起來很驚訝，但是他安靜地坐下來直到輪到他看診。看完牙醫後，我做了一件從沒做過的事，我帶著他一個人去喝熱巧克力，我們也真的聊了一下天。那天晚上，我哄他睡覺的時候，我告訴他我很喜歡花時間和他在一起。

很難相信這幾件小事可以造成葛雷格的改變，但是他似乎表現出更想要取悅我的行為，這使我大受鼓勵。例如：他把自己的書和外套放在廚房的地板上，通常這會激怒我對他叫喊，但是我卻告訴他這麼做會讓我不高興，因為我必須幫他撿起來，可是我有信心從現在開始，他會記得把物品放回該放的位置。

晚餐時，我停止不斷挑剔他的餐桌禮儀，唯一一次我阻止他，是因為他做了某件十分噁心的事情，但是我也只有說一次。

在家中，我也試著賦予他更多責任，希望藉由這樣做，可以讓他表現得更成熟一點，我請他從烘衣機裡面把衣服拿出來、把食品雜貨從袋子中拿出來並放好、以及其他類似的事情。我甚至讓他某天早上自己炒蛋（當一些蛋掉落在地板上時，我也沒有說一句話）。

我不太敢這樣誇口，但是他表現得更好了，可能也是因為我和他的相處也更加融洽的關係。

＊　＊　＊

海瑟是領養的孩子，從她第一天來到我們家，就一直為我們帶來歡樂。她也成長為一個甜美又討人喜歡的孩子，當我想到她，不只覺得她是我的驕傲與喜樂，我每天還會告訴她許多次，她如何使我感到幸福。直到最近，我讀到妳們關於角色的章節，我不禁回想自己可能施加太多壓力在她身上，因為一直說她「好」以及她是我「開心的來源」。我也不禁在想她內心有沒有可能存在著其他感覺，但是卻不敢表現出來。

我的顧慮讓我嘗試了一些新的事情，我認為最重要的事是要讓海瑟知道，她所有的感覺都是可以被接受的，她也可以生氣、沮喪或挫敗。有一天，當我遲到半個小時去學校接她的時候，我說：「妳一定為了要等我這麼久而感到不開心。」（取代以往說「寶貝，謝謝妳這麼有耐心。」）另一次，我告訴她：「我猜妳一定想對放妳鴿子的朋友大罵一頓吧！」（取代以往說「噢，寶貝，其他人不像妳一樣這麼善解人意。」）

我也試著示範我希望看到的行為，我開始允許自己更常談論自己的負面情緒，有一天我跟她說：「我現在心情很不好，我希望有一些獨處的時間。」然後，當她跟我借新圍巾時，我告訴她現在我還不想與別人分享那條圍巾。

我試著用不同的方式去讚美她，我描述她完成了什麼樣的家庭作業（「這篇報告很清楚而且很有條理」），然後就不再談論了，沒有像以往一樣說她的作業讓我如何感到開心。

某天早上是一個新的起點，海瑟在洗澡，而我在洗碗。她用力敲了一下牆壁，然後我把熱水量轉少一半，過了一下子，她衝進廚房並用盡全力大叫：「我請妳不要用熱水，我剛剛只能洗冷水澡！」

如果一個月前她這麼說，我一定會大為震驚。我可能會跟她說：「海瑟，這樣說話不像妳！」但這次我回答她：「我聽得出來妳很生氣！我會記得下次在妳洗澡的時候不要使用熱水。」

我有預感，海瑟在未來會更常「表現出自己」，而我也相信我不會喜歡自己聽到的每件事；但是長遠來看，我仍然認為讓她做自己會比持續做「媽媽的天使」來得更加重要。

P.S.現在，當有人告訴我她們的孩子多麼「好」的時候，我都會有點存疑。

＊　＊　＊

昨天，我和兩個女兒在遊樂場上遊玩，我對八歲的大女兒凱特大聲要求了四次：「注意溫蒂」、「當她爬上溜滑梯的時候，要扶好她」、「一定要跟在她附近」我開始思考自己是不是賦予凱特要做個負責任的大姊的角色，這是事實，我給她很多的信任，但是我可能也給了她很多的壓力。當然，就實際狀況而言，我通常需要她的幫助。

我也開始思考自己是不是過於保護五歲的溫蒂，太像對待嬰兒一樣地對她，我沒有計畫再多生孩子，所以我想我也很樂於這麼對待她，畢竟，她是家裡最小的孩子。

我愈思考就愈明白凱特的心裡可能已經有所不滿，她拒絕和溫蒂一起從夏令營走回家，她也不再唸故事書給溫蒂聽。我也發現，當凱特在溫蒂這個年紀的時候，她已經可以自己做一些溫蒂到現在仍然沒有獨立做過的事情，例如：倒自己的牛奶。

我還沒有針對這些事做任何的處理，但是我開始慢慢確定我的兩個女兒到底需要什麼。溫蒂需要被協助變得獨立，主要是為了她好，另一方面也是為了減少凱特的壓力。而凱特需要有機會去選擇自己想不想要照顧妹妹，除了我必須請她幫忙的時候。另外，我可能也該讓凱特偶爾當個需要我的嬰兒，她已經很長一段時間沒有這種機會了。

* * *

尼爾應該覺得幸運，上星期我參加了這次的團體課程。那天早上我回到家，接到鄰居的電話，她的聲音在顫抖，她看到尼爾在上學途中摘了三朵她得獎的鬱金香。

我控制不了自己的情緒，我想：「又來了！」他一定會否認自己與這件事有關，就像那次他把時鐘拆開一樣（我在他房間發現時鐘碎片），還有像那次他告訴我他跳了一級（當我打電話問老師，老師說從來沒有人跳級過），他最近很常說謊，甚至連他的弟弟也會說：「媽，尼爾又說謊了！」

我知道自己並沒有好好處理這個問題，我總是命令他告訴我真相，如果他沒有說實話，我通常會稱他為騙子、或對他說教、或處罰他。我想我只是讓情況變得更糟，但是「誠實」對我和我先生來說都是很重要的美德，我不知道為什麼尼爾會變成這樣。

無論如何，好險我參加過了關於定型角色的課程，因為即使我非常生氣和沮喪，我還是知道自己不想再次把尼爾設定成騙子的角色。

當他回到家吃午餐時，我沒有質問他（「是不是你做的？你確定沒有做嗎？這次不准再騙我。」），我保持中立的口吻說：「尼爾，奧斯古德太太告訴我你摘了她的鬱金香。」

「我沒有，那不是我做的！」

「尼爾，她看到了，那時候她正好站在窗邊。」

「妳覺得我在騙人，她才是說謊的人！」

「尼爾，我不想和你爭論誰在說謊而誰沒有，事情已經發生了，基於某些原因，你決定要摘三朵她的鬱金香。現在我們必須想想該如何彌補。」

尼爾開始哭著說：「我想要送老師一些花。」

我說：「噢，所以你才會摘花，謝謝你告訴我原因……說出實話是一件困難的事情，尤其是當你認為誠實反而會為你帶來麻煩的時候。」

然後他開始啜泣。

我讓他躺到我的大腿上，我說：「尼爾，我聽得出來你感到多麼抱歉。奧斯古德太太非常生氣，現在我們可以做些什麼呢？」

尼爾的眼淚又奪眶而出。「我不敢跟她說我很抱歉！」

「你可以用寫的嗎？」

「我不知道……幫幫我。」

我們一起做了一張小卡片，然後他仿寫我的字。（他才小學一年級）

我說：「你認為這樣足夠了嗎？」

他看來很迷惑。

「你覺得買一盆鬱金香給她，把花的空位填滿，這個主意如何？」

尼爾露出大大的笑容問：「可以嗎？」

放學後，我們去了一家花店，尼爾選了一盆有四朵鬱金香的盆栽，然後他把那封卡片和盆栽放在奧斯古德太太的門前，然後他按了門鈴後就跑回家了。

我想他不會再摘鄰居的花，而且不知道為什麼，我也覺得他不會再說那麼多的謊。我就是知道從現在開始，他會更願意對我敞開心胸。如果他說謊（我想我也必須實際一點），我不會再把他想成是騙子的角色，我會想辦法讓他願意跟我說實話。

* * *

有一天，在這次課程快要結束的時候，一位父親的分享使我們開始回憶起往事。他說：「我記得當我是個孩子的時候，我總是會告訴父親我想到的瘋狂計畫。他都會非常認真地聽我講，然後他會說：『兒子啊，你的腦袋可以幻想，但是你的雙腳必須踩在地板上。』現在，他那時灌輸給我關於我自己的形象，是一個人在作夢，但是那個人也知道該如何在現實世界裡生活，這個觀念幫助我度過許多很困難的時期……我在想有沒有其他人也有過這種經驗。」

接著是一段眾人陷入思考的沉默，大家都開始回想過去，尋找是否有接受過讓我們銘記在心的想法。慢慢的，大家開始說出自己的回憶：

「當我是個小男孩時，我的祖母總是跟我說我有一雙萬能的手。不論何時，只要我幫她穿線或解開毛線上的結，她就會說我有『黃金手』。我想這就是我決定要成為牙醫的原因。」

「第一年教書的經驗令我感到不知所措，不論何時，只要我的系主任過來觀察我的上課，我就會緊張到顫抖。之後，他會給我一兩個在教學上的指點，然後他都還會加上『艾倫，我從來不擔心你。基本上，你是會自我糾正的人。』我不禁會想，不知他是否了解這些話對我是多大的鼓勵。我每天都依靠它們，它們幫助我相信自己。」

「我十歲那年，我的爸媽買了一台單輪腳踏車給我，有一整個月，我幾乎每次都從上面摔下來，我那時想，我永遠都學不會騎這台腳踏車了。但是某天開始，我竟然可以騎在上面還保持平衡！我的媽媽認為我實在太厲害了，從那時候起，只要我擔心學習某件新的事物，例如：法文，她就會說：『任何女孩只要會騎單輪腳踏車，那一定可以學會法文。』我知道這是不合邏輯的，會騎單輪腳踏車和學習一種語言有什麼關係呢？但是我喜歡聽到這句話，這已經是將近三十年前的事了。可是，直到今日，當我面對一個新挑戰時，我就會聽到母親的聲音說『任何女孩只要會騎單輪腳踏車……』我會想要發笑，但是這樣的印象仍然幫助了我。」

每位家長幾乎都有可以分享的回憶，當這次的課程結束時，我們只是坐在原位、互相看著對方。引領大家開始回憶的父親甩了甩自己感到驚奇的腦袋，開始對著全部的人說：「千萬不要低估自己的話對一個孩子生命的影響！」

結業式

# 融會貫通

我們與孩子每天的相處，在碰到狀況時，不可能有時間讓我們排演或仔細思考。然而，學習新的溝通技巧之後，即使我們做了某些不恰當的處理，仍有一個非常清楚的方向可以去做修正。

善待孩子一樣地善待自己，如果我們的孩子應該得到一千零一次的機會，請記得給自己比孩子再多一次的機會。

爸媽們都說，要將孩子從一個固定的角色中釋放出來，過程很複雜，不只是要完全改變對待孩子的態度，還必須活用許多技巧。一位父親告訴我們：「要改變孩子的角色，你真的需要整合感覺、自主性、讚美和替代處罰的方式等所有技巧。」

一種是出於善意希望孩子更好的爸媽，另一種是運用技巧同時也表現出疼愛孩子的爸媽，為了說明兩者之間的差別，我們撰寫了兩種情境。兩種情境中，七歲的蘇西都竭盡所能表現「公主」的角色。當你閱讀第一種情境，在看到媽媽對待女兒的方式時，你也可以自問：「她還可以做些什麼？」

**場景一**

媽媽：「我回來了！……嗨，蘇西！……妳不跟媽媽打招呼嗎？」（蘇西繃著臉往上看了一眼，然後就忽略媽媽，繼續著色。）

媽媽（把手中的包裹放下）：「好吧！我想我差不多準備好今晚的聚餐了，我買了手捲、水果和（搖了搖一個紙袋，並放到她女兒面前，試著讓她露出笑容）給蘇西的小驚喜。」

蘇西（抓住紙袋）：「妳買了什麼給我？（一次拿一樣東西出來）蠟筆？……很好……鉛筆盒……藍色的筆記本！（憤怒貌）妳明知道我不喜歡藍色，為什麼不幫我買紅色的？」

媽媽（為自己辯護）：「小姐，結果就是這樣，我為妳跑了兩間商店，都沒有紅色的筆記本。超市和文具店的都賣光了。」

蘇西：「妳為什麼不去銀行附近的商店看看？」

媽媽：「我沒有時間。」

蘇西：「那妳現在去，我不要藍色的。」

媽媽：「蘇西，我不會為了一本筆記本又出去一趟，我今天已經做很多事了。」

蘇西：「我不會用這本藍色的筆記本，妳只是在浪費錢。」

媽媽（嘆一口氣）：「天啊，妳被寵壞了！每件事都要順妳的意，是不是？」

蘇西（露出迷人的笑容）：「我沒有，但是紅色是我最喜歡的顏色，藍色好噁心。喔！拜託，媽咪，拜託！」

媽媽：「好吧……我等一下可能可以再出去一趟。」

蘇西：「太好了！（回去著色）媽咪？」

媽媽：「什麼事？」

蘇西：「我希望貝西今天可以住我們家。」

媽媽：「這不行，妳知道爸爸和我今晚在家裡有聚餐。」

蘇西：「但是她今天必須來睡我們家，我已經跟她說可以了。」

媽媽：「好吧，那打電話給她，跟她說今天不行。」

蘇西：「妳好壞！」

媽媽：「我不是壞，我只是不希望在大人聚餐時，小孩在一旁礙手礙腳的。記得上次妳們兩個人做了什麼嗎？」

蘇西：「我們不會打擾妳。」

媽媽（大聲）：「我說不行！」

蘇西：「妳不愛我了！」（開始大哭）

媽媽（苦惱地）：「蘇西，妳很清楚知道我愛妳（溫柔地捧起她的下巴）。好了，誰是我的小公主？」

蘇西：「拜託嘛，媽咪，拜託拜託！我們會很乖的。」

媽媽（有點動搖了）：「這……（搖了搖頭），蘇西，裝可憐是沒有用的。為什麼妳每次都要讓我這麼為難？我說不行的時候，就是不行！」

蘇西（把著色簿丟到地上）：「我討厭妳！」

媽媽（表情嚴肅）：「什麼時候開始，我們可以把書丟在地上？撿起來。」

蘇西：「我不要。」

媽媽：「現在就把書撿起來！」

蘇西（用盡全力大聲尖叫，並且把新蠟筆一根一根丟到地上）：「不要！不要！不要！不要！」

媽媽：「妳竟然敢丟這些蠟筆！」

蘇西（再丟另外一根）：「如果我想，我就會丟。」

媽媽（打蘇西的手臂）：「我說不准丟了，妳這個小壞蛋！」

蘇西（尖叫）：「妳打我！妳打我！」

媽媽：「妳把我買給妳的蠟筆弄斷了。」

蘇西（瘋狂地大哭）：「妳看！妳打出痕跡了。」

媽媽（非常沮喪，揉了揉蘇西的手臂）：「寶貝，我很抱歉。只是一點點破皮，一定是我的指甲不小心去劃到的，很快就會好了。」

蘇西：「妳傷害我！」

媽媽：「妳知道我不是故意的，媽咪是世界上最不想傷害妳的人……妳知道嗎？我們打電話給貝西，跟她說今晚可以住我們家。這樣妳有沒有覺得高興一點？」

蘇西（仍然含著淚水）：「有。」

如同你所看到的，很多時候只有愛、順其自然和好意是不夠的。當爸媽站在火線上時，他們同時也需要技巧。

當你讀到下一個情境時，你會看到同一個媽媽和孩子，只是這次她使用所有的技巧來幫助孩子表現出不同的行為。

**場景二**

媽媽：「我回來了！……嗨，蘇西！看起來妳正忙著著色。」

蘇西（沒有抬頭）：「對。」

媽媽（把手中的包裹放下）：「我想我把今晚聚餐的東西都準備好了。另外，我出去的時候，幫妳挑了幾樣文具。」

蘇西（抓住紙袋）：「你買了什麼給我？（把東西拿出來）蠟筆……很好……鉛筆盒……藍色的筆記本！（憤怒貌）妳明知道我不喜歡藍色，為什麼不幫我買紅色的？」

媽媽：「為什麼呢？」

蘇西（猶豫了一下）：「因為商店沒有紅色的筆記本？」

媽媽（讚揚蘇西）：「妳猜對了。」

蘇西：「那妳應該去別間商店看看。」

媽媽：「蘇西，當我出門為妳買特別的東西時，我希望聽到的是：『謝謝妳，媽媽……謝謝妳買蠟筆給我……謝謝妳買鉛筆盒給我……謝謝妳幫我買了筆記本，雖然顏色不是我喜歡的。』」

蘇西（不情願地）：「謝謝……但是我還是覺得藍色很噁心。」

媽媽：「我明白，講到顏色，妳有明確的喜好！」

蘇西：「對！……我要把所有的花都塗成紅色……媽，貝西今晚可以來住我們家嗎？」

媽媽（考慮了一下）：「爸爸和我今晚要在家裡舉行聚餐，我們很歡迎她改天再過來，明天或下星期六如何？」

蘇西：「但是她今天必須來睡我們家，我已經跟她說她可以了。」

媽媽（堅決地）：「就像我說的，蘇西，妳只能選擇明天或下星期六，看妳比較喜歡哪一天。」

蘇西（雙唇開始顫抖）：「妳不愛我。」

媽媽（拉一張椅子坐到她身旁）：「蘇西，現在不是說愛不愛的時候，現在我們是在判斷哪一個晚上最適合妳的朋友來玩。」

蘇西（眼眶含淚）：「今晚最適合。」

媽媽（持續堅持）：「我們需要找出一個時間可以符合我們雙方的需求。」

蘇西：「我不在乎妳的需求！妳對我好壞！」（把著色本丟到地上，開始大哭）

媽媽：「我不喜歡妳這樣，書不是用來丟的！（把書本撿起來，拍了拍上面的灰塵）。蘇西，當妳對某件事感覺很強烈的時候，用說的告訴我妳的感覺，告訴我：『媽，我好生氣！……我非常生氣！……我一直期待貝西今晚來住我們家。』」

蘇西（指責的語氣）：「我們本來要一起做巧克力餅乾和看電視！」

媽媽：「我知道。」

蘇西：「然後貝西會帶她的睡袋過來，我會把我的床墊鋪在她旁邊。」

媽媽：「妳們已經把整個晚上都計畫好了！」

蘇西：「沒錯！我們今天在學校都在討論這件事。」

媽媽：「期待已久的事情必須改變，一定讓人感到很失望。」

蘇西：「對啊！所以她今晚可以來嗎，媽咪，拜託……拜託……拜託拜託？」

媽媽：「我希望今晚對我來說也很適合，因為妳這麼期待，但是就是不行（起身）。蘇西，我現在要去廚房了。」

蘇西：「但是，媽咪……」

媽媽（前往廚房）：「雖然我得去準備晚餐，可是我明白妳有多麼失望。」

蘇西：「但是，媽咪……」

媽媽（聲音從廚房傳出）：「當妳決定好哪一個晚上要邀請貝西過來，請馬上讓我知道。」

蘇西（打電話給朋友）：「哈囉，貝西。妳今晚不能來住我家……我的爸爸媽媽有一個愚蠢的聚會，妳可以明天或下星期六來。」

在第二個場景中，媽媽具備了要幫助蘇西擺脫「公主」這個角色的技巧，如果現實生活中，我們也可以隨時展現出這種幫助孩子也幫助我們自己的技巧，那不是就太美好了嗎？

然而生活並不是一齣精心撰寫好的劇本，可以讓我們去背誦和表演，在現實生活中，我們與孩子每天的相處不可能有時間讓我們排演或仔細思考。不過，在這些新的指導方針之下，即使是做或說了某些令我們後悔的事情，我們仍有一個非常清楚的方向可以去做修正。

我們可以依賴一些基本的原則，也了解到只要肯花時間認真傾聽、或談論自己的感覺、或找出可用於未來的解決方式，而不是像過去一樣用責備的方法，我們就不會錯得太離譜。我們可能會一時忘記使用這些原則，但是我們絕對不會完全喪失使用這些原則的記憶。

最後要提醒大家的是，我們同樣也不要把自己的角色固定：好爸媽、壞爸媽、縱容的爸媽、權威的爸媽。首先，讓我們把自己視為是一個成長和改變的潛力都很大的「人」。與孩子一起生活和相處的過程是需要費盡心力的，需要熱情、智慧、和精力。

生活中，我們沒辦法事事如意，也無法總是堅持自己的理想，所以讓我們像善待孩子一樣地善待自己，如果我們的孩子應該得到一千零一次的機會，請記得給予自己比孩子再多一次的機會。

# 學習這一切，是為了什麼呢？

藉由閱讀本書，相信讀者們一定問了自己很多問題。這本書讓你能吸收學習新的原則、實踐新的技巧、模仿新的規則，以及提醒你別再使用舊的方法。有這麼多的新點子可以練習和發揮創意，有時候很難一直記得終極目標，因此我們必須再一次回顧，到底為什麼我們要學習這些新的溝通方法。

我們希望可以找出一種方法：

- 當和別人一起生活時，我們可以有良好的自我感覺，同時也幫助我們所愛的人感覺良好。
- 除去生活中的責備和對罵。
- 讓自己有更敏感的心去感受對方的心情。
- 表達我們的焦躁或生氣，但又不會造成任何破壞。
- 尊重我們孩子的需求以及我們本身的需求。
- 讓孩子們懂得關懷和負責任。

我們希望可以打破那些代代傳承、沒有幫助的溝通模式，並開始傳承不一樣的寶藏給孩子：一種他們一輩子都會受用的新的溝通技巧，不管是對朋友、同事、爸媽、伴侶，以及他們未來的孩子。

後記

# 多年之後

親愛的讀者們：

當這本書在一九八〇年首度出版時，我們的緊張心情是難以言喻的，因為我們無法預測讀者們會如何反應。現在的格式和第一本書也已有很大的不同。

在與爸媽們直接面對面時，我們可以清楚知道大家的反應。每當我們推出兩部分的課程計畫（晚間課程，外加隔日上午的工作坊），總會發現在上午工作坊開始之前，就已經有爸媽們在等待著我們，他們迫切地想要分享前一天晚上學到的新技巧有多麼管用，以及嘗試結果是多麼令他們感到欣慰。

但這一切是因為我們自己就在現場。和父母之間的角色扮演、回答他們的問題、說明每個原則的範例，和使用我們所有的精力來宣傳我們的信念。但是讀者們是否也可以從書中學到那些精華呢？

事實證明他們的確學到了。我們得知一個驚人的數據。出版社通知我們為了因應廣大的讀者需求，他們決定要再版！一篇在紐約時報刊登的文章，報導了成千上萬的教養書籍幾乎淹沒了市場，但我們這本書是名列前十名的最佳暢銷書。ＰＢＳ頻道以每個章節為基礎，製作了六集電視節目。但最大的驚喜來自於那些塞爆我們信箱的郵件。

信件源源不斷地湧來，不僅是從美國和加拿大，更來自全球各地，有些甚至是來自我們必須查閱地圖才可以確定位置的國家。

大部分讀者寫信來表達他們的感激。其中也有很多讀者來信描述，這本書真的與他們的生活產生共鳴。他們希望讓我們明白知道現在和以前有何不同，哪些方法對他們的孩子有用，哪些則沒有。由此可見，不論爸媽們生長於哪種文化背景，都必須要面對相似的問題，以及尋求解答。

眾多來信當中，讀者們也經常提到改變舊習慣是一件多麼困難的事：「每當我想起而去使用書中提到的那些技巧時，每件事都會進行得比較順利。但是我太常回頭使用舊有的方法，尤其是當我處於壓力之下的時候。」讀者們同時也來信尋求額外的協助：「我希望這些技巧可以很自然地融入日常生活當中，但是我需要更多的練習與支持，請問妳們是否可以提供更多的教材，讓我和我的朋友們一起學習這些新技巧呢？」

我們了解讀者們的需求。身為一位年輕的母親，我們曾經和其他爸媽一同坐下來討論了每個技巧，然後一起努力想出最尊重和最有效的方法，面對來自孩子們的無止盡的挑戰。就是因為我們知道這些團體的經驗是如何珍貴，於是我們想到根據我們的書，寫出一系列「自己做（Do It Yourself）」工作坊套書的想法。我們很確定如果給予這些爸媽們一步一步的簡易指導，他們可以自己在家輕易地學習，並且一同練習這些技巧，而不再需要一個受過訓練的帶領者的幫忙。

我們的「大師計畫」成功了。爸媽們自己組成團體，並訂購我們的工作坊教材，而且確實可以成功運用！但讓我們出乎意料的是，有許多專業人士詢問和使用這系列的計畫。這些專業人士包含精神科醫生、心理學家、社工、教育者、牧師以及猶太教的祭司。

有不少機構亦使用了我們的教材，這點也令我們感到驚訝——家庭暴力危機中心、戒毒和戒酒單位、少年緩刑部門、男童軍團、州立監獄、聾啞學校、公立幼稚園、美國本土及國外的軍事基地。全世界至少有超過十五萬個團體，曾經或正在使用我們的影音教材。

這段期間，我們也繼續收到一些請求，大部分是來自於社會服務機構：「沒有人比這些家長們更需要這些溝通技巧，請問你們是否可以提供任何教材來協助我們訓練志工，以進一步深入社區並執行妳們的計畫呢？」

好棒的點子！真希望我們已經有推出這類的教材了。也許過一段時間，未來我們可以寫一本……

不久後，一通來自威斯康辛大學合作推廣部的電話告訴我們，他們做到了！當時還不知情的我們，和威斯康辛委員會一起合作推廣預防兒童虐待的議題，卻不知道他們已經獲得了聯邦政府的經費，開始著手為我們的「『如何說，孩子會聽』團體工作坊計畫」製作了一本領導培訓手冊。他們似乎已經培訓了超過百名的志工去執行這個工作坊，有超過七千名以上、散布於十三個郡的爸媽受惠。他們以極大的熱情描述這個計畫的成功，並且希望複製這個模式到各州。他們詢問我們是否願意檢視他們製作的培訓手冊，並做一些必要的修改，以及加入他們更大規模的出版想法？

我們意識到這是一份夢想中的合作計畫，因此立刻安排碰面並和他們一起合作，那本培訓手冊也已經在最近出版了。

今天也是我們多年前在不安的情緒下推出本書的紀念日，包含我們在內，沒有人可以預測得到，這本書能有這樣的持久力，或者是說，能讓讀者們有動力去重新創造出不同的樣貌和形式。

然而，我們又一次發現了一些疑問。譬如，這本書是否可以經得起時間的考驗？畢竟也已經經過了數十年。除了經歷了令人難以相信的科技進步，整個家庭的樣貌也已經被改變了。出現了更多單身、離婚、繼父母，以及更多非傳統的家庭；有更多爸媽必須同時出外工作，有更多孩子必須待在幼稚園。這本書中提到的方法，是否仍適用於今天這個更困難、更嚴苛、更快速的世界呢？

當我們用現代社會的觀點再讀了一次內容，我們得到了一個相同的結論。書中提到的這些原則比以往都還來得重要，因為不論家長們的社經地位為何，他們需要面對的壓力和罪惡感，都比以前多更多；他們夾在工作和家庭中間，每天都必須把二十四小時當成四十八小時來用，試著完成所有事情，也希望參與家中每位重要人物生命中的一部分。加上消費文化的轟炸，開始讓孩子們產生物質主義的價值觀；他們會接觸到有明顯的性暗示的電視節目；網站提供了他們快速但有時缺乏正確道德觀念的消息；電玩降低了孩子們對暴力的敏感度；電影把連環謀殺這個詞彙和有趣及娛樂連結在一起。身處於這樣的社會中，實在是不難理解今日為何有這麼多的爸媽會感到震驚和不知所措。

我們完全理解這本書並不能提供所有的解答。只有溝通技巧並不能解決所有的問題。不過我們相信，藉由本書，爸媽可以得到一些實質的幫助——幫助他們應付在養育孩子時伴隨而來的挫折感；幫助他們設立規範並有效傳達他們價值的明確方法；屏除有害的外部威脅，讓家人之間維持緊密連結的具體技巧；賦予父母們展現堅定和溫暖意念的語言，以照護他們自己並培育他們的孩子。

我們很開心今天有機會可以發行這本週年紀念版本。

它讓我們有一個機會，和各位分享我們目前的想法，以及我們這些年來接收的一些回饋：信件、疑問、故事、其它爸媽的感想等等。

我們希望各位讀者可以從書中找到您的核心資訊，或從中得到一些啟發，協助大家完成養育孩子這件世界上最重要的工作。

安戴爾・法伯

依蓮・馬茲麗許

# 附錄一
# 全球讀者熱烈迴響

聽到來自讀者的消息，總是令我們感到非常愉悅。不過最令我們感到欣慰的時候，是在看到讀者分享自己如何使用本書裡面的原則，並將它們應用於自己複雜的生活中。

妳們的書提供了我實踐的工具，而這是我一直不斷在尋找的。我不知道該如何處理我九歲的兒子，他因為我和他爸爸的離婚而感到受傷和氣憤，直到我閱讀了妳們的書。最近一個例子是，湯米結束住在爸爸家的日子，從他爸爸那邊沮喪地回來，因為他爸爸叫他「蠢蛋」。

我盡了最大的努力才克制住不說我前夫的壞話，也沒有告訴湯米他爸爸從前就是個「蠢蛋」。我反而告訴他：「噢，你聽了一定很不舒服，沒有人喜歡被這樣叫。你希望爸爸可以直接告訴你他的想法，而不是用貶低你的方式。」

我可以從湯米的表情看出我的話有所幫助，但是我不會讓這件事到此為止，我會跟他父親好好地談一下，我只是需要再想想該如何處理，才不會讓事情變得更糟。

謝謝妳們讓我有了新的自信。

＊　＊　＊

我買了妳們的書，我必須誠實地說，這是我做過最棒的投資。我最先使用的一個技巧就是「描述你看到什麼」，當我得到正面的結果時，我驚訝到幾乎要從椅子上跌下來。我四歲的兒子，艾歷克斯，他是個意志非常堅強的孩子（我爸媽稱他是「頑強的」），也因此提供了我許多機會去使用妳們書中提到的方法。

以下是「角色」和「解決問題」這兩個章節如何幫助我的故事：不論何時，當我參與艾歷克斯的幼稚園的工作實習計畫（co-op program）時，我注意到老師對他愈來愈感到不耐煩，尤其是當他不願意參加唱歌或其他沒有興趣的團體活動時。如果艾歷克斯感到無聊或煩躁，他也很難安靜地坐著，他會滾來滾去、跑來跑去或四處走動。他的老師會不斷叫他的名字：「艾歷克斯，坐下……艾歷克斯，不要那樣！……艾歷克斯！」我看得出來，他已經被定位成一個「麻煩製造者」。

某天下課後，我和他討論了一下為什麼他不喜歡那個計畫，還有他那時候都做了什麼。結果是他對於唱「王老先生有塊地」這首歌和必須重複聽相同的故事感到厭倦，但是他是很喜歡其中的勞作和遊戲活動。

然後我告訴他，當老師對所有的孩子教唱歌曲或唸故事的時候，如果有一個小朋友到處跑來跑去，干擾大家上課，那老師會覺得很難教學。我正要請他列出一張解決方法時，意想不到的事發生了，他說：「好，媽媽，那我以後只會在下課後才到遊戲場上跑來跑去！」

我吸了一大口氣說：「聽起來是個好辦法。」自那天之後，老師就沒有再抱怨任何關於他的事了。我愈常對我兒子使用這些技巧，我愈能看到他的許多正面改變。這感覺就像是一個幼兒踏出自己的第一步一樣。

＊　＊　＊

當我們不知道該如何解決我們六歲兒子的行為問題時，小學的輔導老師推薦我們讀妳們這本書。讀完這本書後，再從家附近的密西根州立大學推廣部借了錄影帶，而自學親職技巧後，我的很多朋友都注意到我兒子有了滿大的改變，於是他們問我到底做了什麼，才能如此改善他的行為以及親子之間的關係。（他從說：「我恨你，我希望自己不是你的兒子」到說：「媽，妳是我的最佳夥伴！」）

我跟朋友們介紹這本書之後，她們要求我教大家。我可以從推廣部得到所有需要的材料，包含一系列的錄影帶和工作手冊，還提供我班上十二位爸媽（包括我的先生！）為期六週的課程。之後，推廣部也詢問我是否願意再授課一次並且開放給一般民眾報名，我接受這個提議，所以我已經教導這系列課程許多年了，而且也看到參與這些工作坊的爸媽們，他們的孩子在生活上有了奇妙的轉變。

最近，我發現有些爸媽需要較長的時間才能掌握這個工作坊的精神，他們都處於很多的壓力下，他們希望得到快速的解答，加上可能受到外界說他們不夠強硬（處罰、打孩子）的建議影響，那些聲音告訴他們，就是因為不夠嚴厲，才會導致孩子不做自己該做的事情、也不會負責任。然而一旦他們開始真的使用妳們的方法，就會看到對孩子產生什麼樣的作用，且長遠來看，孩子們也更願意合作了，所以這些爸媽們最後都會變得很熱衷於參與這個工作坊。

至於我，當我回想起那時候面對憤怒又叛逆的兒子，直到找到妳們的教材、學習和應用書中的技巧，做了以後，真的徹徹底底挽救了我們的家庭生活和改善親子之間的關係。我堅信只要這些技巧一直存在於我們的生活中，我們就可以預防我兒子會因為憤怒與叛逆，而變成做出錯誤選擇、行為偏差的青少年。

感謝妳們用如此清楚易懂的方式表現出妳們學過的知識，使我透過自學就可以學會這些技巧。

＊　＊　＊

我從圖書館發現了妳們這本書，我敢說這是我看過最破舊的一本書。我確定這是因為它完善的內容才會變成如此。

在與我十歲女兒的相處上，這本書真的給了我很大幫助。我女兒最近發展出一種態度，我不知道是從哪裡學來的，可能是從朋友或電視，她會不斷地說：「你從來沒有買過任何好吃的東西」或「你怎麼可以買給我這麼爛的電玩遊戲？這是給小小孩玩的」之類的話。

感謝妳們，我不再自我辯護或試著去搞清楚。現在，當她開始「口不擇言」的時候，我會立即阻止她，我會告訴她：「麗莎，我不喜歡被指責，如果妳想要或不想要某些東西時，妳必須用其他的方式告訴我。」

我第一次這麼做時，看得出來她感到震驚，但是現在我發現，當她又開始這麼說話時，我甚至不需要再說什麼，有時候，我只要對她使個眼神，她就會停止並換成規矩的表達方式。

＊　＊　＊

妳們的書是在洗碗機和微波爐出現之後最偉大的發明！就在今天早上，我趕著要準備帶寶寶去托嬰所的東西，同時提醒茱麗（四歲）她要在換衣服和上學前先使用氣喘噴霧器。她沒有照我的話做，反而開始玩起芭比娃娃。通常，我會對她再尖聲說一次並把娃娃拿走，這會讓她開始發脾氣，而我也會與她僵持不下，最後導致我上班遲到。

但是這一次我深吸了一口氣，然後說：「我看得出來妳現在好想玩芭比娃娃，我相信它也是，所以妳想自己打開氣喘噴霧器，還是妳覺得芭比會想幫忙？」她說：「芭比想要幫我打開。」這時候，她走到機器旁邊，讓娃娃打開電源，完成這次的療程，之後自己穿好衣服。

我打從心底感謝妳們。

## 家有青少年的爸媽們來信

我們常被問到最適合把這些技巧用在什麼年紀的孩子身上，我們的標準回答是：「任何年紀都合適」。以下是家裡有青少年的家長們的回饋：

很多人都會問我為什麼我的孩子們如此完美，我把大部分的功勞都歸功於我的太太，同時我也提及了妳們的這本書，因為它真的幫助我「活」在我一直相信的世界裡。我跟他們解釋說這本書不只是敘述一件事或教你執行某件特別的事，也是學習如何尊重彼此、一起生活的方法。當你建立起這種互相尊重的態度後，它就會給你一種力量，或讓你對青少年的孩子們仍繼續有影響力。

我知道沒有所謂的保證，而且教養不是一件容易的事。最近我十四歲的兒子傑森，跟我要錢去看電影，結果他是想去看一部限制級的電影，我恰好有看到這部片的評論，所以我認為不適合他這個年紀的孩子去看。

我跟他說明我不贊成，也指出他未達觀看的年齡。他說他所有的朋友都會去看，所以他不想錯過；我重申了自己的立場，他說我沒辦法阻止他，因為他夠高，看起來超過十七歲了，如果還是不行，有某個人可以幫忙讓他入場。

我說：「我知道我不能阻止你，但是我希望你不要去。因為我所看到的資訊都是提到這部電影充滿性暴力，而我覺得這不是好的內容。性不應該與傷害一個人或利用一個人有任何關係；性應該是與兩個互相關心和照顧的人有關係的。」

最後，我沒有給他錢而且希望他沒有去看電影，但是假使他去了，我猜想他會坐在那邊，可是腦中都是我說過的話。因為我們長期建立下來的關係，他最後同意我的觀點的機會是很大的。而這層關係是唯一一種我可以提供的防護罩，使他遠離世界上所有不好的東西。

＊　＊　＊

我想讓妳們知道妳們的書改變了我的生活和想法，包括我孩子的生活、我與先生的關係、他與孩子的關係，最特別的是我們與青少年時期的女兒喬蒂之間的關係。

我們通常最容易發生爭吵的事情就是門禁，不論我們將門禁定為幾點，她總是會比設定的時間晚回家，不管我們說什麼或做什麼都無法改變。這真的是一件值得擔心的事情，因為在我們鎮上有很多孩子參加沒有大人在場監督的派對。有一次，警察接到投訴，因為有個派對來了許多不請自來的孩子，所以鄰居們報警抱怨噪音和丟在他們家草坪上的啤酒瓶。即使有家長在家，多數時間也只是待在樓上看電視或睡覺，他們也不知道樓下正在發生的事情。某個星期六早上，我先生和我坐下來與喬蒂討論，是否可以解決這個問題。我先生告訴她如果是照他的方法，接下來全家會搬去一個荒島住兩年，直到她進入大學。但因為這個方法不可行，所以我們必須想想其他辦法。

我說：「喬蒂，認真來說，妳有和朋友在晚上一起出門的權利；我和爸爸則有不需要擔心的權利，我們必須找出讓雙方都滿意的方法才行。」

最後，我們都同意：我們負責確認那些派對有沒有大人在場；喬蒂的責任是在晚上十一點半至十二點之間回到家。因為我們比較早睡覺，我會把警報器設在十二點十五分（多出來的十五分鐘是預防某些無法預期、導致喬蒂比較晚回來的情況），喬蒂到家後，她要負責關掉警報器。如此一來，喬蒂可以放心地參加朋友聚會，而我們晚上也可以安穩地睡覺。但是如果設定的警報器響起，所有其他的警報器也會響起，我們就必須開始追蹤她到底在哪裡。

我們的協議奏效了，喬蒂遵守約定，且每次都會把「戰勝時間」當成自己應該達成的一項任務。

感謝妳們這本有如生活救生圈的書籍！

## 不僅僅對孩子有用

我們寫這本書的初衷，是為了幫助爸媽與孩子之間建立更好的關係，我們從未料想過，有些人在讀完本書後，也使用這些技巧改善了他們自己與爸媽，或與自己之間的關係：

我成長的環境裡從來沒有讚美，只有大量的言語虐待。多年來，我透過藥物和酒精來逃避生活，我也尋求過治療，試圖改變自己混亂的行為。我的治療師推薦我看妳們的書，因此不論是與一歲半兒子的溝通，或是現在我用來和自己對話，這本書都對我幫助極大。

我試著不再輕視自己，我開始感激並感謝自己為了我和兒子的生活所做的一切努力。我是一位單親媽媽，而且非常害怕自己在養育孩子時，會重覆自己小時候遭遇過的成長經驗，但是現在我知道我絕對不會。感謝妳們讓我相信自己。

這本書是我的「聖經」，幫助我打破了家族五代以來否定一個人及其感覺的循環。我花了很長的時間去克服這件事，最後理解到我不需要強忍住自己的感覺，即使是不好的感覺也一樣，表現出自己的感覺是被允許的。我希望我的四個孩子（分別是十七、十四、十二和十歲）在某種程度上會感激我所做的努力（我參加了妳們的親職教育課程許多年），讓他們在一個家人們願意且可以溝通的環境中成長，而不是一昧地被否定。

P.S.我在老大一歲時，我就買了妳們的書，自那時起，它就一直是我的救星。

* * *

我是一位四十歲、有兩個孩子的母親。妳們的書對我的最大影響，是讓我明白我父母親對待我的態度，已經完全傷害了我。我的父親現在每次見到我，仍會說一些傷害我的話。自從我有了孩子後，他說我是一個無能的母親，而且會毀了孩子的成長。我現在明白了一件事，就是即使我已經成年了，但部分的我因為孩提時期所受的傷害，影響仍在，所以會懷疑自己與自我厭惡。

但奇怪的是，我是一個誠懇、努力工作，也是個成功的藝術家，但是從我父親口中描繪出來的我，卻是與真實的我完全相反。

讀完這本書後，我開始有勇氣去面對我的父親。最近，當他說我很懶惰時，我回應他，在他眼中的我可能是這個樣子，但是我卻看到了自己的另一種樣貌（對於我的回應，他感到不知所措）。我現在的新希望是藉由自己的力量，運用我爸媽在教養過程中從未給過的想法和觀點，來治癒我內心受傷的孩子。

## 老師的來信

幾乎每一場研討會，都會有一兩位老師私下分享，我們的書對他們造成的影響，不只是對個人而言，在專業方面也是。有些老師將他們的經驗寫下來：

九年前我剛開始教書時，讀了妳們這本書。當時我已習慣與成年人們一起相處和工作，也還沒有自己的孩子，因此妳們的書確實地幫助我成為一個更好的國中老師，也讓我變成一個更快樂的人。

它給我的最大幫助是改變我的想法，我不再一直自問要「如何」讓孩子學習或守規矩；現在我會問自己該如何激發孩子自己去解決問題。最近一次的成功例子是馬可，他認為自己是班上的開心果，他會干擾其他學生，考試也考零分。某天下課後，我問他：「馬可，我需要和你談談，你覺得要怎麼做才能幫助你學習呢？」

我的問題使他愣了一下，我猜他以為我會送他去校長室，在長長的沉默之後，他說：「我想我需要抄筆記。」

自隔天起，馬可不但開始抄筆記，他還在班上舉手發言。班上一位男同學說：「天啊，馬可，原來你是知道一些事的！」

多年來，我向上百位家長以及老師推薦、借閱和討論妳們的書，並且通常都會放一本在床頭櫃上。謹記著書中提到的原則，也幫助我成為自己想成為的那種父親、先生和朋友。

* * *

我的學生皆因為妳們書中「讚美孩子」的章節而受益良多。我有一位學生患有注意力缺失症（ＡＤＤ），九個月以來，他只交回三份數學作業。讀完這本書之後，我開始使用描述性語言去點出他的優點，當我開始說像是「你自己想出來了」或「哇，你自己檢查出哪裡錯了」或「你有堅持到解出正確答案」這些話，自隔週起，他每一次都有交數學作業。他對自己完成的作業感到驕傲，他希望我在下次家長座談會時告訴他媽媽這件事。

我另一個學生，他的字跡實在是非常糟糕，連他自己也看不懂自己寫了什麼。他的拼字程度大概中等，因此他另外找老師幫忙加強拼字能力。我與那位老師分享這本書，而且我們一起開始對他使用讚美攻勢。只要他的字跡和拼字有任何一點進步，我們就會使用描述性語言稱讚他。今天，他衝進辦公室然後告訴我說他在拼字的二十道題目中，答對了十九題，這是他第一次在拼字測驗中得到九十分以上。

* * *

我是德州一個學區的教育督察員，經過多年來訓練老師的經驗和嘗試多種不同方法，例如行為矯治、增強理論、增加嚴厲處罰、剝奪下課時間、留校察看、停學等等之後，我和同事們一致認為：妳們寫在書中的所有原則和技巧，是符合我們所需並可以指導老師們去運用的。我們確信良好的師生關係可以讓一個班級有效運作，而要擁有良好的師生關係，彼此之間的溝通必須充滿人性和關懷。

## 世界各地的來信

我們對於來自國外的回饋非常感興趣，因為我們的經驗也能幫助世界各國的人們（甚至是與美國文化差異極大的地區），一直讓我們十分驚訝。

當依蓮在一場於華沙舉辦的國際書展上演講時，她問聽眾為什麼我們的著作會在波蘭獲得如此熱情的迴響（在當地是第一名的暢銷書）。一位父親告訴她：「多年來，我們一直受到共產統治，現在好不容易享有政治上的自由，而妳們的書則告訴我們如何讓自己自由、如何尊重我自己以及尊重我們的家人。」

一位中國媽媽的來信：

我是中國廣州的一位英語老師，我大學時曾以訪問學生的身分待過紐約，那時候我去當一個五歲女孩珍妮佛的保母，在我之前，她有一個另一個國家的保母，但是那個保母並沒有善待這個小女孩。她因為調皮，所以時常被處罰和鎖在一個陰暗的房間內，因此，珍妮佛變得更乖僻和不合群，而且很常歇斯底里地大哭。

擔任保母的最初幾週，我對珍妮佛使用傳統中國式的教養方式，這種方式傾向告訴孩子她們應該表現出什麼樣子，但是這種方法對珍妮佛來說並不管用，這個小女孩更常大哭而且她甚至打我。

珍妮佛的媽媽對我的處境很同情，所以她向一位精神科醫師尋求建議，他推薦了妳們這本書。這位媽媽和我認真地研讀之後，盡我們最大的努力去使用書中的知識，結果證實這麼做是成功的。珍妮佛開始更願意與我溝通，我們還慢慢變成好朋友。這一對感激的爸媽對我說：「心瀅，妳真的知道該如何對待珍妮佛。」

現在我回到中國，並且成為一個小男孩的母親。我已經應用妳們書中的方法在我兒子身上，而結果證明也是有效的。現在我的願望是去協助其他中國父母們，也可以更有效率和更開心地與自己的孩子相處。

＊　＊　＊

一位澳洲媽媽的來信：

我對我的孩子使用一些妳們建議的方式，結果發現他們更願意常常和我說話，尤其是我兩位年紀較大又沉默寡言的孩子改變最多。當他們從大學或學校回家，而我用「我很開心聽到你回來的開門聲」（而不是「今天在學校過得如何？」），或其他類似的話語歡迎他們回來時，我會得到他們的笑容。我的大女兒真的開始願意和我對話，而不是一直逃避我。

＊　＊　＊

一位社工師在加拿大宣傳我們的工作坊計畫，來信提到她去南非開普敦拜訪公婆的經驗：

我與地區親職中心的管理者會面，想知道她們目前正在進行的工作。這個中心提供課程給住在附近的中產階級居民，以及一個位於郊外、名為卡麗莎（Kayelisha）的廣大貧民區居民。在卡麗莎，住家都是鐵皮小屋，每一戶的空間大約是一個臥室大，沒電、沒自來水、沒有衛生設備。這個中心在那裡舉辦課程，使用妳們這本書做為基礎，然後將書中漫畫翻譯為南非荷蘭語，讓居民們可以理解。他們說在當地的圖書館中約有十本印刷本可供借閱，而每一本都因為太常被借閱所以破爛不堪。

我會把妳們這本書贈送給一個住在約翰尼斯堡的朋友，他為服務偏遠社區的老師們開設教育課程。我想讓妳們了解妳們影響的範圍是多麼廣大！

## 處在壓力下的爸媽

書中大部分的範例，呈現了要如何處理每天常見的問題。某次課程結束後，一位女士眼眶泛著淚光走近我們，她向我們敘述她和兒子之間的關係。她的兒子患有妥瑞氏症候群，他們的相處因為我們的書，從絕望、充滿敵意，轉變成歡樂和充滿愛，我們聽完之後都覺得很驚訝。自那時起，我們陸續聽到不少家長分享如何運用我們的方法，去解決特別緊張或嚴重的問題。

來信的讀者幾乎都肯定我們改變了他們的生活，我們看完信件內容後，卻認為這些肯定是屬於他們的。任何人都可以閱讀一本書，但是，一個人需要強大的決心、認真吸收書中內容，並且使用書裡的方法，才能夠戰勝悲傷。以下是一些家長們做過的努力：

有時候，我家會像發生第三次世界大戰，我的七歲女兒患有注意力不足過動症（ADHD），當她服用藥物後，大部分的行為可以被約束和管理，但是當藥效漸漸退去，她就會變得無法控制。（我知道大部分有ADHD孩子的爸媽們，都相信對孩子要愛之深、責之切。）

讀完妳們的書後，我不禁在想這些技巧是否可以用在ADHD的孩子身上。是的，它們可以！我現在發現當她吃藥後，如果我用這種新方式與她對話，能幫助她平順地度過一整天，對她的社交能力尤其有用。我確定我若持續使用這種方式，也會對她未來的生活有所幫助。感謝妳們的書。

＊　＊　＊

我先生和我都是心理學家，我們八歲的兒子最近被診斷為ADHD，我們與他在相處上一直都很困難。一位朋友介紹了妳們的書，我們發現裡面包含了到目前為止對我們最有用的方式。

我們受過的訓練基本上都是使用行為方法，但是對我兒子來說是絕對行不通的。然而妳們的方法，根基於互相尊重和了解，因此我們不需要去試圖控制發生的每一件事，卻逐漸能看到我們期待他表現出來的行為。這真的是我們最需要的援助！

我認為自己對於「有效的互動」只有基本知識，所以我一直都熱中分享我在臨床上學習到的經驗，而妳們的方法應用於廣泛的情境和人群中都是有效的。

感謝妳們分享自己的所有經驗和承認自己的缺失，這也會幫助讀者去面對自己的弱點。

＊　＊　＊

我的兒子彼得，他在六歲時才被發現有弱視的現象，醫生明白告訴我們，只剩六個月的時間可以利用遮蔽性療法（將好的眼睛遮蓋住）去加強彼得的視力，否則他的右眼視力就會嚴重喪失。所以他被要求每天在學校時，要戴著一眼被罩住的眼鏡四個鐘頭。

不用說，彼得感到很難堪和不舒服，他每天都嘗試逃避這項要求，而我也快束手無策。他會抱怨戴這種眼鏡讓他頭痛、他因為這樣反而看得更不清楚、這使他很受傷之類的話。我堅定地告訴他，我了解他的感覺，但是他的態度仍然沒有改善。

最後，這樣鬥智了五、六天後，我已經精疲力竭，我說：「彼得，我會把自己的一隻眼睛遮住四個鐘頭，這樣我就會明白這麼做有什麼感覺，然後我們再一起想個可以讓你比較好過的方法。」我這麼說是為了要同理他，但我並不知道遮住一隻眼睛會有什麼樣的影響。

不到二十分鐘，我就出現了頭痛的症狀，因為遮住一隻眼睛後，讓我失去了深度知覺，每一件普通的小事，例如：開抽屜、將衣服拿出烘衣機、把貓咪帶出門外、甚至是上樓梯，都困難得讓人無法置信。四個小時之後，我備感疲憊與痛苦，而且完全明白我的孩子在經歷一個什麼樣的過程。

我們討論了這個問題，雖然我無法改變治療方式，但是彼得和我都經歷過相同的經驗，我告訴他這真的非常困難，而我絕對沒辦法適應得像他那麼好，也表示這個做法是現在的他最需要的。從那時候起，他每天在學校都可以乖乖戴著一隻眼睛被遮住的眼鏡四個小時，他的視力被成功挽救了，而他甚至不需要再戴眼鏡。

這次經驗讓我知道，有時候只在嘴巴上同理孩子的感覺是不夠的，有時候你需要多做一步，就是「實際經歷孩子所經歷的事情」。

我多年前參加過妳們的工作坊，而我在一九七六年閱讀了妳們的第一本書後，就成為了妳們的擁護者。那時候，我第一個孩子艾倫才剛出生，他現在二十二歲了，患有嚴重的精神疾患，這是我家族中遺傳的大腦疾病。透過我學習到的技巧和訓練，艾倫的預後比家族中其他的患病親人們要好很多，而且我也有能力在他傷心的時候幫助他，也協助他接納自己的障礙。另外，我也因為使用這些技巧，所以有辦法管理他因為此疾患而產生的劇烈情緒起伏。

當我參加孩子有相同疾患的家長支持團體時，我明白到妳們的方法使我對整體情況可以抱持較正面的看法，而且也比其他家長更容易處理孩子的問題。但願，我們將可以幫助艾倫在生活中持續進步，更重要的是，預防他復發和又住回醫院，因為這是經常發生的情形。

我很感激這十七年來，使用這些原則所帶來的體驗。艾倫的手足也同樣遭受痛苦，不僅害怕自己也會得病，也因為家裡資源都必須用在艾倫身上而感到極度不平衡。這些技巧幫助了我和我先生，同理、明白他們的困境。

妳們的著作對我們家來說是一份偉大的禮物。

＊　＊　＊

附錄二

# 但是……如果……那麼……？

我們得到的回饋並不全然都是正面的。有些人失望地發現，在面對問題嚴重或複雜的孩子時，這些技巧的幫助不大；有些人則對於各別問題無法獲得解決而不甚滿意。當然也有一些人感到挫折，因為他們盡力實踐了，但只有出現一點點的效果或甚至沒有。他們普遍的說法是：「我試過了，但是沒有效。」

當我們詢問了事件內容和家長做法等細節後，總能輕易找出是在什麼地方出了錯。顯然，有一些觀念，需要我們做更充分的釐清。以下是一些爸媽們提出的意見和問題，以及我們的回答：

## 關於選擇

**1. 我讓我的孩子（青少年）做選擇，結果事情的發展卻事與願違。我告訴他有兩個選擇，一是去修剪頭髮然後和大家一起享用感恩節晚餐；或者他可以一個人留在他房間吃感恩節晚餐。他說：「沒關係，我就在我房間吃。」我被嚇到了。我說：「你說什麼?!你竟然願意這樣對我和其他家人？」他只是轉過身然後走開。也許給予選擇並不適用於青少年。**

在你提供孩子做選擇之前，不論孩子多大，你都應該先問問自己：「這些選擇是我可以接受的嗎？是可以被孩子接受的嗎？」或者，這些選擇實際上是一種變相的警告？孩子會不會覺得我是在操控他？最理想的情況是，爸媽提供的選擇隱含著「我和你站在同一邊，我希望你做（或不要做）某些事，但是除了命令你，我更希望讓你在處理這個問題上也有發言權」的意思。

關於你兒子的頭髮，你可以提供什麼樣的選擇呢？很可能是沒有機會提供任何選擇。大多數的青少年，當爸媽對他們的頭髮提供意見，不論是造型、顏色、長度、乾淨度，都會讓他們覺得私人領域受到侵犯。

然而，假使你無法說服自己放棄，想要冒個險嘗試處理這個敏感的問題，請務必斟酌遣辭用句：「我知道不關我的事，但也許你可以考慮去修剪一下頭髮，只要讓我們可以看到你的眼睛就好，這樣感恩節那天你會見到一個內心充滿感謝的媽媽。」

之後就安靜地離開。

**2. 如果提供了兩個選擇給孩子，但是她通通拒絕，接下來你會怎麼做呢？醫生為我女兒開了一種她討厭的藥物，而我確實按照妳們的建議去做，我告訴她，她可以配合蘋果汁或薑汁汽水服用，她說：「兩種我都不要」然後就閉緊嘴巴。**

當孩子對於要做某件事有強烈的負面感覺時，他們很可能不願意接受任何選擇。如果妳希望女兒可以接受妳的提議，就必須先對她的負面感覺給予完全的尊重：「從妳皺鼻子的模樣，我就可以了解到妳有多麼討厭吃藥喔。」類似這種說法可以讓她放鬆，因為這種敘述傳達出來的意思是：「媽媽了解我的感受而且站在我這邊。」這樣一來，妳的女兒已經在情感上做好準備去接受妳的提議。

這時，妳就可以接著說：「所以，寶貝，怎麼做才不會讓妳覺得吃藥很可怕呢？配蘋果汁還是薑汁汽水？或是妳有想到其他方法呢？就算只有一點點的幫助也可以喔。」事實上，可以提供的選擇是無限的：

妳想要一次吞下，還是分成幾次慢慢來呢？

吃藥的時候想把眼睛張開還是閉起來？

要用大湯匙還是小湯匙？

妳想要捏住鼻子還是腳趾用力？

希望媽媽在一旁唱歌還是保持安靜呢？

要我餵妳還是妳想要自己吃？

重點是，當有人理解，要吞下某些東西對你來說是多麼困難的時候，這件事就會變得容易多了，尤其是又可以自己選擇吞下去的方法。

## 關於後果

在解決問題的過程中若加入討論孩子的行為後果，很容易發生另一種溝通破裂的情況。一個媽媽告訴我們，有一次當她試圖和孩子一起想出解決方法，最後卻是以大吵一架收場，令她感到很失望。

我召開一場家庭會議，並且告訴孩子們，獸醫說家裡養的狗已經超重太多了，而且運動量不足。

我們一起經歷解決問題的所有步驟，而且有不錯的進展，我們決定了誰必須在什麼時間負責什麼事情。直到我的二兒子問起，如果有人沒有盡到自己的責任，後果會是什麼？大兒子建議一個晚上不准看電視，其他兩個孩子覺得這樣不公平。長話短說，總之我們激動地爭論起一個公平的後果應該是什麼，每個人都對別人生氣，而且爭論的事情也跟狗沒有關係。我只能想成是我的兒子們還不夠成熟，所以無法使用解決問題的這個方法。

當你正試著要解決一個問題時，談到後果並不是一個明智的決定。解決問題的過程是為了建立信任和善意，所以一旦過程中出現討論解決方法失敗的後果，整個氣氛就會轉為不愉快，懷疑開始產生、動機被扼殺、而信任也被摧毀。

當一個孩子問起，如果他沒有執行自己的責任，那後果會是什麼的時候，爸媽可以回應：「我不希望我們去想到後果這部分，現在我們必須找出確保和維持小狗健康的方式。這是需要我們大家一起合作，才有可能成功的事。」

「我們知道每個人都會有不想執行任務的時候，但無論如何還是會去做，因為我們不希望讓別人或讓狗狗失望。如果有人身體不舒服或有其他干擾執行任務的緊急事件，那我們可以輪流換班，讓預定的任務得以完成。在這個家中，我們會互相為對方設想。」

## 替代「但是」的用語

有些爸媽反應，當他們表現出理解孩子感覺的態度時，孩子反而變得更生氣。當我們問起，他們在真實情況下是怎麼說的，問題就清楚浮現出來了。他們的同理敘述句中，一定都包含了「但是」這個詞彙。於是我們指出，「但是」一詞往往會草率打發、削弱或消除在這之前表達的內容。以下是爸媽原始的敘述，以及我們建議的修改版本。

＊　＊　＊

**原本的表達法：**「錯過茱莉的派對，聽起來妳很失望。但是這是因為妳得了重感冒，而且這只是一個派對而已，妳以後還會有許許多多的派對可以去參加。」

**孩子會想：**「爸爸就是不懂我的感覺。」

**修改後：**（完全重視孩子的感覺，不使用「但是」去消除孩子的情緒）「錯過茱莉的派對，聽起來妳很失望，妳一直都在期待一起慶祝茱莉的生日。今天地球上妳最不希望待的地方，想必就是發著燒躺在床上。」

如果父親是個情感豐富的人，他可以說出女兒可能的期望：「妳一定很希望可以有人發明出一種治癒普通感冒的方法。」

＊　＊　＊

**原本的表達法：**「我知道你很討厭又要跟保母在一起，但是我必須去看牙醫。」

**孩子會想：**「你要離開我總是有理由。」

**修改後：**（以「問題是……」來取代「但是」）「我知道你很討厭又要跟保母在一起，問題是我必須去看牙醫。」

這兩種敘述有何不同呢？如同一位父親的說法：「聽到『但是』就感覺像在你面前將一扇門甩上；『問題是』則像將門打開，邀請你一起思考可能的解決方法。」因此，孩子可能會說：「或許妳去看牙醫時，我可以待在蓋瑞家玩。」媽媽可能會回答：「或許你可以跟我一起去診所，在候診室看書。」孩子也許會再次得到一個不滿意的解決方式，然而，藉著承認有個問題存在，我們讓孩子可以更容易去接受和處理問題。

＊　＊　＊

**原本的表達法：**「荷莉，我看得出來妳很不喜歡自己的髮型。但是頭髮會長長，再過幾個禮拜，妳就不會注意到了。」

**孩子會想：**「不要開玩笑了，說得好像我不知道頭髮會長長一樣。」

**修改後：**（以「即使妳知道」來取代「但是」）「荷莉，我看得出來妳很不喜歡現在的髮型。即使妳知道頭髮會長長，妳仍然希望當妳說只要剪掉三公分的時候，可以照妳的意思去剪。」

使用「即使妳知道」來敘述，一方面稱讚女兒的聰明，另一方面也表明妳的觀點，同時又不會輕視她的觀點。

## 「你為什麼……？」、「你為什麼沒有……？」

一些爸媽們抱怨已經用盡所有了解孩子的方法，所以現在和孩子間的互動都充滿敵意。

身為一個繼母，我非常清楚千萬不要批評孩子，所以我把管教的責任交給他的爸爸。但是當我先生出差時，學校老師寄了一張通知說我繼子的報告延遲未交，我知道我必須要處理這個問題。於是我表現得很平靜，我只是友善地問他，為什麼他沒有準時交報告，然後他就對我大發脾氣，為什麼呢？

任何以「你為什麼」或「你為什麼沒有」起始的句子都會讓人感到被指責，這會強迫孩子去面對自己的缺點。「你為什麼沒有」會遮蓋住妳想表現的善意，孩子可能解讀為妳在針對他說：「是不是因為你是一個懶惰、沒有規矩、不負責任、又無藥可救的拖延者？」

於是孩子面臨到該如何回答妳的處境，而他只剩下兩種選擇，一個是坦白承認自己的缺點；另一個是試圖為自己辯護，為自己編造藉口：「因為那項作業沒有清楚說明……因為圖書館關了……」等等，不管是哪一種情況，他變得更加氣自己，也對妳更生氣，所以就更不可能去想該如何改善問題。

可以改用什麼方式，讓孩子不會產生自我辯護的反應呢？妳可以把問題拋回給妳的繼子，並提供妳的支持。當妳把通知單遞給他時，妳可以說：「這張通知的收件人是爸爸和我，但是知道該如何處理這個問題的人卻是你。如果有任何事妨礙你開始或完成那份報告，或是你需要有人貢獻一些想法，我隨時都可以提供協助。」

## 關於隔離

多位爸媽讀完本書後，因為沒有找到任何與「隔離教養法」的相關訊息而感到失望。起初，我們對這個意見感到困惑，我們兩人養育了六個孩子，但是從來沒有對任何一個孩子採取過「隔離法」。不過慢慢地，我們開始注意到，大量的書籍和雜誌文章都在提倡這是一種新的教養和替代處罰的人道方式，並且會精確指示爸媽們執行這個方法的程序。

為什麼我們沒有考慮使用這個方法呢？這個方法的理論似乎是很合理的，強制一個表現不好的孩子進入另一個空間或地方，那裡沒有書、玩具、或遊戲可以干擾他，要求他坐在那裡直到特定的時間結束，通常是孩子幾歲就要坐幾分鐘。如此一來，孩子很快就會知道自己犯了什麼錯，也會知道他不可以再犯，並表現出好行為。

但我們愈是深入思考、愈是閱讀許多關於這個方法的變革，我們就愈不喜歡這種方式。對我們來說，隔離法並不是一種嶄新或創新的方式，它只是面壁罰站這種過時方法的升級版本。

假使比利因為妹妹在他畫畫時一直拉他的手臂而打了妹妹，導致媽媽非常生氣，所以命令比利去坐在自己的隔離椅上面，媽媽認為這樣的方式比體罰更好。但是當比利坐在隔離椅上時，他心裡會想什麼呢？他會想：「我得到了一個教訓，不管妹妹做了什麼，我都不應該打她。」還是他會覺得：「不公平！媽媽都不關心我，她只關心那個笨蛋妹妹。等媽媽沒有注意時，我會好好教訓妹妹一頓。」還是他會對自己說：「我不乖，我被隔離都是我自己造成的。」

我們的信念是，即使只有短暫片刻，表現不好的孩子也不需要被排除在家庭成員以外。然而，他的確需要被制止和重新引導：「比利，不可以打人！你可以用說的告訴妹妹，當你想要畫畫時她不斷拉你的手臂，讓你有多生氣。」

但是假如比利跟妹妹說了，但妹妹還是持續拉扯呢？或者，假如比利又再次打她？這樣還是不需要使用隔離法嗎？

把比利隔離，可能可以暫時制止他不好的行為，但是並沒有處理根本的問題。比利需要的不是隔離，而是需要一個關心他的大人，幫助他處理感覺和找出更好的方法去排解這些感覺。媽媽可以說：「有一個總是用拉人來得到別人注意力的妹妹，的確讓人感到困擾。今天她令你生氣，所以你打她，但是比利，我不允許你們倆用打對方的方式處理問題。我們必須列一張清單，上面列出當你要畫畫卻被妹妹打擾時，你可以做的舉動。」

有哪些取代打人的方式呢？

1. 比利可以對妹妹非常大聲地大叫：「停止！」
2. 他可以輕輕地將妹妹的手推開。
3. 他可以給妹妹一張紙和蠟筆。
4. 他可以給妹妹其他東西玩。
5. 他可以在妹妹午睡的時候畫畫。
6. 他可以關起門在自己房間裡畫畫。
7. 如果以上方法都沒有用，他可以請媽媽協助。

比利將這張清單貼在他喜歡的地方，當他有需要時，可以隨時參考。以後他生氣時，不用再把自己視為表現不好、是需要被隔離的人，而是一個能運用許多方法來調節憤怒情緒的可靠的人。

## 關於配偶和重要的旁人

有些讀者都遭遇了一種共同的挫折。他們發現這本書中並沒有提及如何處理持反對意見的配偶。

我試著要改善對孩子說話的方式，但是因為我的另一半並沒有一起支持這種調整，而削弱了我使用新方法的決心。妳們可以給我任何建議嗎？

當這個問題在某次講座中被提出時，我們問了在場聽眾曾經採取的處理方式，聽聽他們的回應：

1. 我告訴我先生我正在嘗試的改變。如此一來，在這個過程中他有參與感，但又沒有需要改變他自己的壓力。
2. 我們把一本書放在車上，不開車的那個人要大聲朗誦一小段，然後我們再互相討論。
3. 我先生絕不看親子教養書籍，他堅信：「妳說了什麼，會有什麼不同嗎？只要孩子們知道妳愛他們就足夠了。」最後，我告訴他：「你看，當我們決定要生孩子時，我們都希望用正確的方式去養育他們。我們不會想要讓他們穿破衣或餵他們吃垃圾食物。同樣道理，為什麼我們要用不健康的方式去跟他們說話呢？尤其是有其他更好的方法可以選擇的時候，我們的孩子值得從我們兩人身上得到最好的。」
4. 我試著讓先生參與處理孩子問題的過程，當需要解決我們兩個兒子的某些問題時，我會徵詢他認為最好的方法。類似：「老公，我需要你的意見。因為我沒有當過小男生，所以我沒有這方面的經驗。怎麼做會讓一個小男孩更願意配合呢？如果你的媽媽這麼說或那麼說？」通常，他會馬上選擇其中一種答案，但是有時候，他會想一下，然後說出我根本不曾想過的建議。

5. 我的太太很討厭我告訴她怎麼說或如何說。最好的方式是我不說任何話，直接使用某個技巧給她看。我相信一定多少有些影響，因為某天早上，我們正趕著出門，而我的女兒拒絕穿上外套。我的太太提供她選擇而不是與她爭論不休。我太太問女兒是想要把外套穿好還是反著穿，女兒咯咯笑完後選擇反著穿，然後我們就出門了。

## 幽默的力量

多位家長提到我們書中沒有「幽默」這一章節，我們的解釋是，當我們在撰寫〈讓孩子開始合作〉這一章時，的確討論了將「幽默」寫進書裡的優點和缺點。我們知道做一些不尋常或不在意料之內的事情，可以瞬間將情緒由生氣轉變成高興，但如何要求爸媽將必須做的每一件事都變得很有趣，這是有難度的，所以我們克制自己，只用了兩小段去講述有關幽默的部分。但這是天大的錯誤，我們後來發現爸媽們都很幽默，即使是那些不相信自己可以幽默的爸媽們亦是。不管任何時候，我們在美國各地舉辦的工作坊，當我們要求那些非常嚴肅成熟的爸媽們探索自己有趣、幽默、糊塗、滑稽和像孩子的那部分，他們都可以辦得到。他們可以想出最討喜的方法去解決問題，又或者可以想出提升自己士氣和軟化孩子阻力的方法。

有時候，我三歲大的孩子會拒絕穿衣服，因為他希望我幫他穿。當他沉浸在這種情緒時，我會把他的內褲套在他頭上，然後試著把襪子穿在他手上。當然，他會告訴我這樣不對，然後自己將他的內褲和襪子穿好。接著他會說：「媽咪，這樣穿才對。」我會表現出非常驚訝，然後再試著把褲子穿到他的手臂上，或把他的上衣套在他的腿上。這個遊戲總是會結束在笑聲和擁抱之中。

* * *

為了讓我兒子自己刷牙，我們虛構了兩隻細菌「杰拉爾丁和喬」，它們會躲起來，所以我們必須刷到牙齒的每一個區塊，過程中，它們會唱「班傑明的嘴巴裡有個派對」，然後，當我兒子刷到它們時，它們會尖叫；當他把它們吐到水槽裡時，它們會大叫「我們一定會再回來！」

任何有孩子的家庭，不管孩子的年紀多大，家長們為了要維持一個看似整齊的家庭外觀，都會產生出最有創意的解決方式。來看看這些爸媽如何引發孩子幫忙做家事或清理自己弄亂的環境。

我們試著要建立一些傳統來鼓勵我們新的「混合」家庭：她有三個孩子（分別是七歲、九歲和十一歲）和我的兩個孩子（分別是十歲和十三歲），可以相處得更融洽。每每爭論誰要負責什麼家事，一直是個棘手的難題。現在每個星期天早上，我們會把需要完成的工作寫在不同的紙上。然後我們把紙摺疊做成籤，放入不同顏色的氣球中，把氣球吹氣，接著把氣球全部拋到空中，每個孩子抓一個氣球，把氣球打破然後去做該氣球內所寫的工作，做完那項工作後，再回來弄破另一顆氣球。重複此過程，直到所有工作都被完成，最後，我們會彼此祝賀我們完美的團隊合作！

* * *

我是一個家庭煮夫，最近剛想出一個新方法來處理孩子們所製造的髒亂。我拿出一副只保留數字較小的撲克牌，讓每個孩子抽一張，上面的數字就代表他必須要收拾幾樣東西。當孩子們一邊數自己收拾了多少物品，一邊又急著想回來看看自己下一張會抽到什麼數字，這個過程非常有趣且令人感到興奮。我上一次使用這個方法的時候，家裡在二十分鐘內就被清理乾淨，而且孩子們還很失望遊戲結束了。

* * *

場景：一個有兩個女孩的房間，地板上散落著三份不同的拼圖片。

媽媽：「好了，孩子們，這個遊戲叫做『你可不可以打敗音樂？』我要開始放一張新的專輯，然後看看妳們有沒有辦法在第一首歌結束以前，把所有拼圖都放回它們原本的盒子裡面。」

她們馬上開始收拾，然後在第三首歌放到一半的時候完成了這個工作。

* * *

我有四個兒子，每天我至少會大叫五十次要他們把自己的鞋子放好。他們回家的第一件事，都是把鞋子脫掉然後隨處亂丟，而我總是會被八隻鞋子絆倒。

妙計：我在一張紙上寫下「鞋子」，在紙上穿過一條繩子，然後將紙條懸掛在廚房的入口，當孩子們跑進來的時候，他們會碰到那張紙條。

我八歲大的兒子凱文，是第一個回到家的，當他進入廚房時，那張紙條刷過他的頭髮。

凱文：「這是什麼？」

我：「唸唸看。」

凱文：「鞋子？這是什麼意思？」

我：「你覺得呢？」

凱文：「我們今天會得到新鞋子嗎？」

我：「不是。」

凱文（更努力地想）：「妳希望我們把自己的鞋子放好？」

我：「你猜對了。」

於是凱文去把他的鞋子放好了！回到廚房後，還把紙條的意思解釋給剩下的三個男孩聽，他們也都自己去把鞋子放好了！

凱文：「也該做一個類似的標誌來提醒我們要洗手。」

* * *

我的青少年孩子們討厭清理浴室（「媽，浴室很噁心！」），我沒有與他們爭論，只是在水槽上方的鏡子上貼了一張紙條。正是以下的詩起了作用：

抓住彗星和抹布，

用力擦洗亮晶晶，噢，真是辛苦的工作！

邊緣、架子、角落和縫隙，

不要忘記馬桶喔，

是的，這件工作需要花時間，

但是工作會做完，浴室會變得很美好！

謝謝！

愛你們的媽媽

＊＊＊

提供這個故事的媽媽，將標題取名為「好景不常」：

我想把小房間中所有的火車和鐵軌玩具搬走，所以我走進兒子的房間，假裝打電話給他。鈴……鈴……

他假裝接起電話說：「哈囉。」

我說：「請問是萊利建設公司嗎？」

他說：「對。」

我說：「我有一個大工程，我需要把所有的重型火車和鐵軌移到另一個地方，我聽說你的公司是這一行的佼佼者。」

他進入小房間，並且收拾了所有東西。之後我再次使用這個方法，依然有效。然而某一天，我又假裝打電話給他並問：「是萊利建設公司嗎？」

我的兒子回答：「公司已經結束營業了。」

附錄三

# 他們的母語

我們的導師海姆，吉諾特博士，他不是出生於美國，當他長大成為一位年輕人時，才從以色列來到美國。在這裡，他研讀博士學位、發表書籍、舉辦家長輔導團體。我們記得第一次參加他的團體時，我們向他抱怨，要改變舊習慣是如何的困難：「當我們開始要對孩子說一些話時，我們發現自己說話會口吃或不順暢。」他聽完後若有所思，然後回應我們：「要學會一種新語言並不容易。其中會發生的一個狀況是妳所說的話總是有一種腔調……不過對妳的孩子而言，妳說的這種語言將成為他們的母語！」

他的回應一語成讖，這道理不僅僅適用於我們的孩子身上，也適用於我們讀者的孩子身上。我們聽到許多家長分享，他們的孩子在最自然的情況下，如何使用這種新語言。以下是他們講述或寫下來的經驗：

我是一位職業婦女，而且工作時間很緊湊。我三歲的兒子討厭起床，經常都會有起床氣，所以我通常會說：「今天早上，你感覺心情不好，對不對？」他會回答：「對。」然後他的感覺就會變得比較好，也更願意配合我。

有一天早上，我起床後因為快要遲到的關係而顯得心煩意亂，他關心地看著我然後說：「媽咪，妳心情不好嗎？我還是非常愛妳。」我非常驚訝他竟然有這麼敏銳的觀察力，他使我心情好多了，也讓我有了很棒的一天！

* * *

我的四歲女兒梅根跟她的哥哥說：「賈斯汀，我不喜歡你踢我。」（通常她會踢回去）她哥哥說：「好，我知道了。」這件事就到此為止！然後梅根跑來跟我說她使用了新方法，而且這個方法是有效的，她很訝異也很為自己感到驕傲。

* * *

我現在已經將妳們所提過的原則變成一種習慣了，跟妳們說一件我女兒的事，讓妳們知道我多麼常使用妳們的方法。我的女兒現在大約五歲，最近當我跟她說要準備睡覺時，她說：「但是媽咪，我可以有什麼樣的選擇？」（她很喜歡我問她想要用走的去床上，還是跳到床上。）

某一天，我們在玩辦家家酒，她假裝是媽媽的時候，她跟我說：「寶貝，妳可以買一輛吉普車或是一輛跑車，妳可以從中選一樣。」

* * *

我四歲的兒子丹尼，正和他的朋友克里斯多福坐在地上。他們用動物玩偶假裝在打架，但是突然間，假裝打架變成真的打架。

克里斯多福：「丹尼，停！你弄痛我的手了！」

丹尼：「你弄痛我了！」

克里斯多福：「沒辦法，你一直把我的手往下壓。」

丹尼：「沒辦法，你一直把我的手往下壓。」

（我覺得自己應該介入，但是不確定該說什麼。）

丹尼：「等一下。（坐回本來的位置然後思考）克里斯多福，我們可以有兩個選擇：我們可以玩動物玩偶但不把對方的手往下壓……或者，我們不玩這些玩偶，而是去玩另一種遊戲，你想選哪一個？」

克里斯多福：「我們玩另一種遊戲。」

然後他們就跑去別的地方玩了！我知道這很難令人相信，但卻是真實發生的事情。

＊　＊　＊

某天早餐過後，我走向女兒的房間，同時思索除了對她說教之外，我還可以怎麼做，能讓她知道不可以把沒喝完的牛奶留在流理台上。但是我八歲的兒子比我早了一步，他已經站在她的房門前說：「牛奶一離開冰箱就會開始變酸、壞掉。」

令我驚訝的事發生了，我六歲的女兒走出房間，馬上走去廚房把牛奶放進冰箱中。

＊　＊　＊

我在客廳偶然聽見我十歲的女兒麗茲，和她朋友雪倫之間的對話，雪倫當時正在廚房尋找食物。

雪倫（抱怨的語調）：「我好餓，為什麼妳媽媽都把零食放到那麼高的地方？她從來不把東西放在妳拿得到的地方。」

麗茲：「雪倫，在我們家，我們從不抱怨。妳只要告訴我妳想吃什麼，我會拿給妳。」

我站在客廳想，那些我試了又試，從來都不知道有沒有成效的方法，然後某一天，改變就這樣發生了！

＊　＊　＊

我從妳們的書中學到一件重要的事就是，只要不說出一些會傷害別人的話，生氣是沒有關係的。我以前總是試圖要保持冷靜，不讓情緒爆發出來，但是最後也總是結束在我仍然吼叫出了一些自己覺得後悔的話。因此，最近我會在自己感到生氣或不耐煩，或是想要一個人獨處的時候，就馬上讓我的孩子們知道。

昨天，我得到了我的獎賞。

我和十三歲的萊恩一起去買東西，他今年暑假一口氣抽高，所以需要新的冬天夾克。我們去了兩間服飾店，但是沒有找到他喜歡的款式。在我們往第三家服飾店的路上，他說：「我們回家吧。」

我：「萊恩，這樣當第一波寒流來的時候，你會沒有適合的外套穿。」

萊恩：「媽，拜託，我想要回家。」

我：「可是……」

萊恩：「媽，我正試著用說的來告訴妳！我開始感到心情不好，我不希望等一下遷怒到妳身上。」

在返家的路上，我感到非常驕傲和被關心。感謝妳們給予我和我的孩子們這些方法，讓我們在快要傷害對方時，可以用來保護彼此。

＊　＊　＊

我從上個月開始參加妳們的課程，最近我與八歲的兒子有一段對話，我覺得必須和妳們分享。

艾歷克（他剛從校車下來）：「猜猜看今天下課的時候發生了什麼事？」

我：「我一定要聽聽。」

艾歷克：「麥克因為打了某人，所以老師大聲斥責他。他開始大哭，然後老師叫他停止，還叫他愛哭寶寶。」

我：「你看到麥克被罵，心裡一定感到很不舒服。」

艾歷克：「對啊！我輕輕的環抱他，就像這樣。」（他示範摟住一個男孩，並輕拍男孩肩膀的動作。）

我：「我敢說你這麼做，能讓麥克感覺好一些。」

艾歷克：「嗯！老師應該也要去媽媽妳參加的那些課程。」

我相信我說話和傾聽的新方式，已經幫助我的兒子變成一個更敏感的人，當一些不公平的事情發生時，他不會只是站著袖手旁觀。

＊　＊　＊

到目前為止，我們都是看到孩子們使用我們的技巧。最後一封信，是一位女士描述自己如何將這種「新語言」內化的心路歷程。

因為妳們，我才能坐在這裡流下充滿喜悅、出乎意料和驕傲的淚水，所以我必須要寫信跟妳們說出千千萬萬次的謝謝。今天發生的一件小插曲，讓我明白自己改變了多少，而且是多麼自然地付諸實踐。我三歲孩子的表哥（九歲）來我們家玩，他示範給我兒子看怎麼把木板疊高，再藉著木板爬到籬笆上面。我看向外面並說：「嘿，我看到一疊木板，那樣放是容易傾斜的而且不安全。此外，籬笆不是用來爬的，請讓雙腳踏在地上，拜託。」

說完之後，我就離開了。幾分鐘後，我看向窗外，發現他們已經把木板放回地上，開始改玩其他安全的遊戲！這一幕使我忽然意識到，這樣的結果比我預期的更好（我原本只希望他們遠離那堆木板），而且我並沒有：

1. 思考必須使用哪一項妳們教過的技巧，那些話就自然地脫口而出。
2. 像個妖怪似的尖叫；以往我只要想到我的孩子可能會受到傷害，就會心生恐懼，因而產生這種反應。
3. 靠近並直接制止他們。甚至在我說完我的要求後，也沒有意識到自己離開了那個地點，我的行為就是這麼自然而然地發生了。當下我就是離開去做別的事情，然後讓他們自己決定該怎麼做。直到我坐下來寫這封信時，我才意識到，自己在那個時候竟然可以直接離開那個地點，這確確實實表示我真的學會了！我真的將技巧內化了！這實在是太棒了！

這件事發生後，我回想如果是一年前的我，會如何處理這種情況，這麼一想不禁讓我感到害怕。接著我邊哭邊想，如果沒有妳們的書，我孩子的生活可能會變得怎麼樣。我是一個完美主義者、工作狂和不成熟的酒鬼，因為妳們提供了我一份不可思議的禮物，我才能用這種充滿愛的、非批判的方式和我的寶貝孩子溝通。

最近當我母親想到她以前是如何對我們說話時，我和她都流下了眼淚。她說：「當我聽到妳是怎麼和妳兒子說話時，我為自己以前和妳們說話的方式感到羞愧。」我很快就原諒了她，而她也很快開始學著使用這種新語言，在某次成功使用這些技巧之後，她也被鼓舞了，因為她發現自己可以帶給孩子或孫子一種溫暖又慈祥的感覺。

我的姊姊，最近剛離開會施暴的丈夫，她對她孩子說話的那種命令式語氣，令我無法忍受。我為她的孩子感到難過和不捨，所以我買了妳們的書給她，並且建議她直接閱讀漫畫的部分，以吸收章節的要點，期望她會從中得到啟發。我媽媽說已經能看到我姊姊改變了和孩子說話的方式，因此那兩個孩子的自尊，也因為妳們的書而得到救贖。

我真的無法用言語道盡，我對於妳們分享了這些技巧的感謝與感激。

珍

珍，謝謝妳。謝謝妳願意花時間寫下妳的想法和經驗。當我們收到這類信件時，不管是來自國內還是國外，我們都會再次允許自己去想像一幅最美好的畫面：我們所有人，家長、老師、心理健康專家和工作坊的領導者，一起把這些充滿關懷的溝通技巧，傳播到很遠及很多不同的國家和地方；到那個時候，世界上的孩子們都會長大成為堅強又慈悲的人們，他們會對自己充滿信心，同時可以保證能與他人和平共處。

# 出版三十週年 特別收錄

時光飛逝，又一個十年過去了。一本升級版的《怎麼說，孩子會聽vs.如何聽，孩子願意說》已經準備好再次出版。出版社詢問了我們，是否要為新世代的爸媽增加新內容。

依蓮有個點子。「我們問問喬安娜。」

「我的女兒喬安娜？……為什麼？」

「安戴爾，因為她出生、成長於妳的家庭，我們花費長久時間學習的所有經驗，對她來說卻是那麼自然地融入日常生活。所以她就是下一個世代。她將所學的技巧，實際應用於身為一位老師、媽媽、講師、以及帶領我們工作坊多年的領導者上。她正是身處在親子戰爭的最前線。我相信讀者們會很樂意聽到她的親身體驗以及種種發現。」

「妳是說，應該問問她是否願意把個人觀點收錄進這次的新版本中？」

「如果我們沒有這麼做，將會是一個損失。」

當我對喬安娜提起這個點子時，她幾乎沒有半點猶豫。「妳什麼時候需要呢？」她問。

接下來的內容，便是由她執筆完成的。

# 下一個世代

文／喬安娜・法伯（Joanna Faber）

提筆寫下身為育兒大師安戴爾，法伯女兒的感受，是一種很難言喻的奇妙心情。身為一位年輕的母親，我從來就不喜歡與人談論我著名的背景。

我曾試圖在養育幼兒的瘋狂生活中生存下來。在家裡，某個時候會因為我的小男孩掌握了如何從沙發跳到懶骨頭椅上，而讓我感受到單純的喜悅。但下一瞬間，當他試圖跳躍過他那無助的嬰兒弟弟，以增添遊戲的刺激程度時，我必須馬上阻止悲劇發生。在遊戲場上，我們這些媽媽會微笑看著我們的孩子興高采烈地玩溜滑梯，然後衝上去在他們溜下來撞成一團前一一抱開，避免接下來可能會發生的互咬、疼痛和憤怒的尖叫聲。

我永遠記得當我兒子兩歲時，曾經發生過一次慘痛的外出經驗。他當時正處於討厭牽手的時期，他想要自由！那天，購物中心非常擁擠，當丹急著想去看那些吸引他目光的閃亮裝飾品時，我緊抓住他的手臂。我非常害怕他會走丟。當他感覺到我抓住他時，他立刻開始掙扎，所以我抓得更緊，但這樣使他感到疼痛，於是他便開始尖叫和扭動身體。

我把正在歇斯底里的孩子摟到懷中，抱著正在踢腿和尖叫的他快速通過購物中心的出口時，我充滿焦慮的目光與一名警衛對上，所以我被懷疑是綁架孩童的綁匪，當下我真的很不想給警衛我的真名。如果我說我的名字是喬安娜，法伯，之後被傳開說我是兒童教養專家的女兒，那該怎麼辦？我會覺得無地自容，而我媽則會名譽掃地。

我有一群朋友們，孩子都處於嬰幼兒階段，我們會規律地為孩子舉辦「玩樂聚會」，但其實更像是為了我們大人所舉辦的，而當孩子們沒有為了爭奪玩具而吵鬧時，通常就是樂於一個人玩。即使我和這群朋友保持著緊密的關係，我仍然保持低調。我擔心，如果我承認我的母親曾經寫過養育兒童的書籍，她們會對我抱持警戒的態度、認為我會評斷她們的養育方式是否正確。更糟的是，當我正在掙扎時，她們可能也會評斷我的養育方式是否正確。「她媽媽寫了一本親子如何溝通的書？噢！」我在腦海中想像這些場景。

但我的低調沒辦法持續太久。在一次聚會中，我的一位朋友凱西告訴我：「喬安娜，妳一定要看看這本書。我很確定妳一定會喜歡。這完全就是妳的風格。裡面敘述的內容，總讓我想起妳是如何和妳的孩子對話的。這本書叫《如何說，孩子會聽 vs. 如何聽，孩子會說》。」

我嚇到了，從來沒想過會有這一天！我支支吾吾地回答：「對啊，我母親和她朋友依蓮一起寫了這本書。」凱西先是震驚了一下，下一秒便眼神發光地說：「對耶！其中一位作者叫安戴爾，法伯。我怎麼會從來沒有注意到呢！各位，聽我這裡，喬安娜的母親是這本超棒親子溝通書籍的作者之一，但她卻從來沒有告訴我們！」

我就這樣暴露了隱瞞許久的身分。

過了一會兒，凱西來告訴我，她在她的所屬教會舉辦了一系列的座談。她詢問我是否願意過去談談身為安戴爾，法伯女兒的感想。日期是訂在幾個月後，所以我開心答應了，我很確定到時候一定會想出可以分享的事情！但隨著日期一天天接近，我的恐慌感也跟著升高，我開始想像——那個教會可能會解散、或是裡面的管線爆炸，導致建築物淹水、又或是我可能會生病——發生某些嚴重到不得不取消座談的事件，但又不會真的傷害到任何人。我那時候到底在想什麼呢？身為被理想的教養方式所養育出來的我，到底要跟大家分享什麼內容呢？不管怎麼想，都很奇怪！我是不是該展現一個完美母親的典範？不用怎麼努力，就可以輕鬆照顧我的孩子？

最後，我終於了解我是做得到的，而且我不需要做到完美。我只要暢談我天天在家裡使用的所有技巧，因為與年幼的孩子生活相處在一起，是不可能有所謂的冷靜或零衝突的情況。我之前想太多了，我可以分享的就是相當有用、能夠解決所有衝突和保持彼此完整感覺和良好關係的技巧。

我一開始先向聽眾們坦承，我是被一位尊重孩子的感受、鼓勵孩子自主、使用有創意的問題解決方式來取代懲罰的母親養育長大的。

在我成長過程中，我傾聽她所說的，並且與她討論我在人際關係互動上發現的小故事。當我年紀還很小時，我就埋首於我母親的藏書之中：卡爾，羅傑（Carl Rogers）的《*On Becoming a Person*》；海姆吉諾特（Haim Ginott）的《*Between Parent and Child*》；維吉尼亞，亞斯蘭（Virginia Axline）的《*Dibs：In Search of Self*》；赫伯特，柯爾（Herbert Kohl）的《*36 Children*》；約翰，荷特（John Holt）的《*How Children Learn*》，以及其他更多值得推薦的好書，我都在邁入青春期前消化完畢。

我很小就決定了我未來要成為教學者，要從事和孩子們在一起的工作，去癒合曾經加諸在孩子們內心的傷害。我也受到我父親的啟發，他曾是貧民區學校的輔導員，並與大學合力運作一個幫助弱勢族群青年的計畫。

我還記得當我還是個孩子時，我總是把挫折忍回家等著告訴媽媽。我可以忍受老師的尖酸刻薄，或是運動場上的不公平，因為我知道當我回到家，我能和媽媽分享。她會傾聽我的憤怒，讓我得到安慰並準備好下一次的出擊。就算我還只是個小女孩，我也已經注意到其他爸媽的不同，我也記得我會思考那些沒有人傾聽悲傷的孩子們，都是怎麼度過每一天的呢？

當我以一位小學老師的身分進入職場，我相信以我的技巧和對人性的了解，能引導出好的事物。當然我也面臨過挑戰和阻礙，但恢復信念後仍能堅持下去，有些孩子只是已經被爸媽傷害得太深了，難以突破心防並改變他們。

我確信當我有了自己的孩子後，只要在一開始就使用最正確的教養方法，那麼生活就會一帆風順，彼此之間不會有等待修補的傷痕。我記得有一天，我和一位帶著四歲女兒來學校的老師，同在一個辦公室裡，那個小女孩正在哭哭啼啼，因為她將掉在地上的棒棒糖撿起來吃，因而被媽媽打了。我同事告訴我：「妳覺得養小孩很容易，等妳有了自己的孩子，當那個甜美的小寶貝每每挑戰妳的權威時，妳就可以知道該拿那些教養理論怎麼辦了。」

我在心裡告訴自己：「妳錯得太離譜了！等我有了自己的女兒，我絕對不會這樣對她。我會尊重她，也會在她獨立的那一刻鼓掌。我絕對不會像妳一樣，濫用身為母親的權力。」

一轉眼，我已經擁有了自己的孩子，他們整天和我待在一起，晚上也強迫我清醒，不讓我睡，最後終於讓我瀕臨崩潰。為人父母是永無止盡的，不像上班，下了班就可以好好休息。我發現我的聲音越來越尖銳，說出口的話也偏向典型且不顧慮孩子自尊的敘述，像是：

「你到底有什麼毛病？」

「我已經警告過你幾百萬次了！」

「你怎麼可以對你弟弟做這種事？」

以及應該受到譴責的敘述，如：「好啊，那就這樣吧，我要一個人出門了。」（同時心裡希望我真的可以這麼做。）

另外，還有永遠幫不上忙的哲學式問句：「我才叫你不准做，為什麼你還要做？」

有時候我會想像，等我的孩子再長大一點，會走路、說話和抓握物品時，他們就會漸漸懂事。他們在如此溫和又充滿信任的環境下成長，是絕對不會踢或咬或推擠他們的弟弟。

雖然我母親傳授我的大部分技巧，已經融入我的生活之中，但每天都要以父母的身分站在最前線時，我仍需要回顧那些教材。當然，很多時候，正確的用字會毫不費力地掛在我嘴邊，就像我朋友凱西提到，她注意到我的教養「風格」。但某些時候，經過三個嬰幼兒天天且頻繁的需求攻勢，在我感到筋疲力竭和挫折時，也無法說出正確的表達，反而是產生強烈情緒，進而引發孩子的情緒爆炸。然而這時，就是我很感謝有這些技巧存在的時刻。因為當你和孩子相處時，你永遠有下一次的機會，不管這次的戰爭是誰勝誰負，永遠不會是最後一次。而清楚知道當第二次機會來臨時該怎麼做，總是拯救了我。

當我結束在教會的演說後，有許多聽眾感到情緒激動。一群父母希望我去領導一個系列的工作坊。之後我開始全心投入協助親子溝通的工作，同時仍然持續尋找我自己的方法，通過這個具有挑戰性的育兒迷宮。以下是一些來自我的工作坊裡，最令人印象深刻的分享。

## 第一堂課：理解感覺

我很擔心第一次的會面，會使課程裡的父母們感到失望，因為我將講解一個陳腔濫調，有誰沒聽過「理解感覺」這個原則呢？我想像他們會揉著眼睛四目相覷，並想著：「難道我們請來了一個保母嗎？」。但是當爸媽們發現這是一件具挑戰性的任務後，使我大大鬆了一口氣。認知上知道某些事，但要能夠實際應用於日常生活，之間會有著一段不小的差距。

其中一個反對接受孩子感覺的理由，原因是孩子們表達出的感覺，通常是讓爸媽無法接受的！然而父母們還是願意先將懷疑放在一旁，並試著去接受。第一個故事是來自麥克斯的媽媽。她經常感到束手無策，她的四歲兒子被診斷為「對立性反抗疾患（oppositional defiant disorder）」，所以兒子總是挑戰她的底限且每天都會多次大發脾氣。一位治療師協助他們建立了一張圖表，上面顯示好行為可以得到的點數和獎賞，但是到目前為止，這套方法並沒有什麼成效。經過我們第一次的課程之後，麥克斯的媽媽在下次上課時，分享了以下故事：

## 麥克斯和商場

上個星期六既冷又下雨，我和一位朋友計畫帶著雙方孩子到商場中的室內遊戲場見面。當我們到達那裡時，麥克斯在入口處停住並且拒絕再移動，他說：「我不要進去，裡面很無聊又很愚蠢！」

我心裡想：「噢，糟了！我們又要經歷一次風暴了。」我差點要脫口說出：「你在說什麼？是你想要來的！看看這邊所有好玩的遊戲器材，每個孩子在這裡都好開心。」

但我深吸了一口氣，然後說：「所以你不喜歡這裡的任何東西，裡面的溜滑梯、跳跳床、車子和小火車，都讓你覺得很無聊！」

他說：「沒錯！」然後他就走進去玩了，我看得目瞪口呆。過了一會兒，他走出來，看著我並說：「妳了解我。」他從來沒有說過類似的話。

## 想像這幅畫面

幾天後，我收到一封來自麥克斯媽媽的電子郵件：

麥克斯有許多強烈的情緒，我以前總是會試著讓他平靜下來，然而現在我發現，真正有效的方式是我和他表現得一樣戲劇化。

昨天他一直期盼玩伴的到來，可是最後一刻，玩伴的媽媽打電話來說要延期，因為她女兒太累了，沒有辦法過來。

結果麥克斯非常生氣！他發出強烈的尖叫聲，我跑到黑板前說：「你聽起來好失望！你真的好期待她來家裡跟你一起玩。」我畫了一個流出巨大眼淚的男孩（淚滴比他的臉還要大），眼淚都流進了一個巨大的水坑中。麥克斯要我把水坑愈畫愈大，然後他用一顆大淚珠把整個圖案包住，並且寫上「傷心！」和「嗚呼！」後，黑板被畫得滿滿的。

最後，我們討論了要怎麼做才能讓感覺比較好。他說他可以打電話找另一個朋友，然後他也這麼做了。當他在等待朋友到來時，他告訴我他覺得自己好幸運，因為現在他有兩個玩伴了——今天一個，原本那一個可以改天再約。

也許看起來，理解和接受孩子的感覺，必須經歷不少麻煩，但相較於過去，我試著讓他感覺事情沒那麼糟，希望制止他的情緒，那樣做卻反而導致接下來一整天他都是處於憤怒的狀態。

## 冷靜？

一位媽媽告訴參加課程的家長們，這個方法不適用於她的家庭。有時候，當她表示接受女兒的感覺之後，女兒甚至會更生氣。

我請這位媽媽舉個例子。她說：「就像今天早上，梅根很生氣，因為她的粉紅色運動鞋濕濕的，所以我告訴她不能穿去學校。我保持冷靜的語調說：『梅根，我看得出來妳有多失望，妳想要穿那雙鞋，但是它們太濕了。』結果，她尖叫得更大聲，還開始踢我！」

聽到梅根的媽媽那沉穩又溫柔的聲音，我告訴她：「妳的說法傳達了妳理解女兒的感覺，但是妳的語調卻像是在說『噓……冷靜一點，事情沒有那麼糟，不值得這麼生氣。』」

另一位媽媽突然跳出來說：「冷靜？這兩個字是不能在我家出現的，當我生氣的時候，如果有人要我冷靜，只會讓我更生氣。如果我先生對我這麼說，我會想把他的頭扭下來，他也知道這一點！」

第一位媽媽說：「我只想試著用冷靜的聲音使她平靜下來，我並不希望火上加油。」

如果你希望讓一個孩子冷靜下來，試著配合她當時的強烈情緒，會比試著減緩她的情緒有用。

「噢，糟糕！妳想穿那雙粉紅鞋，但是現在它們是濕的，這真是讓人失望啊！真是討厭！因為妳最愛這雙鞋了。我希望我們有時間把鞋子弄乾，妳覺得如果我們把鞋子放在暖氣上，等妳回家的時候，是不是就會乾了呢？」

此外，有些時候，給一個選擇可以轉移孩子當下的情緒。「現在該怎麼做比較好呢？妳想要穿紫色的運動鞋還是涼鞋？」

## 肚子餓

幾週後，梅根的媽媽告訴我們以下的對話：

梅根因為肚子餓，開始心情不好。我（冷靜地）告訴她她要有耐心，只要再五分鐘，晚餐就準備好了。她發出更大的哀號聲。

然後我想到了要配合她當下的情緒，所以我用力坐到她身旁的地板上，並說：「肚子餓的時候，五分鐘感覺要等好久喔！會讓人覺得在這段時間裡像是快餓死了一樣！」我用拳頭捶了捶地板。「我們現在就需要食物！」梅根聽了就咯咯笑，然後說：「媽咪，妳好傻喔。」她真的很享受我演的這齣戲，也完全轉換了她的心情。

## 一次兩個（或三個）

面對一個以上的孩子時，該如何運用「接受孩子的感覺」原則（這似乎比較像是一對一的活動），課程裡有一位幼稚園老師對此感到好奇。她實際對一個以上的孩子嘗試之後，發表了心得：

我以前習慣直接掌控和解決孩子們的爭吵，這樣通常會導致有一個不開心的孩子，躲在角落生悶氣；而獲勝的孩子則在一旁幸災樂禍。現在，我只會傾聽然後重述每個孩子所說的話，我只會表現得像個說故事的人。這個例子是上禮拜發生的事：

傑洛德，你不喜歡荷西從你手中搶走積木！

但是，荷西你需要這塊積木去支撐你的賽車道。

然後，噢，傑洛德你要用這塊積木去蓋一座塔……我明白了。

（接著，出乎我意料之外，衣櫃的門被打開了一條縫，然後我聽到很小的聲音說：「莉莉在衣櫃裡，因為荷西踩到我的手指頭！」）

當我這麼做時，孩子們多數時候能停止各說各話，然後他們會冷靜下來，不再爭吵。我其實不太需要做任何處理，這真的是很神奇的一件事。有時候，我會協助他們找出一個解決之道，例如「你可以幫荷西找到另一塊搭建橋的積木嗎？」但通常只要我傾聽他們的說法就足夠了。

## 燕麥棒事件

一位媽媽分享了自己的經驗：

讓孩子幻想是我最喜愛的技巧，當我在家中使用這個方法時，發生了這樣的故事。我的四歲女兒克莉絲汀，只喜歡花生醬口味的燕麥棒。她的姐姐珍娜正忙著拆開最後一根花生醬口味燕麥棒的包裝。當克莉斯汀開始發出哭聲時，珍娜很快地把整個燕麥棒塞入自己的嘴巴。

我給了珍娜一個不贊同的眼神，於是她從嘴巴中吐出一團燕麥棒並且要給克莉斯汀，真是火上加油的行為，我來不及阻止，所以克莉斯汀開始尖叫和哭泣。我向她保證我們很快就會去買更多花生醬口味的燕麥棒，但是她不為所動，仍然持續尖叫。我告訴她必須控制她的音量，結果她尖叫得更大聲。我的鼓膜都快被穿透了，所以我帶她到後院。現在所有的鄰居都聽得到她有多麼傷心！她就這樣一直斷斷續續地尖叫和哭泣，直到我記起來「噢，對了，要滿足幻想。」……

我用我最戲劇化的聲音說：「克莉斯汀，妳知道我許了什麼願望嗎？」她停止哭泣然後問：「什麼？」我張望了庭院四周，然後開心地發現目標物。「我希望我們有一根像野餐桌一樣大的燕麥棒。」克莉斯汀的眼睛亮了起來，她回我說：「媽媽，這樣不好，這樣太大了。」

「好吧，那……我希望我們有一根像那邊那個石頭一樣大的燕麥棒。」克莉斯汀愉快地說：「那樣很好！」

危機因此解除了。我猜，當有個人了解你是多麼想要某件東西，那種感覺就像是讓你真的滿足了願望一樣好。

## 帶我去奧茲

一位母親想知道，「接受孩子感覺」這個原則不曉得能否在他九歲兒子身上產生作用，她的兒子羅比被診斷出自閉症，有嚴重的認知發展遲緩，所有大部分他接受的療育服務都認為，包含簡單又具體的增強和處罰的行為系統，是唯一可以幫助他控制自己的方法。我不願意承認，但我只能回答：「我不知道，我沒有處理過任何類似的狀況。」

隔了一週後，這位母親告訴我們以下經過：

羅比一直記得他想要去百老匯看「奧茲大帝」，他已經看過不下數十次的電影，而且也記得電影中的每一首歌曲。我不斷解釋說，這齣戲現在並沒有在戲院上演，但是並沒有用。當羅比想要某件事物時，他絕不會輕易放棄，他的怒氣和哭泣往往可以持續好幾個小時。我察覺到他的情緒就快要爆發了，我決定試試「幻想」這個方法。

我拍了拍床然後說：「羅比，你想不想上來我的神奇魔毯，和我一起去拜訪奧茲王國呢？」

羅比跑上床，並依偎在我身邊。我們飛到奧茲王國的上空，然後我看向床邊，開始指出一些角色說：「我猜我看到了稻草人！他在那裡做什麼呢？噢，那隻是膽小的獅子嗎？」

「我看到鐵皮人！」羅比叫嚷著。

「噢，天啊，他沒有在動，」我說。「我想他生鏽了。」

我們拜訪了所有角色並且擁有一段甜蜜的相處時光。我對於自己可以滿足他的需求，並非嘗試壓抑他無止盡的挫折而感到滿意。這個方法比起在他的圖表上畫一顆星星來控制他的情緒要好多了，尤其是當他真的無法控制自己的時候，他也會因為無法得到星星而加倍憤怒！

## 我討厭學校

接下來的例子來自一位母親，她的孩子是亞斯柏格症的患者：

賈斯汀要去上學的這件事，讓我非常困擾，這個困擾已經持續一年以上了。接受環境的變化對他來說是很困難的一件事；我們每天早晨的狀況都非常糟，他會大哭、尖叫、然後被拖到車上。我已經做了一些調整，例如和他的老師互相配合，以及減少他在學校的時間，我也開始接受他的感覺，同時，我不再試圖安慰他和消除他的焦慮。我以前會說：「你知道我十二點十五分就會來接你」、「你知道你必須去上學」、「一旦你到了學校，你就會感覺好多了」、「你會看到你的朋友」、「你喜歡在學校算數學」等等，所有這些話語只是讓他更加生氣。

以下是現在的情況（目前每天依然如此）：

我：「賈斯汀，把夾克穿上，準備要去學校了，我們要去坐車。」（害怕地停住不說話）。

賈斯汀：「但是我恨學校！」

我：「我知道。學校不是你最喜愛的地方。你喜歡待在家裡，玩你的車子……唉……沒辦法，你的外套在這裡。」

賈斯汀（走到前門）重複說著：「那不是我喜歡的地方！」然後穿上外套。

這很有趣，我想當我這麼說的時候，還帶了一點諷刺的語氣在裡面（是啊，我知道你不喜歡。我聽說他們每天下午都會折磨幼稚園的孩童們）。現在我知道我不需要修正他所有的煩惱憂慮，我可以完全並真誠地接受他的感覺，而且我想他也感受到了。

## 更多問題

爸媽們持續不斷地給予我挑戰：「該如何處理只要發生一點小事情就會崩潰的孩子呢？只要有人擦碰到他的手肘，他就會『噢噢噢！好痛！』。對於想要得到他人注意的孩子的感覺，我們應該要接受嗎？難道這樣不會鼓勵他去抱怨更微不足道的小事嗎？」

當然，有些感覺實在是太微不足道，並不需要給予同情。

孩子的一天當中，可能會經歷各種挫折和強烈的情緒。（如同四歲的麥克斯某天早上都一直很配合，也持續表現出好行為，但他在幼稚園度過了漫長又嚴格的上午後，他會跟媽媽說：「媽，我快發瘋了！」）因此，可能在手肘被碰到時，就成了壓垮孩子情緒的最後一根稻草；也有可能這只是一個讓他可以用哭泣來宣洩情緒的藉口。

如果孩子只是想要注意力和安慰，我們可以給他；因為倘若不給，他很可能會尋找其他更煩人的方法，只為了得到我們的注意力。

我們可以把他摟在懷裡問：「哪裡痛痛呢？這裡需要被親一下。」也可以隨身準備幾片OK繃，特別用來治療這種「隱形的傷口」。當一個孩子情緒低落時，你可以餵他兩顆葡萄乾「藥丸」，或一湯匙的葡萄汁「藥水」。當孩子在有需要的時候，大人在第一時間提供的情緒急救處方，可以為孩子們帶來極大的振奮力量。

最後一個問題：「當我知道我女兒感到心煩意亂時，我會問她怎麼了，但是她通常會回答我：『沒事。』我越是問她，她告訴我的反而越少。」

當我們一開始就毫無疑問地接受孩子的感覺，孩子會感受到很大的不同。我們可以不要詢問她發生什麼事了，而用簡單的「妳看起來很難過」、「有事情讓妳心煩」或「看來妳今天過得很不順」來取代。

類似上述這些敘述句，能使孩子放鬆和感覺自己可以隨時與爸媽分享心事。當我們問：「妳為什麼難過？」那只會促使她去辯護自己的感覺。因此，換個方式，讓她覺得當自己願意的時候，是可以找我們聊聊的，或只是從我們的理解當中獲得些許安慰。

我記得自己感受到「接受感覺，不問問題」這個技巧的力量，是我在曼哈頓一所學校教書的時候。某天早上，當我進到辦公室打卡時，我看到一群老師和祕書圍繞在一個哭泣的六年級女孩身邊。大人們都著急地想知道發生了什麼事，所以他們輪流、連珠炮似地問這個孩子：「妳為什麼哭？怎麼了？發生了什麼事嗎？妳還好嗎？」每多問一個問題，那個女孩就哭得更厲害，哭到幾乎上氣不接下氣。

我把女孩帶出那群圍繞住她的大人們，對他們說：「讓我陪她一下。」接著我們坐到角落。我等了一會兒之後說：「發生了某件事，讓妳很難過。」那個女孩開始說話，她告訴我她在街上聽到汽車引擎逆火的聲音，而她覺得那是槍聲。上週末，在她住的那條街上，有人受到槍擊，所以現在讓她覺得有人會對她開槍。我回應她：「這一定讓妳非常害怕。」「對。」她同意地說，此時她的呼吸也變得較平緩了，不再那麼斷斷續續。

如果我曾對「接受感覺」這個方法有過一絲絲的懷疑，也會因為這件事而迅速改觀。有兩個教職員，看到女孩冷靜下來了，就從辦公室走出來並開始詢問：「妳有問出發生什麼事了嗎？」「她沒事了嗎？」「有什麼問題？」那個女孩馬上又回到受驚嚇的啜泣狀態，我說：「她受到驚嚇，但她會沒事的。」然後那兩個抱著善意的教職員就回去辦公室了。

我非常感激在這樣的時刻，我有一個小小的技巧，可以幫助一個緊張又驚慌的孩子。詢問的衝動是強烈的，我們都覺得只要我們知道問題是什麼，就有機會去解決它，但是通常，解決方法就只是簡單地接受對方的感覺。即使那個女孩並沒有告訴我她到底怎麼了，我也確定只要有一個大人坐在她身旁，並且理解她的憂慮而不是問她問題，這樣就是最好的處理方法了。

## 第二堂課：讓孩子開始合作

當我開始工作坊的課程時，我腦中跳出一個問題，就是家長們並不只是擔心如何度過每一天（當然，這點絕對是首要任務），家長們心中也總是有著潛在的焦慮：我養育出了一個什麼樣的孩子？我怎麼會把這個小鬼教成沒有任何責任感、會打她姊姊、說謊、不會整理自己製造的髒亂、愛抱怨，而且通常在要他配合的時候，他都表現得像隻生氣的大黃蜂？他本來是那麼甜美的小嬰兒，我到底是哪裡做錯了呢？

當我兒子丹兩歲時，他發明了一個和家中小狗玩的新遊戲。他會接近正在睡覺的小狗，擺動自己胖嘟嘟的短腿，然後踢小狗一下。那隻可憐的小狗會被嚇得跳起來，丹則會因為他所製造的混亂而高興得大笑。我記得當時無法置信的感覺。什麼樣的人會為了好玩而去踢小狗？怎麼樣的媽媽會教養出這種討厭鬼？

其實，一個兩歲的孩子還沒有辦法完全了解其他人（和生物）是有感覺的，記得這一點會有助於你的理解。他知道當他踢到物品時，他的腳會痛，但是他並不能真正明白，當他踢你的時候，也許他沒有感到任何疼痛，但是你的腳是會痛的！當然，如果你罵他，他會哭，但這是因為被罵很可怕，而且是一種不愉快的經驗。

這個知識使我跳脫了自己是個糟糕的媽媽的感覺，或對我兒子生氣，而且讓我專注於幫助我的孩子找出一個更好的方法與小狗互動。我結合了「理解感覺」、「規範行為」，以及「提供選擇」這幾個簡單的原則，讓孩子可以較容易地改變原本的行為。

「丹，我看到你很享受踢東西的過程。小狗不是拿來踢的，小狗喜歡被溫柔地撫摸！我們想想看……你可以踢什麼呢？你想不想踢氣球或是小皮球之類的東西？」

當然，記得不論你對兩歲的孩子應用了什麼方法，一定要不斷地重複說過的話（我有這麼做！）。我很高興地宣布，丹已經長大成為一個非常溫柔對待人和動物的人。他會用杯子罩住黃蜂，然後放生到戶外，而不是用蒼蠅拍來打黃蜂。而且，當他三歲時，他已經學會要輕輕地撫摸小狗，讓我大大地鬆了一口氣！

參與團體的爸媽們，一旦他們拋棄了孩子們應該要表現出道德義務的這種觀念，他們可以想出許多有創意的解決方法。其中一個最受大家喜愛，用來促使年幼孩子合作的方法是要有趣，而不是嚴格。

孩子們喜歡玩，但每天必須做的例行事項能讓一整天變得很討厭，因此逗趣的方式，會讓他們感到舒緩。對學齡前的孩子來說，假裝無生命的物品會說話，是個穩當且極具吸引力的做法。孩子們渴望幫助請求協助的襪子：「有沒有人可以把腳放到我身體裡面，我感覺好平而且好空喔！」；玩具們哀訴：「一個人躺在地板好孤單，我想要跟朋友一起待在壁櫥裡。」；肥皂哭泣說：「我好可憐，我需要清洗一些小髒手！」

## 飢餓袋

在幼兒的國度裡，你可以請求、威脅和處罰，但是你沒有任何方法可以強迫你的孩子把積木撿起來。一位媽媽曾嘗試這麼做。她對兒子拒絕清理自己製造的髒亂感到非常生氣，所以她把積木塞進兒子手裡，並且箝制住孩子的手掌，讓他沒辦法把積木放開，她就用這樣的方式強迫孩子把每一塊積木放入袋子中。然而，這並不是最有效率的清理方式！某次課程結束之後，她告訴我們：

昨天又發生了另一件因為積木而起的戰爭，這次我靈機一動，拿起袋子，然後裝出一種低沉又沙啞的聲音說：「我好餓喔……我想要吃積木！」就這樣，我們的戰爭結束了。袋子真的想吃紫色的積木……它已經等了一整天要吃那邊的綠色積木……「嗯，它們吃起來像花椰菜……蠻好吃的……噢，不好了，我已經開始覺得飽了……不要，不要餵我吃粉紅色的，它們會讓我不舒服，拜託不要，我會吐出來喔！」我八歲的女兒也過來一起玩，而這次的清理甚至比以往更為快速。今天他們都極度想要再玩一次，現在袋子還有了一個名字：「飢餓袋，伯瑞斯」。希望它的效用可以長久持續！

我個人在這堂課中最喜愛的技巧是「爸媽表達自己的感覺」。團體中的爸媽，似乎都期待自己可以有無窮盡的耐心，而且當事情反覆發生，但他們無法保持耐心時，他們會產生很大的罪惡感。一位媽媽告訴我：「妳一定很清楚要說什麼、妳一定可以保持冷靜、妳不會像我一樣失去耐心！」我吃了一驚，我給了他們一個冷靜的形象嗎？但是事實並非如此，於是我告訴那位媽媽：「當我感到挫折時，我的音調會高八度。如果妳昨晚在我家（或者在我家外面），妳會聽到我搥著浴室的門，我的青少年兒子已經在裡面洗了一輩子的澡。妳會聽到我大叫：『我不喜歡遲到！有五個人在等我們！我討厭讓別人空等！我們現在就必須出門了！』」

我們不需要保持冷靜，我們可以表達出自己心中所有的感覺，只要我們切記描述自己的感覺並且提供訊息，而非只是攻擊我們的孩子。

當孩子年紀大一點之後，妳會很高興自己教過他「提供訊息」這個技巧，因為妳會發現自己經常是受益的那一方。

最近我跟我兒子丹借他新買的GPS，他教我如何操作之後，我持續用手指用力地戳螢幕，丹告訴我：「妳只需要輕輕碰觸螢幕。」但我還是持續地戳。丹看到他新買、價值一百元美金的GPS不斷遭受我暴力的對待，他更堅定地對我說：「媽，這個螢幕很敏銳！妳看，只要輕輕觸摸一下，它就會感應到了。」這次示範後，我就學會了。

想像假如他是對我說：「媽，妳怎麼回事？妳會弄壞我的GPS！妳真的太粗魯了，我來幫妳設定。」很明顯地，這對爸媽是一種不尊敬的說話方式！但是孩子們是從哪裡學到如何跟爸媽對話的呢？至少某部分是來自爸媽與他們說話的方式。

**單槓休息了！**

一些家長特別喜愛「寫字條」這個方式。一位有十六歲兒子的媽媽描述：

大衛還沒有做完健身運動前，絕對不會就寢，他的健身步驟包含了好幾套引體向上的動作。而很不幸地，家裡唯一一個夠高、可以架置單槓的門口，就在我和先生的臥房外面。我已經一次又一次地請他早一點進行健身，這樣他就不會在我們快要睡著的時候把我們吵醒。他也答應我會盡量做到，但是並沒有看到實際行動的改變，每次說完的隔天，他都還是在深夜的時候健身。

最後，我寫了一張字條將它懸掛於單槓上面：

「單槓十點就要休息了。表示你也一樣！沒有例外！

管理人員留」

之後，他持續一個星期都在十點前結束健身。我問他是如何做到的，他只是露出饒富興味的眼神看著我並說：「媽，沒辦法，我一定要在單槓休息前完成啊！」

我並不十分明白，為什麼文字會比嘴巴說出來的更有力量，但是這個方法對我們是有用的！

而另一位家長發現，當他兒子太沮喪而不想說話時，一張字條可以幫助他們溝通。

## 我不要去上學！

昨晚，凱文真的非常生氣，因為他支持的隊伍輸了超級盃美式足球，加上他也不能從我們家自辦的球賽賭局中贏得任何獎金，所以他大吼：「我明天不要去上學了！」然後跑上樓，回到他的房間寫了一張字條：

「嗨！我不會去上學，噢還有，把我所有的東西都拿走吧！

P.S.我討厭你們

凱文」

不用說，我不期望隔天早上可以讓他改變心意去上學，所以我也回了一張字條並放在他的床上：

「親愛的凱文：

沒有必要把你所有的東西都拿走，你沒有做錯任何事。你只是很難過紅雀隊輸了，而且你也沒辦法贏得球賽賭局。你可以生氣的，尤其是你參加的球隊去年也輸了比賽。你不想去學校，也許只是因為你不希望感到難堪。

愛你的媽媽留」

然後隔天早上，我進入他的房間查看他是否已經醒了，結果看到他回了一張紙條：

「對，我想是吧，那是去年發生的事，但是我還是不喜歡美式足球。」

所以我假裝他還在睡覺，並在他房間留下另一張字條：

「親愛的凱文：

我也不喜歡美式足球。為什麼你們球隊沒有贏呢？也許有一天你可以幫助隊伍取得勝利。

P. S. 我們必須準備去上學了

愛你的媽媽」

大約五分鐘後，他已經換好衣服並且準備去學校了，雖然不是在一個好心情的情況下，但是看起來還算可以。

## 第三堂課：取代處罰的其他方法

我們必須處罰孩子好讓他們學到教訓的這個想法，已經根植在許多人的心中。我們認為這是身為爸媽應盡的責任。而我總是對於要反對這麼強大的社會規範，感到些許的緊張，所以這回課程開始時，我先問有沒有家長願意提供自己過去被爸媽處罰的經驗，我得到了一些回覆：

「我們被禁足，但是爸媽並沒有嚴格執行，所以很多次我們都有逃出去。」

「當我爸媽把我禁足時，他們根本沒有辦法可以控制我，只是失去更多我對他們的尊重。」

「我的媽媽會用湯匙打我，但這樣並不能阻止我。」

「我爸會用皮帶打我，但並不能制止我。」

「當我被打之後，我只是在做壞事的時候變得更小心。」

「我媽會逼我把肥皂放到嘴裡，但這樣做只是惹我生氣。」

「我被處罰待在角落，使我感到羞愧而且害怕。」

然後，一位父親拋出了這段話給我：

「我媽在我們表現不好時，總是會打我們，我們仍然尊重她，並會遵守她的規則。當我兒子表現不好時，我打他也有相同的效果。但是當我打我的女兒時，她會非常生氣，然後會表現得更糟。所以我想學習妳的替代方法。另一方面，現在我家裡有一個寄養兒童，我們不准打他，所以學會替代方法對我來說非常重要！」

聽完家長們的經驗後，我拿出一篇剪報，並且對著大家唸出它的摘要。我覺得這篇報導是很嚇人的，內容是一位青少年受重傷時，他的朋友們只想到要逃避處罰，所以不願意送他去醫院，最後導致他的死亡。

### 噩夢成真——青少年之死，旁人的行為震驚整個地區

一個十七歲、受歡迎的高中生運動員在星期二晚上死亡，他絕望的家人們於五個小時前同意拔除他的生命維持器。羅布，維思康自從被送到威徹斯特醫學中心後，就一直處於昏迷的狀態，他在參加一個朋友臨時舉辦的啤酒派對時，頭部遭到重擊……

在場的青少年們謊報派對舉辦的地點，並且清除了證據……許多目擊者的故事版本是互相矛盾的。目前仍不清楚為什麼他們不打電話叫警察，或這位死者在朋友總算送他去醫院時，已經流著血躺

在地板上經過多久時間……

我們祈求年輕朋友們，除了顧慮爸媽可能給予的短期「後果」外，當其中一位朋友受傷或不舒服時，可以更適時地撥打110，搶救寶貴的生命必須跟時間賽跑。（摘自新聞雜誌的一篇社論，威徹斯特版，二〇〇二年五月三日）

我們為什麼要對孩子在危機發生時的第一個想法是保護自己，而不是如何修正問題這件事情感到驚訝呢？因為我們一直以來的教育方式，使孩子在犯錯時會預期到我們的處罰。

我兒子五年級時，在他的英文課上發生了一個小事件。一個坐在老師桌子附近的女孩，抬起腳時不小心將一個雪花水晶球撞到地上摔碎了。每個人都呆住了，除了丹。他馬上站出來撿拾地上的玻璃碎片。當然，不好的行為會受到處罰，老師於是對他大發脾氣，認為他就是把球弄破的人。老師猛烈地對丹尖聲叫罵，使他甚至沒有時間解釋不是他弄壞的。面對這樣的情況，沒有人敢站出來說出事情的真相。

我從這次經驗學到，在問題發生時，我的孩子是會馬上反應去解決問題的那個人，因為他就是這樣被教育長大的。反之，其他人則會因為害怕而退縮（他們也應該是出現這樣的反應沒錯）。

身為爸媽的挑戰，在於我們要針對不好的行為，找出可以激發孩子改變的回應方式，而不是使用會導致憤怒，以及甚至模糊了真正問題的舊方法。

不過爸媽們仍然會懷疑，「難道對於持續表現出不好行為的孩子也不應該讓他知道後果嗎？如果他們不會因為自己的錯誤而遭受處罰，怎麼能學到教訓呢？」

我反對「後果」這個字的原因，是因為它通常被當成一個新標籤，但卻是被貼在一個陳舊又適得其反的想法上，例如：「一星期不准看電視」變成是一個「後果」而不是一種「處罰」，這並沒有改變實際上的狀態。孩子做錯了某件事，爸媽想辦法讓孩子感覺不好，期望他日後能有好的表現。不管我們稱之為後果或處罰，它都沒有辦法使我們得到想要的結果。我們必須先確定，希望孩子對於自己所犯的錯誤會有什麼想法和感覺，是想要孩子只專注在自己會錯過什麼電視節目？或是，在被禁足時，心中有好多不滿、想著自己是多麼無藥可救的壞孩子……或者是，我們希望他們能去思考該如何修正錯誤、讓事情變得更好，以及再次碰到時該怎麼做？

爸媽們仍然抱持著懷疑的態度：「所以妳是說也不應該讓他嘗到後果嗎？那如果孩子是故意不服從呢？難道我們就任由他反抗嗎？這對我來說，實在是太縱容孩子了！難道我們不需要設定某種底限嗎？」

我不是建議大家放棄身為爸媽的權威，而是我們可以藉由採取行動，來確立我們的權威。這些行動可以包含：保護孩子不受傷害、避免孩子去傷害他人、保護物品不受損、以及保護自己和孩子之間的關係。我們可以說明自己的價值觀和提供選擇，我們可以提供孩子修正或改善問題的方法，我們也能各種行動都做但就是不使用處罰。

底下提供一些爸媽採取行動去保護而不是採取「處罰」的例子。

**保護你的物品：**

- 丟積木可能會打破玻璃，我現在要把木頭積木放到其他地方。
- 我不願意再借給你任何工具，除非你把上禮拜帶去朋友家的鑽孔機歸位後，我才會比較願意繼續與你分享我的工具。
- 車子被開走，但沒有經過我的允許，這讓我非常生氣。我會把鑰匙收起來，直到我們想出一個雙方都可接受的方式。讓我們花點時間想一想。

**保護他人：**

- 不可以打人！我知道你有多麼氣你哥哥，但現在我要把你（或他）帶進廚房，這樣才不會有人受傷。
- 丟沙子可能會害別人的眼睛受傷，我們現在去草地那邊玩。
- 我要拿走你們的漆彈槍，等到你們想出一個方法，可以向我保證你們會安全地使用它。拿漆彈槍對準他人的耳朵實在是太危險了！

**保護自己：**

- 我太累了，所以無法在九點過後唸床邊故事。只要你能夠準時上床睡覺，我們明天晚上可以再試一次。
- 我們現在要回家了，我不想再繼續採買了。我知道你需要買去露營的衣服，但是我現在太生氣了，因為你用這麼諷刺的語氣跟我說話，而且還是在店員面前。

・上次我們去湖邊，在公園即將關閉的時候，我必須花十五分鐘大叫和請求，你們才願意離開水面，這真的讓我很生氣！除非我們可以想出一個更好的解決方法，不然我不會再去一次。

**保護你的孩子：**

・你現在不想戴安全帽，可是我很擔心你這樣去騎車會受傷，所以我要把腳踏車收到別的地方。我們來找找看，還可以玩些什麼是不需要戴頭部保護設備的呢？

・我沒辦法讓你去參加一個沒有大人監督的派對，我很清楚你知道原因。如果你想要，你可以邀請一些朋友來我們家玩。

**保護你與孩子之間的關係：**

・在今晚客人來之前，我們需要把屋子清理乾淨。只要這些散亂的東西一被收好，我就可以帶妳去妳的朋友家。好，我聽到了，妳說我可以自己收拾，因為客人們是我的朋友。問題是我會感到很不滿，因為我必須收拾妳的東西，可是妳卻能在外面玩。我不希望對自己的女兒有那樣的感覺！

・我現在非常生氣！我不喜歡妳對我說話的方式，我也不喜歡我對妳說話的方式！我現在要回自己的房間而且會關上門，我需要一點時間冷靜一下。

這類的敘述，可以讓你的孩子們了解你尊重自己以及他們的感覺，而且你是有原則的，但又不會讓他們產生被你攻擊的感覺。這些敘述不僅能引發他們合作和改善的動機，還可以教導他們在面對朋友時，如何謙恭地堅持自己的立場。我們大部分與他人的關係中，是沒有權力去處罰別人的，但是我們通常會有保護自己和他人的能力。

當我從這次工作坊開車返家的途中，我想起有一天下午，丹和朋友們探索我們家後面那片樹林所發生的事情。他那時候是十二歲，那天傍晚他告訴我：「媽，這真的很不可思議。史蒂夫和亨利下午想要爬上結冰山洞旁的岩石，然後我告訴他們，我覺得不應該這麼做。」

「史蒂夫說：『不用擔心，不會怎麼樣的。』我告訴他：『如果我媽在這裡，我也會說出跟你完全相同的話。但是，我不認為我們可以在沒有大人的情況下自己爬上去，因為如果你們受傷了，我會覺得是我的責任。』所以他們就打消這個念頭了！我覺得自己表現得像個大人，我從來沒想過會說出那樣的話。」

我聽得目瞪口呆，沒辦法想像我的那個魯莽小男孩，竟然會提醒別人要小心？而且他懂得使用語言去表達，不是用命令的方式（「你最好敢這麼做！」）或威脅的方式（「我要把你禁足！」），他知道該如何有禮貌地描述自己的感覺和聲明自己的底限（原來這孩子也是有底限的），而在任何與他人相處的關係裡面，這都是一種有用的工具。

隔週，爸媽們都興高采烈地分享自己使用了非處罰的替代方法的成果。

## 年幼的破壞者

參與工作坊的一位媽媽，她的家就像一個真正的展覽室，充滿著優雅的家具、白色的毛絨地毯和美麗的小毯子等等。她同時擁有一個具有破壞力的三歲小孩伊凡。伊凡會用黑色彩色筆在沙發坐墊、牆壁和地板上畫畫，還會用剪刀在枕頭上戳洞。伊凡的存在對家裡是一個威脅，只要媽媽一不注意，他就會幫家裡進行「改裝」。她已經用過責罵、隔離等方法，但是這種破壞行為仍然持續發生。以下是她的描述：

我們上完「取代處罰的其他方法」的那週，我逮到伊凡正在剪其中一條毯子的流蘇。我從他手中拿走剪刀並說：「我非常生氣！這條東方毯子是曾祖母給我的！現在流蘇變得長短不齊，我希望你可以把它修好。」我把剪刀還給他，找出一把尺，然後放在流蘇的底端。「你需要非常小心，才有辦法把它們剪成一樣長度。」

伊凡說：「媽咪，對不起。」然後小心地將流蘇剪齊，而我協助他扶著尺。隔天，他把一滴水灑在桌巾上，他跑來找我說：「媽，水灑到桌巾上了，我們可以怎麼修理它？」

我真的非常驚訝，我的兒子從一個破壞者完全轉變成為一個修復者。我也帶他去買了很多可以畫畫、著色和裁剪圖案的美勞材料，並把這些用品都收在一個特別的盒子中，在那之後，我家就沒有再遭受過「藝術攻擊」了。

## 亂七八糟

我必須承認，安迪是一個很狂野的四歲小孩，讓我完全了解「男孩就是男孩」這句話。我小時候也讓爸媽很頭痛，然而，我希望安迪可以學會面對自己不好的行為而不是逃走。上完「取代處罰的其他方法」那天，我走進客廳，發現地上到處都是白色粉末。很明顯地，安迪需要放一些東西在他的玩具卡車上，所以他決定了妹妹的嬰兒粉是一個很好的貨物。我大叫：「是誰弄得亂七八糟？」

安迪說：「糟糕了！」然後就跑去躲在沙發後面。

突然間，我想起來上課學到的方法，所以我技巧性地轉成說：「噢，不，我們有了一個麻煩，我們該怎麼辦呢？」

安迪從沙發後露出頭來，一邊大叫：「水！」然後就跑進浴室，回來時，手裡拿著濕紙巾。

## 小綠人

我要分享自己第一次試著向我年幼的孩子介紹「解決問題」這個方法的經驗。（我媽媽說他可能太小了，無法理解我在說什麼，但是我只能孤注一擲。）

當丹尼二歲九個月時（我記得他是在兩歲八個月開始如廁訓練，所以我每天都在算日子，期待訓練成功的那一天），我們有了第一次正式的解決問題過程。我是一個深感挫折的媽媽，因為兒子已經學會要在馬桶尿尿，現在卻對這件事失去了興趣。為了玩，他會憋著尿憋到忍不住而尿在地毯上，然後開心地站上板凳，拿櫃子上的地毯清潔劑，用刷子清理被自己弄髒的地方。如果在他憋尿的期間，我試著催促他去上廁所，他會強烈地抗議說他還不想上。這種情況已經持續一週了，我期盼已久的如廁訓練獎杯在我的眼前搖搖欲墜。我拿出記事本和鉛筆，邊寫字邊大聲唸出來：

問題：丹尼不願意停止遊戲去上廁所。媽媽不喜歡有尿尿在地板上。

丹尼問：「妳在寫什麼？」

「我在寫可以解決這個問題的辦法。」

1.（我先）媽媽會友善地提醒丹尼該去上廁所了。

2.（丹尼提供下一個想法）丹尼會用地毯清潔劑清理乾淨。

3.（換我）丹尼可以穿上尿布，如果他不想尿尿在馬桶裡。（我希望他不要選擇這個辦法）

4.（丹尼環視房間，他的目光落在一個小型的自由女神雕塑上）這個小綠人會告訴我，他會說：「尿尿在馬桶裡。」

我心想這個辦法不會有用，但我還是繼續討論。

「好啊，我們看看這些想法哪些是我們喜歡的，哪些是我們不喜歡的。」

第一項，丹尼非常反對媽媽友善的提醒。我把它劃掉。

第二項，媽媽反對。地毯已經開始有味道了。

第三項，丹尼說可以接受尿布，但是媽媽反對她自己的提議。

第四項，小綠人的提醒。丹尼覺得這是一個好方法，但是媽媽覺得缺乏說服力。

我把這張單子貼在冰箱上，然後等待下次的尿尿意外發生。最後，是發生在吃晚餐的時間。丹尼只是出現憋尿的動作，但根本沒有想要離開餐桌的意思，於是我拿出自由女神像，放到他的耳朵旁邊小聲地說：「要在馬桶裡尿尿。」——他把自由女神像拿走，然後對它說了一些話（我到現在還是不知道他說了什麼），接著他走去廁所尿尿，哈利路亞！

接下來一個月，我隨時都帶著那個雕像，它成了處理我兒子尿尿問題的特使。這個方法只有一次在社交場合造成我的尷尬。那次當我在包包裡翻找東西時，我發現我的瑞典朋友用怪異的眼光看著我。她看到了那個雕像。「天啊，我們最近要開始展現愛國精神嗎？我應該隨身攜帶瑞典的國旗嗎？」

## 不合宜的服裝

八歲的卡莉一直很中性，她討厭穿上正式的服裝。通常我會讓她選擇自己的衣服，但是上週日是我岳母的喪禮。我的先生既難過又心煩意亂，其他的兄弟姊妹也是。他的媽媽和他們一直非常親密，她不是那種令人難以親近的祖母。

卡莉選擇在我們正要上車前，引發一場服裝革命。她沒有穿上我幫她搭配好的衣服，反而換上彩色的上衣、牛仔褲和洋基隊的帽子。我先生看到時，已經準備要好好地打她一頓。

我把卡莉帶進屋內，我告訴她我知道她討厭正式的穿著。但問題是，爸爸對於奶奶去世非常傷心，對他和很多其他人來說，穿著正式服裝出席喪禮代表一種尊重。我不同意她穿這樣去參加喪禮，因為這會讓其他人有不好的感覺。

卡莉沒有說話，但是她嘟起下嘴唇，而且不打算屈服。我說我會幫她帶一條好看的黑色褲子（不騙你們，我甚至沒有要她穿洋裝）和兩件襯衫供她選擇。

當我們到達會場時，她可以在車上換好。如果她不想換，我們就不去參加喪禮，我會和她一起在車子裡面等。

抵達後，卡莉馬上換上正式衣服，和我們一起走進會場。結束後在接待處時，我告訴她現在是可以換回牛仔褲的時間，但是她堅持說她喜歡這身特別的裝扮。

當我先生處在那麼多的壓力下時，我非常慶幸自己可以讓那天平順地度過！描述我們的感覺並且讓卡莉做選擇，既能促使她合作，又不會讓我們丟臉。否則她是可以很固執的，如果直接與她衝突，可能會掀起一場災難！

最後，一位苦於自己像是個快餐廚師一樣的家長，分享了以下的經驗：

## 痛苦的吃飯時間

在我家，每到用餐時間都實在很痛苦。我五歲的兒子賈許，會抱怨雞肉很噁心，所以他不想要吃，然後我會對他大吼說他這樣不禮貌。接著七歲的雙胞胎也會開始起鬨，說如果賈許可以不吃，為什麼我們要吃？每天晚上，我們都會為這些事大吵一架。

我決定要試試看「問題解決步驟」，我告訴孩子們，我很用心地在準備晚餐，當他們說晚餐很噁心時，會讓我很受傷。賈許說，他不想要被強迫吃下他不喜歡的食物。我明白了他會這麼無禮的原因之一，是我沒有給他選擇，如果我讓步一點，他會願意表現出有禮貌的行為。

我告訴他們，我們必須寫下所有可以讓每個人在晚餐時間更愉快的方法。他們對這個方式感到很興奮，以下是我們最後都同意的辦法：

如果晚餐真的是賈許不喜歡吃的東西，他可以自己做一個三明治當晚餐，但是他必須在晚餐時間前製作完成，而且吃飯時就不可以抱怨食物，以及跑去看冰箱裡還有什麼東西可以吃。

雙胞胎們沒有真的很在意吃什麼，所以不想自己做三明治。但是他們決定要訂下「在餐桌上不可以唱歌」的這條規則，認為這樣可以讓用餐時間更愉快，因為唱歌會讓彼此覺得被干擾，通常就會導致爭吵。

我們也決定在冰箱上貼一張建議清單，他們可以寫下他們想吃的晚餐內容，而且一週至少一次，我會做一些在單子上面出現的食物。

到目前為止，一切都進行得很不錯，孩子們不再抱怨食物，而我的兒子一週當中會做二至三次的三明治，我再也不必害怕用餐時間的到來了！

在這一次聚會時間快結束時，一位家長舉手發言：「等等，大家對於家庭作業有什麼看法？」其他人馬上接話：「對，那是最糟的部分！」、「每天晚上都是一個折磨！」由於已經是回家時間了，於是大家同意在進入下一個主題之前，再安排一次額外的聚會。

## 家庭作業

我很高興我們用了一個晚上來討論，因為實在是很難再找出一個會比「家庭作業」讓更多孩子感到生氣，以及讓更多家長覺得受到重挫的單一主題了。

我告訴團體成員說，當我還是個孩子時，幼稚園是沒有家庭作業這種東西的，而且直到小學一、二年級，也很少有家庭作業。我們偶爾會有「如果你願意，你可以準備一些東西帶到說話課來講給同學聽」的作業。數十年之後，當我把孩子送去上學，我遇見了一個全新的世界。他們從幼稚園開始，就會帶著家庭作業回家，例如：「練習寫十次『B』，然後畫四種第一個字母為B的物品。」聽起來很簡單，對吧？

我記得當丹努力並掙扎著要畫出一輛腳踏車（Bicycle）時，我看到丹的淚珠滴到紙和橡皮擦上。那時候，我沒有任何辦法能去勸服我哭泣的兒子：「拜託，只要畫一顆球（Ball）就好了」，而不是去畫那複雜又困難的兩輪交通工具。而那只是他開始去上幼稚園的第二天！

上了小學之後，情況變得更可怕。多頁的困難除法題目、五個段落的論說文、科學的網路擴增學習……這些作業，都將爸媽和疲憊的孩子帶到瘋狂的邊緣。

最後，我發現每位家長都以為，只有自己的孩子存在著這個問題。大家都認為其他孩子一定會開心地畫出可愛的泡泡（Bubble）、球（Ball）和瓶子（Bottle）的圖案，只有自己的孩子是碰上麻煩的那一個。的確，有些孩子相對來說可以較輕鬆地完成家庭作業，但是我並沒有見過幾個。「家庭作業」沒有簡單的解決方法，我們必須從各個角度去處理這個問題。

「我已經準備好嘗試任何方法了，」提出這個主題的媽媽對大家說。「能不能就用我的兒子當作討論的範例呢？」沒有一點猶豫，她開始描述所碰到的困難：

湯米今年升上小學六年級了。前三個月，他還可以適應，但是情況開始變得愈來愈糟。學校出了太多家庭作業，而他必須花很久的時間才能寫完，所以他乾脆就放棄了。他有書寫上的困難，所以完成家庭作業對他來說，是一個緩慢又乏味的過程。我們每天晚上都會為此發生激烈的爭吵。

他已經必須捨棄邀朋友來家裡玩的時間，因為他無法先完成他的家庭作業，而我知道他也不會在朋友回家之後完成。我也已經沒收了他的電視遊樂器和選看電視的特權；我大罵過他，罵到自己都快缺氧了。我不知道我還可以怎麼做。

昨晚，我跟著他上樓，一邊說：「湯米，你必須完成這項寫字練習作業，它很重要！」湯米從我手中搶走作業紙，然後說：「我！不！要！」一邊將作業紙撕成碎片，然後丟撒到樓梯下。

最近我接到學校的電話，請我和湯米的老師以及指導顧問會面，他們告訴我湯米有留級的危險。每次他少交一項作業，他就會得到一個零分。所以即使所有考試他都及格，他仍可能無法通過。我實在太心煩了，所以沒有跟他們談很多，我只有說我會和湯米說說這件事，然後再回覆他們。

團體中的每個人都提供了一些意見。妳要不要試試「問題解決步驟」呢？用「理解感覺」這個方法如何？提供選擇會有幫助嗎？然而，這個情況似乎太複雜了，無法只用一個簡單的方法就能解決。我們探討了所有可能的辦法，而湯米的媽媽記了許多筆記。下一週，她等不及要與我們分享成效：

我決定做的第一件事就是改變我的態度。現在，我要站在孩子那一邊，而不是學校那一邊。我停止說服他接受「家庭作業對他有好處」，或「只要他認真寫，完成作業就不是件難事」。我在腦中想著一個像湯米這樣活潑的孩子，在度過了學校的漫長一天後，還要坐下來完成作業，對他來說的確是一種折磨，尤其是他又有學習障礙的問題。

我告訴他，我需要他一起幫忙解決家庭作業的問題。我說：「我討厭每天晚上都要爭吵。我發現自己會對你尖叫，而且感覺既生氣又挫折，我不想要再這麼做了。」

然後我花了很長的時間，使用我在課程裡練習過的方法，去理解他的感覺。我說了一些話，像是：「這真的是個難題。你晚上六點半過後才回到家，在學校已經待好長一段時間了，回家以後卻又得坐下來並完成那麼多的學校作業，這真是讓人討厭！你一定會想要看電視和放鬆一下、跑一跑、打電玩，或者吃東西——做任何事都好，只要不是寫功課。不過這並不表示當你遇到有興趣的作業時，你不會認真完成。像是那個雞蛋降落的實驗，你就花了整個下午去製作機械裝置。」

湯米起初用懷疑的眼光看著我，但是之後他變得很投入，在我說話的同時，他還會點頭表示同意。然後我說：「問題是，如果你不寫作業，學校真的會給你苦頭吃，而我不希望發生這樣的結果。所以我們必須找出最不痛苦的方式，來完成寫作業這件事。我們需要想些點子！可以有什麼樣的做法呢？」我拿了一張紙，然後寫上標題：「恐怖的家庭作業解決辦法」。

我一開始先說出一些令人驚訝的想法，因為湯米喜歡幽默。這的確是真的能讓湯米產生共鳴的方法。所以我寫下：「告訴老師，小狗在作業上撒尿了。」湯米說：「贊成！」然後他說：「告訴老師，艾蜜莉（湯米的小妹妹）在作業上面尿尿！」我寫了下來。接著他說：「使用〈MIB星際戰警〉裡面的記憶消除器，這樣老師就會忘記有出作業這件事。」我加上：「當家庭作業很多的晚上，祈禱會來一場暴風雪。」湯米說：「如果天氣太溫暖，不會下雪的話，祈禱會發生大停電。」

這時，我覺得湯米的情緒已經準備好接受一些較符合現實的做法了。

我：你吃完點心後，開始寫作業。

我：當我在準備晚餐時，你在廚房寫作業。

湯米：一邊吃冰淇淋，一邊寫作業。（他知道在晚餐之前，他不可以吃冰淇淋！）

湯米：練習完一個單字拼寫，可以吃三個葡萄乾。

我：做完五個數學問題後，做五次跳躍運動。

湯米：邊看電視邊寫作業。

我：邊聽音樂邊寫作業。

我：設定計時器，計時器一響就停止寫作業。

我：也許你可以用電腦寫較冗長的作業。（湯米說學校不准這麼做，但是我說我們要記下所有想法，所以我們在這個方法後面打一個問號。）

我們查看了這份清單，湯米看到最前面的幾個想法時，打從心底大笑出來。他說：「媽，我想我們需要一些更實際的方法。」所以我把不切實際的想法全部刪掉，我也刪掉了邊看電視的那一項，因為我認為可能會讓湯米無法專心。

湯米非常喜歡計時器的那個方法。我很確定他排斥開始寫作業的原因之一，是他發現有太多事情會令他分心，所以只要一開始寫作業就似乎永遠寫不完，而寫作業會是他在睡前唯一做過的一件事。

學校說對一個六年級學生來說，完成那些作業的標準時間是一個小時，所以我們決定設定二十分鐘給數學作業、二十分鐘給英文作業、二十分鐘留給閱讀，且閱讀這項作業我們會一起完成。如果計時器響了但他還沒完成，可是仍能持續寫作業的話，我會寫一張字條告訴老師這個情況。湯米對這個方法感到很興奮，他也喜歡聽音樂的做法。

因此現在，從他進家門的那一刻起，我不再詢問他關於家庭作業的事情。

我會等到他吃完點心，然後我會說一些類似「查詢二十個單字？這很多喔！三頁的數學題？噢！二十個句子？嗯，你覺得你可以完成多少？五個或七個？」

當我開始準備晚餐時，我會叫他進廚房寫作業。他會花一些時間選擇他要聽的音樂，並擺好他的零食。然後我們會設定計時器，它會幫助湯米知道這個考驗會有結束的時候。他常常在設定時間結束前，就完成了他的作業，這點很令我驚訝。「媽，只剩兩個句子，我可以做到！」有時候，當計時器一響，他就會停止寫作業，但是他會在隔天早上校車來之前，將那份作業完成。我從來不覺得將家庭作業留到最後一刻才寫完會是個好辦法，但是我很訝異經過一夜好眠後，他工作的效率可以變得更好。

這還不是全部。我寫了一封信給老師，信上說：「我很感激您的支持，我先生和我都很感謝您花時間和我們討論湯米的問題。那次與您會面之後，我們有一過一段關於如何改善家庭作業問題的討論。我們發現湯米沒辦法忍受和堅持把作業完成的其中一個原因，是他把寫作業的時間拉得太長了。因此，我們嘗試為這件事設定了時間限制，所以這對他來說不再是一種壓力。我們認為這是讓他重回軌道的方法，希望您也能支持我們的努力！

「另外，當他在一個晚上須完成一項以上的書寫作業時，我們計畫讓湯米使用電腦來完成。針對內容比較短的作業，例如：拼字和說明，他可以用手寫的。如此一來，雙方都可以得到最佳的結果：湯米會更有動機去寫作業，而且也能在不傷心難過的情況下完成必要的書寫練習。」

老師竟然同意了！他過去對湯米從來都不肯通融，但我猜我提出的方法令他很難拒絕。這麼做之後，讓我們的生活變得平順許多！

團體成員們都笑容滿面地鼓掌，這整套方法有許多地方值得學習，所以我想做個總結。「現在，當你們遇到家庭作業的問題時，有一些新的策略可以使用了。」

1. 站在你孩子那一邊，理解他的感覺！
2. 解決問題。考慮每一件事。
3. 為自己的孩子發聲。當家庭作業的壓力太沉重時，與老師溝通孩子的情況，並且不要去顧慮其他孩子可以做到的程度。

## 第四堂課：鼓勵自主

這次的課程裡面，爸媽們最喜愛的方法，可能就是用一個簡單的選擇來取代一個命令，因為孩子們通常對於做選擇充滿熱情。而不僅是我們會因為鼓勵了孩子成為獨立的個體而感覺良好，過程中，我們也獲得了孩子們的合作，真的是個很棒的附帶好處！

## 不要限制我的選擇

對某些孩子來說，需要提供開放式的選擇。（以我的孩子為例）

我：「丹，我不能讓你用剪刀剪地毯。你想要剪紙，還是厚紙板？」

丹：「不要！」

我：「好吧，但我不想要你剪地毯。你還可以用剪刀剪什麼？」

丹的眼睛一亮，他環顧四周。「我可以剪繩子；我可以剪衛生紙；我不能剪要洗的衣物……我知道了，我可以剪雜草！」接著他就跑往屋外了。

另一個例子：

我：「丹，不要在家裡丟球。」（他又丟了一次，可以想見我需要再加句話。）

我：「我知道你正在興頭上，你可以在家裡丟氣球，或是去屋外玩丟球。」

丹：「我要在家裡丟我的紙飛機。」

我：「噢，我沒有想到這一點。」

## 在樹上

一位父親分享他的經驗：

我兒子的朋友艾登（十一歲）來我們家玩，當他的大哥來接他回家時，艾登爬在我們一棵楓樹的最頂端。他的哥哥命令他現在馬上下來，但艾登拒絕，於是我試著幫忙。我跟艾登解釋說，已經是回家時間了，而且他不應該讓哥哥等。艾登說：「我要待在我的樹上！」

然後我想到，這個孩子喜歡開玩笑，所以我說：「艾登，你可以選擇要非常非常緩慢地爬下來，像隻三趾樹懶，或者……你可以跳下來，快得像隻猴子！」艾登大叫：「猴子！」然後從樹上快速地跳下來。

書中的一則漫畫：「不要問太多問題」，讓爸媽們提出反對。他們說：「如果我不問，我就沒辦法得知任何事！」

即使我們自己都體驗過，那些問題有多不受歡迎，例如：「說說你假期裡的所有事情。你去了哪些地方？你覺得好玩嗎？有交到任何新朋友嗎？你花了多少錢？你明年會再回去嗎？」等等。但是當我們迫切想知道關於孩子的事情時，要我們只是坐在那邊而不發問，這實在很困難！此外，不問些什麼，似乎代表著不關心孩子。

當我想鼓勵孩子與我們溝通時，我有一個用來替代詢問的方法，曾經試過的人也都認為不錯。

## 替代詢問的方法：邀請談話

不問「你的校外教學如何？好玩嗎？」或是「你的投影片報告如何？班上同學喜歡嗎？老師說了什麼？」，而是邀請孩子談話。

「你準備好要分享的時候，我很願意聽你聊聊校外教學的事情。」或者「我對你今天報告的結果很感興趣，當你想說的時候，來跟我分享一下吧！」

爸媽們發現孩子會在幾分鐘或幾小時之後，靠近他們說：「我已經準備好了，你想要聽了嗎？」

## 第五堂課：讚美

這個主題的挑戰之一就是，當我們嘴巴想說出的第一句話是批評時，該如何召喚出「讚美精靈」呢？

我向團體成員們坦承，當我兒子在購物中心弄丟手機時，我真的想大罵他一頓：「你怎麼會對這麼昂貴的物品如此漫不經心？你之前就發生過一次了，你應該知道當你坐下時，東西會從這件運動褲的口袋滑出來，為什麼你不找個別針別好，或者乾脆穿另一件褲子呢？你知道再買一支手機要花多少錢嗎？」

但是，當我一看到他內疚的表情，實在是不忍心責備。我想起自己弄丟昂貴物品時，自己會有多麼心煩意亂；心情已經很低落了，如果有人又補上一腳，那該是多麼悲慘的一件事呢？所以，我反而是讚美他。（當然了，我是使用描述性語言來取代評論）

「哇，丹，你已經擁有那支手機兩年了，而且之前從沒有弄丟過。它不只是被放在你的房間裡，還跟著你去學校、去旅行、去足球比賽。想到這些，你不覺得很驚奇嗎？」

丹說：「我會去剛剛我坐下來傳簡訊給山姆的那張長椅找找看。」

結果，長椅另一頭有個青少年，手裡正拿著丹的手機。「你是在找這個嗎？」當他看到丹在長椅底下翻翻找找時，他走過來詢問。

呼！手機找到了！接著，丹向我宣布：「以後我帶著手機時，我不會再穿這件短褲了！」

指責，會在丹心情最低落的時刻將他擊倒。敘述性的讚美，則給了他力量去尋找和思考接下來可以改善問題的方法。更重要的是，讚美，意味著在必要時刻我們會給予對方支持，而不是攻擊對方。

## 壞成績

一位媽媽記得當她收到兒子成績單時所發生的故事：

我很高興聽妳分享了手機遺失的那個事件。當我收到艾力克的成績單時，我真的非常生氣；他的數學不及格，可是他從來沒有說過，他在數學這個科目上碰到了困難。

我說：「艾力克，我知道以前數學一直是你的拿手科目，而且當喬伊（他的弟弟）不會寫數學作業時，你也能教他並解釋得很清楚、讓他理解。所以，一定是發生了什麼事才會不及格。」

艾力克開始告訴我，他真的不喜歡今年的老師。老師總是在黑板上寫很多重點，但是她都太快就擦掉，所以他來不及抄下所有的公式。還有，去年的數學課是採取小組討論問題的方式，但是今年的數學課都是聽老師上課。我們討論完之後，艾力克同意，如果他在課堂上沒有抄完，下課後會去尋求他人的協助。

以前我會因為他得到不好的成績而責備他，然後，他會感到鬱悶並對我生氣。他也從來沒有和我提起過，自己碰上了什麼樣的難題。

父母親要保持戒心，避免使用比較或比擬的方式來給予讚美。擁有多位孩子的爸媽們，就發現自己很難不說出類似這樣的話：

「你不需要幫忙，自己就能把鞋帶綁好，弟弟就還無法做到這件事。」

「妳的確長大了，可以自己閱讀呢！妳的妹妹連一個字都還不認得。」

「你自動自發地把房間整理好，比你的哥哥還棒！」

這種讚美方式，有如把家人之間的關係放在薄冰上一樣危險；哥哥在弟弟學會自己綁鞋帶後，是不是可能會感受到威脅？他的成就是否會被貶低？當妹妹學會認字後，姊姊的感覺會如何呢？當一個孩子的成就是建立在另一個孩子的失敗上時，兄弟是否還會願意一起合作、互相幫忙整理環境呢？

你可以考慮改用這些說法：

「你會自己綁鞋帶了！我知道當小喬伊長大一點後，可以找誰教他綁鞋帶了。」

「妳會閱讀了！我想妳妹妹如果知道姊姊可以念故事給她聽了，一定會很開心。」

「你們兩個是很好的整理團隊！傑森把樂高放回去，而喬爾收拾全部的書。」

一位父親則與我們分享了以下這個故事。

**這才是音樂！**

當我兒子四年級時，他要在學校音樂會上表演一段爵士薩克斯風的獨奏。他非常努力練習，因為他必須演奏樂團老師還沒有教過的樂曲。

音樂會上安排的節目，只有身為爸媽的人才會喜愛。台上的孩子們，用尖銳的吱吱聲演奏著C大調音樂，接著是童謠演唱。壓軸是我兒子的獨奏。大家都隨著音樂打節拍，這才是音樂！我感到很驕傲，因此當我稍後見到我兒子時，有股衝動想說出：「你是最棒的！除了你以外，其他人的表演根本談不上是演奏，你好棒！」但我知道，我們不應該這麼表達。

我最後跟兒子說的是：「你的演奏聽起來很悅耳而且很有自信，可以感覺你真的陶醉在其中。觀眾們也是，我看到人們都隨著你的音樂打節拍，剛剛真的就像是身處在爵士俱樂部裡一樣。」這個敘述是否可以成為描述性讚美的傑作呢？

隔天我的孩子從學校回來，整個人非常興奮。他告訴我，他教一群同學如何吹奏他表演的曲子，因為大家都非常喜歡他演奏的音樂。我對自己當時克制了衝動感到滿意，如果我跟他說了他演奏得比其他人都來得好、我因此為他感到驕傲的話，他還會願意與他的朋友們分享他的音樂嗎？

## 第六堂課：解放被定型的孩子

爸媽們常發現到自己把孩子設定為一種固定的角色，目的只是為了向外在世界解釋他們的行為。

當你們在親戚家中吃晚餐時，你的兒子拒絕吃主菜，你基於自我防衛，會跟親戚說：「喔，他很挑食。」

當一個來家裡拜訪的親戚要跟你女兒說話，但她卻把頭轉開，情急之下你跟親戚解釋：「她只是害羞。」

當你五歲的孩子不願意和其他人一起進入游泳池玩，你告訴其他爸媽：「他怕水，他需要比較長的時間才能適應新事物。」

我們的孩子會聽到這些關於他的評論，然後記在心底。「我的爸媽認為我是一個害羞的、挑食的、膽小且需要較長時間暖身的人。噢，所以這就是我。我想我應該要遠離游泳池！」

那，我們可以說些什麼呢？我們不能只是沉默地坐在那裡，看著蘿絲姨婆對著不吃烤牛肉的強尼嘮叨個不停。我們可以怎麼對孩子表達支持、不會讓他們覺得自己永遠都扮演同一種角色，而且能同時禮貌地迴避好意的朋友和親戚呢？

有一句話非常有用，似乎可以適用於所有情況，那就是：「當他準備好了」。

「當強尼準備好了，他就會試新的食物。」

「不用擔心，我確定當瑪麗亞準備好了，她就會和妳說話了。」

「山姆，我知道當你準備好了，就會跳進游泳池。」

如此一來，孩子會了解到，你不會強迫他從事某些他不想做的事情，但是你也不希望他永遠都抗拒嘗試那些事。當他感覺對了，他就能自己決定開始改變。

## 從前的我

麥克斯的媽媽覺得她可以運用這個方法。她注意到自己常常在麥克斯聽力可及的範圍內，跟別人解釋他某些問題行為的原因。她迫不及待地想嘗試一下不同的做法。她告訴我們：

我想這種新語言已經開始產生效用了。麥克斯第一次可以自己待在鄰居的家裡玩；以前，他總是需要我陪在一旁。如果我試著勸他，讓我離開去完成某些事情，他會哭著說：「不要，媽咪，不要離開我！」我會鼓勵他成為一個大男孩，但是並沒有任何幫助。最近，我只是告訴他，當他準備好了，他就會開始轉變，而情況似乎就有了一些不同。隔天，他想要再自己去鄰居家玩。他跟我說：「媽，妳還記得從前我害怕自己待在萊恩家的樣子嗎？」

這句話太可愛了，我們都大笑出聲！

## 誰要搬槌子？

一個媽媽分享了她在小學三年級兒子教室中幫忙的經驗：

我們正在進行手工書的課程。製作過程中包含了使用槌子在一疊紙張上打洞，並且將刺繡線穿過那些洞，把紙張固定。我帶著滿滿一袋的槌子抵達教室，以及其他用品，但我們必須把所有的器具移到樓下的健身房，那裡才是製作手工書的地方。

我記得我小學的時候，只要碰到需要體力協助，老師通常只會要求男生幫忙，我總是對此感到不悅。所以當我進入教室，我看了看全班同學，在與一個身型纖瘦、臉色白皙的女孩對上視線時，我問她：「布里姬，妳願意幫我搬這袋槌子到樓下嗎？」當然，這時好幾個男孩跳起來大喊：「我可以！我要搬！」但布里姬一肩扛起了這些槌子。當我們走到健身房時，布里姬開始抱怨這些槌子真的太重了，她的肩膀開始覺得疼痛，所以她必須換另一邊扛。現在連手也感到疼痛了，這些槌子到底有多重，之類的話，我開始出現罪惡感。我向來是主張公平和女權主義的人，但我卻挑了這個可憐的孩子，並賦予她一個也許太過嚴苛的任務。

手工書的課程進行得很順利，大家都很開心；到了該把這些用品搬回教室的時候，我詢問了班上哪位同學自願幫忙搬那些槌子？毫無疑問地又是那些男孩們跳起來叫喊，但布里姬立刻站起來、抓著袋子堅定地說：「這是我的工作！」

我回答：「但我認為這會使妳的肩膀受傷。」

「我已經掌握如何搬才不會受傷的訣竅了，」她頂嘴回來。

瘦弱女孩獲勝！

這次的課程中，最讓大家感到驚愕的漫畫是「不要輸不起」那篇。原來事實上所有的孩子都輸不起，且大部分的爸媽都認為，可能是他們對孩子做了些非常不好的事，才會使孩子在這方面有所缺乏。

當我的第一個孩子快滿四歲時，我買了第一組圖板遊戲（board game）給他，很興奮我們即將進入新的互動時期。我還記得在我孩童時期，非常熱中於玩圖板遊戲，所以我們帶著滿滿的期待，拆開了「摘櫻桃（Hi Ho Cherry-O）」。丹當時非常開心地把轉盤和籃子放在一起，然後將那些塑膠小櫻桃放入紙板樹的洞洞裡，接著我們開始玩。

我的天哪！所謂的運動家精神去哪裡了？我的孩子到底有什麼問題？他堅持他一定要不停地轉動輪盤，直到他轉到他想要的號碼，才可以輪到我。而當輪盤指到「櫻桃籃被打翻了」的時候，他拒絕將櫻桃放回去。

我堅持繼續玩下去，並試著向他解釋「輪流」、「輸贏」、「運動家精神」等觀念，丹把我的話當耳邊風，並在我指正他的玩法時，開始有點生氣。幸好我遲鈍的腦袋在他情緒大爆發之前，就察覺到了不對勁。於是我放棄要求他遵守遊戲規則，而從此之後，摘櫻桃變成了我們最愛的遊戲，並包含了來回轉動轉盤和重新排列那些塑膠小櫻桃。

從我養育三個孩子成為青少年的過程中，以及團體裡爸媽們分享的許多經驗，使我了解到正式的遊戲，像是運動比賽、撲克牌遊戲等，並不是最適合學齡前幼童進行的活動。那些我所鍾愛的遊戲回憶，是發生在我孩童階段的後期。事實上，三到四歲的孩子是沒辦法了解所謂的輸贏，或是為什麼要輪流，或是為什麼要遵守一點也不愉快的規則去擲骰子和轉動輪盤。在這個時期，爸媽們通常都會非常擔心孩子表現得像是被寵壞的惡霸，擔心孩子會因為輸不起而無法擁有適當的社交技巧，因而交不到朋友。請給孩子們一點時間吧！一個學齡前的孩子還沒有準備好面對這些，而且，此刻也還不需要。

對學齡孩子來說，玩遊戲可以說是他們學習社交的重要過程。但是，要他們接受或學習在輸掉遊戲時，不能生氣和沮喪，這仍是一件相當困難的事。別忘了，對某些成人來說也是一樣困難！然而，能讓孩子去掉戲劇化的情緒而盡情享受遊戲的辦法之一，就是稍微更改一點遊戲規則，減少競爭的因素。在此提供兩則成功的遊戲改造範例，讓大家參考：

孩子們熱愛賽跑，但是玩到最後往往充滿了爭吵的眼淚，以及認為對方犯規的指控。一個大碼錶，是我買到的最佳道具；孩子們則想出了充滿挑戰性和障礙的玩法：其中一個孩子先跑，而另一個就幫忙計時。接著，在下一輪時，每個孩子挑戰自己上一輪的時間。我非常驚訝於這個遊戲進行得如此順利！你可能會想說，他們仍會堅持要與對方比較，但事實上他們不會。

＊　＊　＊

當我們玩類似「糖果王國」之類的圖板遊戲時，第一個繞完一整圈的人就是正式的「第一名」，而剩下的玩家們則會繼續遊戲。這是由於剩下的孩子們都無法接受自己還沒有到達終點，所以我開始了這個慣例，我說：「我要一直玩到我走到終點為止。我不在乎還要輪流多少次！」所以現在每個孩子都可以開心地玩到遊戲結束。

這些聽起來可能會覺得我有點太寵溺孩子了。不過，我的三個兒子都成長為熱中於競賽性運動、撲克牌遊戲、電腦遊戲和各種棋盤遊戲（至少在停電和家庭遊戲之夜的時候是）的青少年。他們完全展現了勝不驕敗不餒的精神。他們會為了較年幼的孩子們去調整遊戲的難度，在遊戲中他們也總是笑得很開心。我相信這是因為在他們小時候，我腦力激盪出的方法，幫助了他們去享受遊戲，而不是有輸家的感覺，因此發展出這樣的結果。

## 我們的最後一堂課

我們最後一次聚會時，我詢問了爸媽們，哪一種技巧對他們來說最有用。無疑地，多數家長都表示「接受孩子的感覺」深深地改變了親子間的關係。這個選擇的結果讓我覺得非常有趣，因為回想起第一次的上課，當時我們初次談到這個技巧，我看得出爸媽們的不耐煩，他們想要的是，能夠快速通往孩子心靈的捷徑或小撇步。

他們接受「理解感覺」的這個想法，但他們真正渴望知道的是「然後呢？」在我做到這一點之後，我該如何讓孩子準備好面對校園生活、不再出現暴怒的行為、停止戳弄他小妹妹的眼睛、吃完他盤子裡的青菜、刷好他的牙和準時上床睡覺？這些，的確需要花六個星期的時間去了解和實際練習。理解感覺這個技巧並不只是個序幕，而是真正的重頭戲。它是建立所有其他技巧的基礎，而且，讓許多問題消失無蹤、親子關係有了轉變，更多問題甚至從未發生過。

在我們生活中會不時出現互相矛盾的經驗，這是持續的挑戰。

通常，當我們與成年朋友談話時，甚至不須思考就能輕易地同理對方的想法，也不會嘗試去責備、指示或給予建議，我們自然地覺得那對朋友來說會是一種侮辱。不過有時候，當同理對方似乎有悖常理時，即使與成年人在一起，我們的本能也會不太靈光。

我最近時常和一個朋友談天，她最近剛做完了一些醫學檢查。她告訴我，她很害怕自己可能是得到癌症。

雖然我的本能告訴我應該回應她：「不要這麼想！妳當然沒有得到癌症，一切都會沒事的！」來減少她的恐懼，但我只是沉默地坐在那裡，過了一會兒，當我正準備要說「這真的是個龐大且無形的壓力」時，我朋友放鬆地嘆了一口氣，並接著說：「沒錯！每個人都叫我不要擔心，但怎麼可能不擔心害怕呢？」

「是啊！」我說，「這就像是有一隻粉紅色的大象在妳家客廳但卻不准妳看一樣。」她大笑了，心情也輕鬆多了。我很高興在那個時候我可以幫上忙，就算只是一瞬間。

我永遠無法隨心所欲地使用那些我所學到的知識，但我很感激當我需要時，這些知識總是能派上用場。它給了我一個與他人建立關係的起點，甚至是在我感到害怕、沮喪或極度憤怒的時候。這是我媽媽傳承給我，一份強而有力的禮物。

高寶書版集團
gobooks.com.tw

FU 084
**怎麼說，孩子會聽 vs. 如何聽，孩子願意說：**協助親子改善溝通、創造良好互動的六堂課
**How To Talk So Kids Will Listen & Listen So Kids Will Talk**

作　　者　安戴爾・法伯、依蓮・馬茲麗許
譯　　者　陳莉淋
書系主編　蘇芳毓
編　　輯　林婉君
企　　劃　陳宏瑄
美術編輯　林政嘉
排　　版　趙小芳
出　　版　英屬維京群島商高寶國際有限公司台灣分公司
　　　　　Global Group Holdings, Ltd.
地　　址　台北市內湖區洲子街88號3樓
網　　址　gobooks.com.tw
電　　話　(02) 27992788
電　　郵　readers@gobooks.com.tw（讀者服務部）
　　　　　pr@gobooks.com.tw（公關諮詢部）
傳　　真　出版部　(02) 27990909　行銷部 (02) 27993088
郵政劃撥　19394552
戶　　名　英屬維京群島商高寶國際有限公司台灣分公司
發　　行　希代多媒體書版股份有限公司/Printed in Taiwan
初版日期　2015 年 1 月



國家圖書館出版品預行編目(CIP)資料

怎麼說,孩子會聽vs.如何聽,孩子願意說：協助親子改善溝通、創造良好互動的六堂課 / 安戴爾・法伯(Adele Faber)，依蓮・馬茲麗許(Elaine Mazlish)合著；陳莉淋譯 -- 初版. -- 臺北市：高寶國際出版：希代多媒體發行, 2015.01
面；　公分. -- (未來趨勢學習；FU 084)

譯自：How to talk so kids will listen & listen so kids will talk

ISBN 978-986-361-102-8(平裝)

1.親職教育　2.親子溝通

528.2　　103025252

GOBOOKS
& SITAK
GROUP ©